鹿城文史资料

第三十七辑

朔门古港与海丝文化

温州市鹿城区政协文化文史和学习委员会 编

中国文史出版社

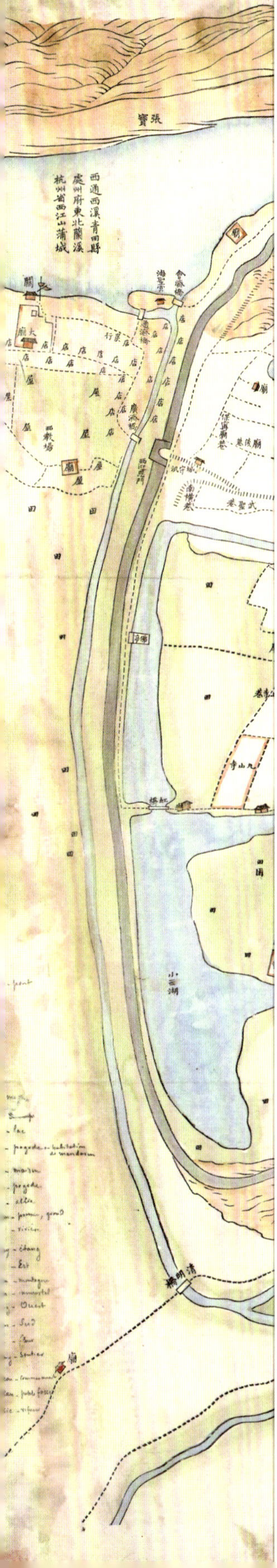

1877年《瓯海关贸易报告》折页温州府城图

序 言

"一片繁华海上头"（北宋杨蟠《永嘉即事》），千百年来，潮涨潮落，人来人往，熙熙攘攘，繁忙的鹿城区望江路一带历来是温州港城"北埠"富庶之地和街陌交通要道。

2021年，望江路下穿工程的施工，掀开了尘封地下千年的朔门古港的盖头。在城市建设中，本着"既有利于文物保护，又有利于经济建设"的双赢理念，我市启动了考古发掘工作，瓮城、水门、沉船、码头、瓷器堆积带等大量珍贵遗存与文物逐渐展露真容。

结合历史，放眼未来。2022年2月，温州市第十三次党代会适时提出了"加快建设更具活力的'千年商港、幸福温州'"，为我市确立了全新的城市定位。

随着考古发掘丰硕成果的不断公布，从中央到地方，党委与政府对朔门古港遗址给予了高度重视与持续支持。市委十三届三次全会通过决议，着力推进文化自信自强，打造新时代文化温州高地，加强古港遗址的保护开发利用，彰显"千年商港"深厚底蕴和人文魅力。省第十五次党代会报告在今后五年的主要任务里提出"十个着力"，其中就有"推进上山、河姆渡、良渚等文明之源大遗址群和温州宋元码头遗址等海上丝绸之路遗址保护利用"。

在省文物局指导下，市政府组织众多专家学者进行调研与论证，一致认定温州朔门古港填补了国内外海丝港口遗产的空白，是海丝申遗工程的支撑性遗产点，是近年来我国城市考古、港口考古的重大收获，是迄今国内规模最大、体系最完整、内涵最丰富的港口遗址，国内唯一，世界罕见。中国社科院学部委员、社科院考古研究所原所长刘庆柱先生认为，温州朔门古港遗址的发掘，恰恰从遗迹到遗物，为海丝提供了充分证明，是海上丝绸之路走出国门和走进国门的一次重要发现，也是海上丝绸之路在宋元时期进入鼎盛的充分证据，实证了温州千年商港、海丝节点的历史定位。2023年3月，在国家文物局召开的2022年度"全国十大考古新发现"终评会上，温州朔门古港遗址全票入选。

一路攀升的话题热度与出圈吸睛，让朔门古港继"中国山水诗发祥地""南戏故里"等之后，迅速成长为温州又一张金名片、城市形象的新标识，在全国范围内具有不可复制的独特性。其间，市、区两级政协及时跟进，多次组织委员考察调研古港遗址，将遗址保护利用列为两会大会发言与提案的重点主题，举办"请你来协商"活动，指导临展厅的建设等等，有力发挥了资政建言作用，贡献了政协智慧和力量。

朔门古港的爆红，使得解读出土文物遗存、讲述温州海丝故事的各类文章纷至沓来，在报刊媒体与网络上遍地开花，多方位地宣传与深化了朔门古港的内涵，揭示了温州海丝文化的底蕴。从政协文史资料的角度考量，其中不少文章具有一定的史料价值，能为相关部门施政决策提供参考。为进一步夯实学术研究基础，鹿城区政协从 2023 年初开始确定选题，经过一年半时间面向全国专业领域广泛征集，并经专家组研讨审核，精选部分文章，汇编成鹿城文史资料第三十七辑《朔门古港与海丝文化》。

2023 年 11 月，市委十三届五次全会制定了实施"强城行动"三年计划，提出彰显千年海丝名城魅力，高标准建设朔门古港国家考古遗址公园，塑造海上丝绸之路温州标识，传承展示瓯越海港贸易。2024 年 2 月，区委区政府制定"强城行动"实施意见，提出加快纳入海丝申遗体系，建成世界文化遗产核心展示区，打造"海丝名城"文化地标，再现"千年商港"繁华盛景，将朔门古港遗址、朔门历史文化街区、海坛山、五马街等与江心屿联动，争创国家 5A 级旅游景区。

"三十六坊月，一般今夜圆。"（北宋杨蟠《永嘉百咏·永宁桥》）温州朔门古港遗址前景一片灿烂。本书的出版恰逢其时，它为我们描绘出了一幅瓯越文化走向海洋时代的波澜壮阔的画卷，可以为朔门古港国家考古遗址公园与博物馆建设提供有力的文献支撑，也为国内外嘉宾、社会各界献上一册深入了解朔门古港与温州这座海丝名城的专题性读物。

1946 年元宵节期间，著名女作家张爱玲从上海途经丽水、青田，乘船沿着瓯江而来，当她在船上望见温州，不禁感叹"这温州城就像含有宝珠在放光"。一语言中，76 年后，她靠岸的温州港果真变成了一颗宝珠在闪闪发光，光芒远射"一带一路"。

这是城市之光、海丝之光，更是文化之光。祝愿本书能为这道"光"增添醒目的亮度。

是为序。

温州市鹿城区政协主席　周基斌

2024 年 7 月 9 日

目 录

海丝港口考古的重要发现
走近温州朔门古港遗址

概述

海丝港口考古的重要发现

⊙ 温州市文物考古研究所

温州朔门古港遗址位于浙江省温州市鹿城区望江东路东部，温州古城北大门——朔门之外，南依古城，北邻瓯江，东靠海坛山，隔江与江心屿双塔遥相呼应。

2021年10月，该遗址在配合望江路下穿工程项目基本建设考古工作中被发现，经浙江省文物考古研究所与温州市文物考古研究所联合组队发掘，发现了古城水、陆城门相关建筑遗迹，宋元清时期的江堤、8座码头、2艘沉船、1条木质栈道、多组干栏式建筑与砖石建筑等重要遗迹[1]，以及数以10吨计的各类瓷片标本、漆木器等丰富遗物。主要遗存年代集中在宋元时期，遗址发掘区主要由东端水门头区、邻江港口区及西端南侧瓮城区三部分组成。

朔门古港遗址发掘区及城门城墙位置示意图

[1] 编者注：迄今已发现10段江岸、9座码头、4组干栏式建筑、3艘沉船、2座埠头，以及拱辰门两期瓮城遗址、奉恩门水陆城门遗址，发掘面积达8000多平方米。

水门头发掘区

水门头区块位于海坛山西北麓，地势较高。该区块为古城奉恩水门外，沿水门河道两侧至江岸之间的各种遗迹群，包括陡门河驳岸、陡门、桥、堤岸、斜坡式码头、宋元房址、水井等。宋至明代，水门河道较宽，陡门宽约 5.7 米；清代河道收窄至 3.85 米，并在西侧驳岸边搭建了码道，石桥规模也相应变小；民国时期在桥北侧建新陡门，宽 3.05 米。

该区内还发现有始建年代早于北宋的夯土长堤，其临水门河一侧构筑木桩夹板护岸，临江的西面驳岸则以块石砌筑，顶面铺有砖路，是连接海坛山北部港区的重要通道。堤揭露部分长逾 32 米，宽约 6 米。

堤前端伸出斜坡式码头（MT8），依托海坛山脚基岩而建，用块石砌筑而成，呈平缓斜坡状，揭露部分宽 3.5 米，长 13 米。该码头南宋时期被填埋，至元代地面已满布各类建筑，其中一处疑似浴所，以更衣室与沐浴室成组搭配，南、北两边置成对柱顶石，青砖墁地，沐浴室建有砖砌长方形浅池，并与室外砖砌排水沟相接，揭露的建筑面积达 100 多平方米。

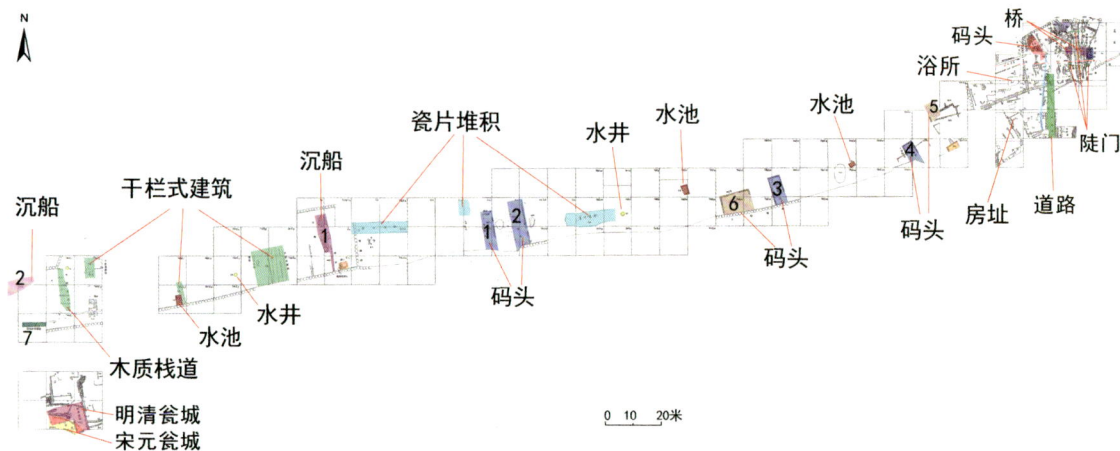

朔门古港遗址总平面图

邻江港口发掘区

水门头以西的邻江港口区呈东西向条带状伸展，地形由东侧山麓高地迅速向低洼滩涂过渡。遗址发现的沉船、码头等遗迹多分布于此。

本区码头为两宋时期的长方或长条形突堤式码头，呈多级月台状，石边土芯结构。为适应滩涂淤泥环境，边墙底部往往用木桩打底和横木铺垫，外加木桩围护，路面铺河卵石或碎石。其中 3 号码头前端台地当中地面铺平整方砖，下垫衬木板。面江宽 4.3 米、长 13.82 米，是在早期码头基础上加长建成。1～5 号码头前端较窄，6、7 号码头较宽，6 号码头前端宽达 10.3 米，体量较大。

遗址发现的 2 艘宋代沉船均为福船。其中一艘壳板作鱼鳞状搭接，并揳有铁钉，残长 12.4 米、残宽 4.1 米，推测其全长 20 米余。另一艘沉船埋藏深达 9 米，露出部分长达 10 米，仍在发掘。

栈道遗迹位于瓮城出城道路北面，做工规整，残存 7 组桩基（两立柱间架横梁）等距排列而成，残长 15.6 米、宽 2.7 米。据相关史料记载，栈道附近即馆驿所在。栈道以东，分布多组干栏式建筑遗迹，其中 F9 规模较大，发现保存较好的木骨泥墙 5 道，每道墙的两端及中间打有木桩（即中柱和边柱），桩埋深约 3 米，桩柱间以竹片、藤条编织墙骨，墙体厚 0.3 米。该组建筑进深达 12 米、宽约 6 米。

瓮城发掘区

瓮城区块位于港口区西端南侧，解放街北首，约占瓮城 1/3，发现早晚两个时期瓮城基址以及瓮城东门外的砖、石道路。

早期瓮城城墙平面呈圆弧形，石壁土芯，基址厚 4 米，年代约为南宋至元代；晚期改为方形，仍为土芯，内外壁以条石垒砌，墙体增厚，基址厚 5.3 米，为明清时期。瓮城开东门，门外发现三个时期的道路遗迹：早期为青砖直路，约为宋代；中期为适应瓮城形状改为弧形砖路，年代约在南宋至元代；晚期为条石路面，为明清及近代。瓮城外围地面下还发现有多条石砌排水沟。

丰富的遗物遗存

遗址出土了数以 10 吨计的古代瓷器残片，九成以上为龙泉窑产品。这些标本绝大多数没有发现使用痕迹，应为贸易瓷在运输、转运过程中的损耗品。其他

外底墨书瓷片标本

窑系有建窑系黑釉瓷、湖田窑系青白瓷及瓯窑褐彩绘青瓷等。部分瓷器外底有墨书，如"姓氏""姓氏＋记""姓氏＋置""置""纲"等。遗址中还出土部分漆木器、琉璃器、石器、铜币、贝壳、植物标本等丰富遗物。

温州朔门古港遗址发掘项目是我国城市主干道建设为文物保护让路的典型案例，目前，遗址的保护与利用已列入浙江省第十五次党代会今后5年主要任务"10个抓手"的重要规划之中。

遗址真实再现了宋元时期温州港的繁荣景象，为温州作为龙泉瓷大规模外销的起点港和海上丝绸之路重要节点城市提供了重要实证，是近年来我国城市考古、港口考古的重大收获。

此次发现的古港遗迹群，规模庞大、体系完整、内涵丰富，为国内唯一、世界罕见，是集城市、港口、航道航标三位一体的完整体系，堪称海上丝绸之路的绝佳阐释地，正是我国海丝申遗不可替代的经典样本和支撑性遗产点。

（本文原刊于 2022 年 12 月 2 日《中国文物报》，执笔人：罗汝鹏、梁岩华）

走近温州朔门古港遗址

◉ 梁岩华

2023年3月28日，浙江温州朔门古港遗址从众多项目中脱颖而出，入选"2022年度全国十大考古新发现"。800年前温州古港"城脚千家具舟楫，江心双塔压涛波"的繁华景象，重现于人们眼前。

"这是迄今为止海上丝绸之路港口遗址考古中最重要的成果之一，在世界航海史上具有突出价值，将成为海上丝绸之路申遗的支撑性遗产点。"国际古迹遗址理事会副主席姜波如此评价。

过去，谈到海上丝绸之路，我们较多关注广州、泉州、宁波、南京等城市。温州在海上丝绸之路中发挥着怎样的独特作用？朔门古港遗址的考古成果，从哪些方面突显了温州在海上丝绸之路中的重要地位？

2022年9月朔门古港遗址（杨冰杰／摄）

地形得天独厚，城址港址千年不易

创建于东晋太宁元年（323）的温州古城已有 1700 年的历史，选址可谓得天独厚。城东西依山，北临瓯江，南濒会昌湖，因城址附近九山错列，状如北斗，号称"斗城"。瓯江下游南岸恰好有郭公山、海坛山两山东西相对，可以抵御江流与海潮的冲击，因此，两山之间的江段，港阔水深、岸线稳定。温州城便建于这段优良港湾之中。

得天独厚的地形优势，赋予温州坚固的城防和天然良港之利，加上城市规模宏大，自建城后，城址、港址 1700 年来基本未变。

由于处在中国东部海岸线中间位置，并具备优良的港口条件，温州很早就是海上丝绸之路的重要节点。

2018 年，永嘉瓯北丁山古墓群中的东晋墓出土了原产于古代波斯萨珊王朝的磨花玻璃碗，这是温州较早参与"海丝"贸易的重要物证。唐代晚期，温州成为日商停泊的主要港口之一。北宋晚期至元代，随着龙泉窑的崛起，温州港进入鼎

朔门瓮城基址

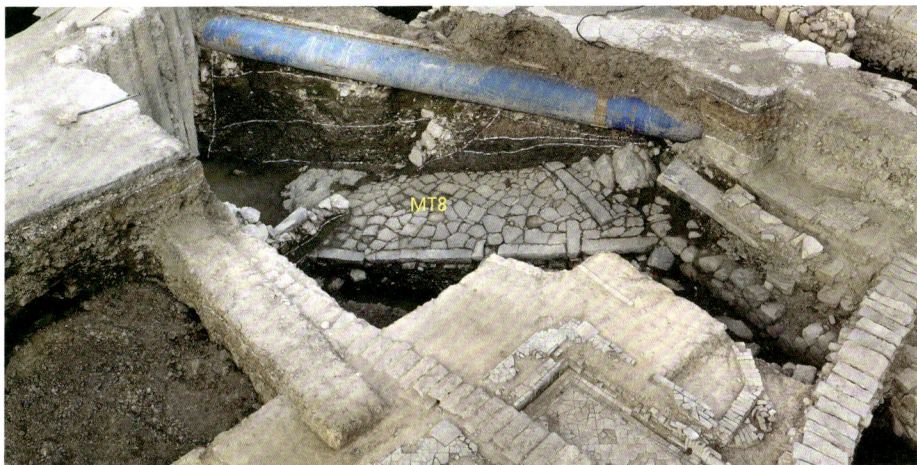

北宋斜坡式码头

盛时期。南宋至元，朝廷在温州分别设有市舶务和市舶司，管理对外贸易。

考古发掘为我们还原了当时的港口形制。发掘区西、东两端分别为朔门瓮城及水门外遗迹群，中间跨度达380米的条带状区域中密集分布着码头、沉船、干栏式建筑、堤岸等。其中，码头遗址多为多级月台状的突堤式码头。

两宋时期的突堤式码头多建于江边滩涂，平面呈长方形，石包土芯结构，底部及周缘用木桩打底和围护，以抵御水流冲刷侵蚀，实现软基加固。这一先进技术显示出古人的智慧。

推动海上贸易，具有物质与文化支撑

温州地形"七山二水一分田"，导致"海育多于地产"。这里平原面积狭小，稻田不足，粮食不能自给，故渔盐等海洋产业和工商业占有重要地位，民间海上贸易十分活跃。唐代大历年间，永嘉盐监即为全国十监之一，此后温州盐业一直在全国占有重要地位。温州又是"百工之乡"，是著名的纺织业和漆器制作中心，宋代温州漆器曾有"天下第一"的美誉。

多山滨海的地理环境、外向型的经济结构，塑造了温州独特的地域文化。南宋以叶适为代表，形成与朱熹"理学"、陆九渊"心学"鼎足而立的永嘉学派，主张"义利并举"，通商惠工，在思想领域影响深远。

温州古称东瓯，这里的先民以善于用舟、航海著称，至迟在商周时期已实现与中原的海路交往。三国东吴时期设置的横屿船屯，是当时江南三大造船基地之一。唐代温州成为全国主要造船基地之一，括州（丽水）的造船基地即设在永嘉县城北沿江一带。北宋元祐五年（1090），全国官营造船场年造船额 2900 多艘，诏"温州、明州岁造船以六百只为额"。温州、明州（宁波）造船额是当时国内最大的，造船技术国内领先。

拥有丰富林木资源的浙西南山区，是温州船用木料的主要来源地。瓯江水道自古以来一直是木材运输的通道。直到今天，浙南规模最大的温州木材市场仍位于瓯江边上。此外，一些大木料多来自龙泉等地，故温州民间向有"龙泉料"之说。发达的造船业和辐射周边地区的木材市场，是温州港兴旺繁荣的物质基础，为区域内商品和温州商人走向世界提供了技术支撑。

此次考古过程中，古沉船的发现令人兴奋。虽然最先发现的第一艘沉船已经断成南北两段，残存的船头和部分船体变形严重，但根据隔舱板残存数量推测，该船全长约 20 米。另一艘沉船则发现于深达 9 米的西部隧道基坑底部。两艘沉船均为宋代的福船，具有龙骨结构、水密隔舱等当时最先进的创新技术，这说明当时温州同其他城市交往密切。沉船也进一步指明了宋代码头所在。

元代龙泉窑青釉瓷碗

北宋晚期湖田窑青白釉瓷台盏

"天下龙泉"，海运的起点和枢纽港

本次发掘揭露的密集分布的码头遗迹以及海量的瓷片堆积，印证了温州港作为海上丝绸之路节点以及龙泉瓷贸易枢纽港的地位。遗址瓷片堆积多呈条带状集中分布，时代为元代。

龙泉窑的技术源头，主要出自越窑。北宋中期，浙东以上林湖为中心的越窑逐渐走向衰落。北宋晚期，浙西南以金村、大窑为核心的龙泉窑开始兴起。而地处两者中间地带的北宋中晚期黄岩沙埠窑，在烧造技艺上，以越窑为基础，吸纳北方定窑、耀州窑的长处，装饰纹样丰富，刻画技艺精湛，产品面貌向龙泉窑过渡。特别是该窑北宋中期晚段生产的双面刻画花青瓷，成为稍后一段时期龙泉窑的主流产品。

龙泉位于瓯江上游，顺江而下到温州换船出海，是龙泉青瓷当时最为便捷的外运方式。北宋晚期，为扩大龙泉瓷的外运，瓯江上游河滩还进行过大规模整治，使"凡昔所难，尽成安流，舟昼夜行，无复激射覆溺之虞"[1]。瓯江顿时成为当时最繁忙的贸易航道之一，呈现两岸"瓷窑林立，烟火相望，江上运瓷船舶来往如织"的盛况。

研究海上丝绸之路，通常分为生产、运输和市场三个环节，朔门古港遗址与这三个环节相关的要素非常齐全，包括码头、航船、航线、航标塔、城市、窑业等，是海上丝绸之路相关遗迹中要素完备的港口遗址。它的发现，填补了国内外海上丝绸之路港口类遗产的空白，为我国海上丝绸之路申遗增添了一个典型样本。

（本文原刊于 2023 年 4 月 15 日《人民日报》）

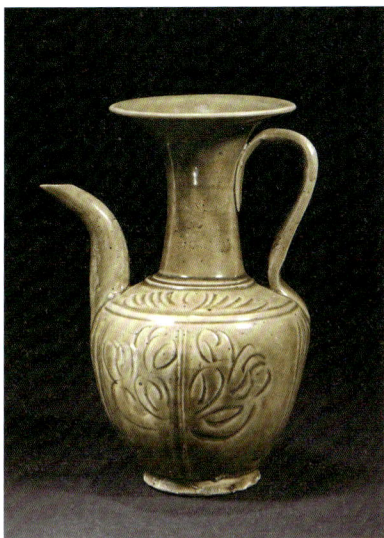

北宋瓯窑青釉剔刻花卉纹瓜棱执壶

---

[1] 编者注：此引文来自清《光绪处州府志》卷三《山川》所载宋龚原《治滩记》。

发掘历程

潮涌瓯江 风正帆悬
——朔门古港遗址考古记

◉ 刘团徽

我与朔门古港遗址初次结缘是在 2020 年。

当年 10 月 10 日，国庆假期刚结束，根据所里工作安排，我代表市文广旅局前往鹿城区政务服务中心参加瓯江路道路及景观改造提升工程（望江路下穿工程）初步设计联审会议，彼时还没有古港的称呼。拿到设计方案，心头便是一紧。

施工区域划在了温州古城北边的沿江地带，西起朔门大厦，东至海港大厦，分敞开段和暗埋段，东西跨度 1.04 公里，施工方式拟采用明挖法进行。这里既是国家历史文化名城的重点保护区域，又是朔门历史文化街区的建设控制地带，历史上是温州古城北埠港口区的分布范围，更是温州老城区备受关注的地下文物丰富埋藏区。2004 年为配合市政工程建设，温州市文物保护考古所就曾在朔门街口发掘，发现了唐五代以来的朔门城门遗址。

经了解，之前 9 月中旬方案审查会议上，我所文保室郑梯燕主任已经重点就文保单位、文保点、三普登录点及历史建筑等地上文物的影响评估和申报审批提出了意见，于是本次审查意见，我重点就设计范围内地下文物调查勘探和需要履行的报批手续提出建议，并提醒重点关注可能存在的两线（古城墙、古河道江岸）三点（朔门、水门及码头）等重要遗迹，工作次序上需要清除现代硬化道路后再行考古勘探。方案文本表明，该项目自 2017 年即已启动，中间经历多次论证评审，并报市委市政府两届主要领导同意，文物部门意见已很难左右全局。此后我便回身投入平阳古墓葬发掘和泰顺古窑址调查等年度任务中，等待条件成熟，其间也曾与建设单位断断续续交流过意见。

时光飞逝，转眼 2021 年。

2 月 28 日，春节刚过，望江路下穿工程正式启动。3 月 1 日，我随梁岩华所长会同建设单位、代建单位及施工单位赴现场实地调查，要求务必做好施工区域文物保护工作，并反复强调履行文物报批的必要性。4 日，建设单位如约致函浙江省文物局，申请开展考古工作。16 日，省局复函要求先行开展考古调查勘探。

但其时望江东路尚在通行，沿路南侧连排多层现代建筑尚未完全拆除，在老城区本就拥挤不堪的沿江主干道区域如此大范围内专为考古进行封道、拆迁并清除硬化路面，温州尚无先例可循，加之北侧江水和城市地下水影响严重，直接开展考古发掘的条件并不具备。

月底，浙江省文物考古研究所派田野工作与项目谈判经验十足的原副所长王海明先生到施工现场为考古把脉。此后，我所多方查阅有关温州古城的历史文献和古旧地图，进一步掌握文物信息并优化考古工作方案，研究制定了勘探发掘计划。当时恰逢中国考古学百年华诞，市文广旅局主办、馆所承办的"东瓯厚土——十三五温州考古成就展"隆重揭幕，我与考古部同事们负责展览策划、文案编制、文物借展、接待讲解的全过程，并组织了多场面向中小学生的考古体验活动和考古进校园科普宣传，其间和陈列展览、征集保管、社会服务等部门密切协作，全员上阵，无暇顾及其他。

及至 8 月中下旬，隧道两侧止水桩已经大量施工，省市考古所出具联合调查报告，并正式提出两步走的工作思路：一期先作部分勘探试掘，初步计划按照"两区（西段朔门瓮城区、东段水门头区）一线（望江东路沿线）"的勘探发掘计划执行；二期视情况再行全面发掘。9 月 16 日，省文物局再次复函，要求建设单位配合开展正式的考古勘探和发掘工作。10 月中下旬，省考古所项目部主任罗汝鹏、汉唐考古室主任刘建安及王海明老师先后来温，会同我所深入现场考察、商议工作方案，并代表省考古所与建设单位洽谈，确定一期发掘面积、入场条件、工作经费及时间等具体事宜，随后我所考古部组织完成望江路下穿工程工地考古发掘项目申报材料编制工作，提交梁岩华所长向国家文物局报批。

工程时间紧、任务重、难度高，要在短时间完成如此大面积的城市考古工作，离不开强有力的工作团队。为此，省市文物部门组建联合考古队，省考古所作为团体领队单位，负责统筹协调、业务指导，罗汝鹏主任联系对接；市考古所作为实施单位，具体负责现场勘探发掘工作。

与此同时，甬台温高速复线瑞安联络线文物考古调查和曹湾山遗址出土文物整理正在紧锣密鼓推进，平阳资福寺遗址发掘、鹿城区康宁小区地块温州子城遗址勘探、永嘉宝胜禅寺遗址勘探和龙湾缭碧园遗址勘探等多项任务也相继启动，我所考古力量捉襟见肘。为弥补人员力量不足现状，市考古所紧急向永嘉县借调支援，周圣玉到来之后开始协助前期准备工作，与我四处寻觅租赁房屋安排考古驻地。同时，我们多方联络，着手组建考古技师和民工队伍。时值新冠疫情严格管控之时，刘红庆、辛春祥、赵璋、李秀成等技工师傅相继从东北的黑龙江哈尔滨和西北的陕西宝鸡不远千山万水赶到温州，此后两个月内，伍显军、陈蓬蓬、朱冠星等考古部同志们也相继完成其他勘探、发掘任务陆续归队。3月初刘福刚结束曹湾山文物绘图后回归田野发掘，以梁岩华所长为领队的现场发掘队伍基本搭建成型。

初入工程区域，满眼施工设备，道路两旁的排水设施已经断开，四处都是积水和泥浆，无从下脚。按照发掘计划，我们选定暂未施工的水门头区域先行试掘。这里计划建设排水泵站，未来势必首当其冲。10月22日，我与黄加量到现场布方，并联系挖掘机进入水门头区域，开始清理现代硬化层，考古工作正式启动。

这一铲下去，便是石破天惊。

工作伊始啃的就是硬骨头，水门头区域探方里满是现代楼房的混凝土地梁和密集的水泥桩，破碎工作艰难推进，挖机声震耳欲聋，现场交流都得高声喊才听得清。11月上旬，奉恩水门河道内的现代雨水箱涵、清代石砌驳岸、陡门闸墩和北向的码道等陆续露出；下旬，沿河西侧的砖砌道路、房屋基址和水井等遗迹相继面世；12月中旬，水门河南段西侧发现排列整齐的木桩夹板护岸；2022年1月10日，朔门瓮城区发掘开始，明清瓮城基址东、北墙体轮廓初现；中旬，宋元瓮城及城外散水、道路、排水沟等陆续清理出来。

现在我们已经能分得清楚，当其刚发现时，却也是只鳞片爪、管中窥豹，又因石砌建筑遗迹多，与近现代设施交错混杂，实难分辨。虽有《温州府志》《永嘉县志》等略述城市沿革，《温州古旧地图集》标明大致方位，但比例尺过大，有用信息不多。去年11月下旬，梁岩华所长指示伍显军从城建档案馆汤章虹老师处获取民国二十五年的温州城区地籍图（又称丘形图），水门头区域的遗迹面貌开始清晰起来。

省文物部门从一开始就对本次发掘高度关注。元旦刚过，新上任不久的省文物考古研究所方向明所长就带领省所业务骨干团队专程来温，重点考察温州子城遗址和望江路考古工地，给出指导意见，并关照属地务必做好配合工作。对温州而言，如此的重视程度不敢说史无前例，至少也是并不多见的，考古队倍感振奋。

要保证后续工程进度，考古势必先行。

2022年春节前后，建设单位召开多次工作推进会，考古队每每据理力争，终于取得成效。2月10日，朔门至水门头段隧道施工区工程停工；20日，6台小型打桩机先行退场；月底，2台3轴打桩机退场完毕。工程紧迫，市里要求在1个月内探明基本情况，一期考古工作迅即全面铺开。望江路沿线按原计划跳跃式布置正方向探沟11条，水门头区域向东、南方向扩方。港口区各类遗迹陆续面世：

2月15日，TN4E1②层下发现一处龙泉瓷碎片密集分布的元代窖藏坑；2月25日，TN7E17发现石砌遗迹，外有成排木桩，后确认为1号码头；2月26日，TN5E2内清理石板地面，后判断为清代瓯海关院落内地面；2月27日，TN6E8发现门形木构件，后确认为1号船舵，舵杆部分残缺；2月28日，TN6E8再现单爪木构件，后确认为1号船锚，周边瓷器众多；3月3日，TN9E26发现石砌遗迹，外侧有成排木桩，后确认为3号码头；3月5日，TN6E8船锚船舵附近有较多木桩露出，后确认为干栏式建筑；3月上旬，水门河两侧的南宋河岸、陡门闸墩、石梁桥墩陆续得到确认。

2022年2月16日，本文作者（右）在望江路考古工地发掘布方

3月6日，省文物局黄昊德处长，省文物考古研究所方向明所长、罗汝鹏书记等再次来现场调研指导，细致考察已发现的遗迹遗物，并召开现场会议，市文广旅局及鹿城区等相关单位悉数到场，会议总体肯定遗址当前发现、基本判断和重要价值，并要求全域发掘、分段实施。考古队马上着手组织编写二期考古发掘申报材料，工作范围陆续全面覆盖水门头以西的整个施工区。

接下来便是极端忙碌。伍显军、朱冠星等各位队员每天都穿着雨靴扎根在古河道淤泥里推进发掘，陈蓬蓬经常巡游在探方间定时考勤，黄加量开着无人机在头顶飞来飞去，我则是扛着禅杖似的RTK定位测量仪穿行在隧道施工区四处布方，安排挖机及时清理厚厚的渣土和近现代硬化层，并跟探方里的同事们讨论各类遗迹的性质、功能、年代和层位关系。

除了业务工作，考古队还要跟建设单位、代建单位及施工单位等多方交涉协调，有时甚至需要吵几句才好表明底线、争得主动。城市考古突发状况也多，经常要应对处理水管爆裂，应急排水、断水断电、塌方抢险等紧急情况。工地内部环境复杂，危险也是常有发生，几乎每位队员都有不止一次陷进泥浆池的经历，所幸当时周边有人帮忙，现在想来仍有些后怕。

最难的还是工期压力。市府办发了督办单，要求8月前完成隧道区发掘和渣土外运，而考古又是一项科学、严谨、细致的工作，有学科本身的操作规范，发掘、记录、取样、保护、研究等环节无一不是耗时甚巨。如此短时间内要完成6000平方米＋的发掘面积，动辄4米以上的发掘深度，还有类型复杂的遗迹和海量的出土文物，处处都是煎熬和考验。3月16日，我们联系广告公司在瓮城及水门头两个区域的工地围挡上制作了"战晴天，夺阴天，小雨小雪当好天"等标语，以展示迎接挑战的斗志和决心。考古队团结一心、加班加点，以强烈的责任心、高度的职业感和持久的战斗力全力以赴勇挑重担，终于如期交出了如下的成绩单：

3月16日，TN11E33发现石砌遗迹，外有成排木桩，后确认为南宋江岸；3月18日，TN10E31东南角有整齐石砌遗迹露出，后确认为4号码头；3月27日，TN7E18—TN8E18③层下发现石砌遗迹，后确认为2号码头，TN6E11—TN7E11淤泥内发现圆木及木板，后确认为1号沉船；4月5日，TN4E1—TN6E1内陆续发现圆木桩及横梁，后确认为宋代木栈道；4月15日，水门头T5④层下有南北向石砌墙体露出，后确认为北宋江岸；4月18日，水门头 T10②层下有石砌墙体东西向延伸，后确认为元明江岸；4 月 19 日，TN6E13—TN7E13 北部发现密集瓷片，后确认为元代瓷片堆积带；5 月 14 日，TN4W1 发现两巨石相接，外有木桩，后确认为 7 号码头前端；6 月 16 日，水门头西北发现青石斜铺的通道，后确认为 8 号斜坡式码头；8 月 11 日，TN5W2⑦层黄沙中发现零散木板及隔板，后确认为 2 号沉船；10 月 25 日，TN8E14②层下发现石砌墙体，底有枕木，后确认为元明江岸。

考古工作惊喜不断，重磅发现持续上新，一座年代清晰、要素齐全、体系完整、内涵丰富的古代港口遗址正从千年沉睡中慢慢醒来，考古队每个人都倍感充实欣慰。

然而，横亘在工程建设和文物保护之间的矛盾也越来越尖锐。新年以来，鹿城区、市文广旅局、市委宣传部等相关部门领导先后多次赴现场调研。2 月 24 日，温州市第十三次党代会提出"千年商港，幸福温州"的城市口号。考古队凭借敏锐的洞察力，判断遗址与实证"千年商港"城市定位和古代海上丝绸之路存在重大关联，随即邀请省内专家考察指导，并于第一时间组织材料向省、市文物局作专题汇报。市文广旅局同时向业内广泛征询意见，就重点保护、异地保护和整体保护等不同思路进行多次研究讨论，但始终难以两全。

古港遗址重大发现迅速引起浙江省文物局及温州市、鹿城区党委和政府的高度关注。5 月上旬，市四套班子主要领导密集赴现场调研。5·18 国际博物馆日，省文旅厅副厅长、省文物局局长杨建武带队到遗址考察，市文广旅局组织省内文物考古专家进行第一次专题论证，会议认为"望江路考古发现是温州'千年商港、海丝之路'的坚强实证和绝佳阐释，遗址应予以原址保护"。市委市政府本着对历史和文物高度负责的敬畏之心，审慎研究、英明决策，果断叫停前期已投入 1.8 亿元的建设项目，让原定的道路工程为文物保护让路，古港遗址得到整体原址保护。

在市委市政府的努力推动下，6 月 20 日，"温州宋元码头遗址等海上丝绸之路遗址保护利用"列入浙江省第十五次党代会今后五年"十个着力"重要规划，并将谋划建设国家考古遗址公园，申报海丝文化遗产，温州也终于有了一个能与上山、河姆渡、良渚等文明之源大遗址群相提并论的明星遗址。

好风凭借力，送我上青云。古港遗址横空出世，也带来了春天的消息。为适应文物工作新形势，4月1日，李震副局长宣布了市文广旅局关于温州博物馆与考古所分设的决定。5月19日，温州市文物考古研究所重新挂牌成立，划定市区展银大厦为新的办公场所，同时新增正式编制5个，总编制达到20个。温州市委及省文物局主要领导出席揭牌仪式并寄予厚望，温州文物考古事业扬帆再启航，为古港遗址发掘保护工作提供了坚强的责任主体保障。

7月9日，市文广旅局再次邀请国内文物考古专家到遗址考察指导，并在现场召开"温州望江路宋元码头遗址"考古发掘第二次专家座谈会，与会专家高度评价本次考古发现的重大价值和温州保护文物的重大决心。会后，专家组组长、中国博物馆协会理事长、国家文物局原副局长刘曙光先生专门向时任温州市委书记刘小涛致信，就古港遗址价值研究和保护利用等问题提出真知灼见。作为重要工作建议，考古队有幸学习了信函内容，信中言辞恳切，激动之情破纸欲出，读之令人动容，也为我们后续工作指明了方向。14日，市文广旅局朱云华局长带队向省文物局作专题汇报，会上首次提出冲击"全国十大考古新发现"的要求。20日，时任副市长陈应许带队，会同浙江省文物局，专程赴国家文物局汇报遗址重大发现、保护利用计划和考古团队建设情况，并请示后续工作意见。

面对新任务、新要求，浙江省、市、区三级联动、上下同心，将遗址发掘保护与遗址公园建设作为近年来温州市最重要的文化工程进行规划部署，努力打造海丝申遗工程的经典样本。9月初，温州成立高规格温州朔门古港遗址公园（暂名）建设委员会，市委市政府主要领导亲自挂帅，组建专班实体化运作，下设综合协调、发掘保护、宣传推广、政策处理、项目建设等8个工作组，在机制、人力、财力、物力上予以大力支持，为遗址保护及公园建设保驾护航。

9月初，省文物局转国家文物局通知，古港遗址将参加本月下旬的"考古中国"重大项目推介会。彼时，遗址称呼比较混乱，亟需正式统一的命名。最初是以望江路下穿工程工地考古发掘申报项目，简称"望江路考古工地"，在遗址性质、年代、功能等尚未明确时是可行的，考古队前期历次汇报沿用此名。6月中旬，市考古所班子会议讨论申报浙江省第八批省级文物保护单位时，根据夏鼐先生《关于考古学上文化的定名问题》指导意见，采用小地名＋年代＋性质功能的结构暂名"温州朔门宋元港口遗址群"。15日，市政协专题会议汇报中临时使用了"望江路古码头"的方案。20日，省党代会报告中用的则是"温州宋元码头遗址"。7月9日第二次专家论证会上，省考古所李晖达主任曾提出"温州港朔门码头遗址群"的建议。15日，市文广旅局会议讨论命名问题，考虑到遗址年代跨度较大，未来仍有前后延伸的可能，因此暂定"温州（朔门）古港遗址"。9月5日，市局通知，经再三考虑并征询专家意见，最终确定"温州朔门古港遗址"的正式用名。

省市层面均高度重视本次汇报，考古队成立由梁岩华所长领衔，罗汝鹏、我、黄加量、周珂帆和张涛为主体的六人攻坚小组，另有外援张佳佳负责形式设计，通宵达旦连续奋战，专门负责新闻稿、宣传视频及汇报PPT的制作。28日，国家文物局"考古中国"重大项目发布会在北京召开，方向明所长代表联合考古队进行汇报，首次正式公布古港遗址发掘成果，反响颇佳。

温州考古有重大发现！

消息一经发布，便引起社会各界广泛关注。随之而来的便是宣传热潮。发布会次日，央广总台温州站张国亮站长就组织在古港遗址发掘现场进行了直播，随后新华社、钱江晚报、温州日报等媒体也迅即跟进宣传，慕名而来的考察团队也随之增多。考虑到遗址正在发掘，现场环境尚较凌乱，接待控制在党政领导调研和专家业务考察范围内。考古队在发掘的同时，积极配合做好宣传接待任务，粗略统计，仅2022年一年接待考察约有200批次。

为高质量推进古港遗址的保护与利用，深度阐释遗址内涵与价值，2022年11月4日至6日，在浙江省文物局指导下，温州市政府主办，浙江省文物考古研究所、温州市文化广电旅游局、温州市鹿城区政府承办，温州市文物考古研究所执行承办的"温州朔门古港遗址考古成果专家论证会"顺利召开。

来自国内高校和研究机构的32名顶级专家学者通过线上线下相结合的方式，参加了本次会议。与会专家对考古工作和重要发现给予充分肯定和高度评价，并为后续发掘、保护、研究、利用工作建言献策。姜波教授在总结陈词中归纳了本次发现的四大意义，称赞朔门古港遗址发掘"令人震撼"，并将其誉为"迄今为止国内外有关海上丝绸之路港口遗址最为重要的考古成果，在世界航海史上具有突出价值，有望成为海上丝绸之路申遗工程的支撑性遗产点"。

本次会议是古港遗址召开的第三次专家论证会，也是学术层面规模最大、级别最高、分量最重、成效最好的一次。为办好大会，省文物局、温州市和鹿城区党政领导高度重视，提早谋划部署，各有关单位前期做了大量的准备工作。扎实规范的田野工作是一切的基础。

8月18日，黄昊德处长、方向明所长等领导专程赴古港遗址，深入探方考察各类主要发现，细致检查考古工作规范程度，并提出整改意见。方向明所长不仅对各类测绘图纸存在问题重点批注指导，还特意发来70多页的桐庐方家洲遗址记录汇报材料供我们参考。考古队重新整理重点出土文物，逐一区分各类遗迹并作重点标识，梳理整合层位关系，地层线作勾画标注，图文资料查缺补漏。

同时，在鹿城区政府的大力支持下，紧急拆除了南侧的几间现代房屋，3号码头扩大清理范围，北宋时期宽约9米的码头轮廓也露了出来。岸线变迁是厘清港口沿革最关键的线索，施工区北侧新布了5个发掘点，元明清时期江岸得到进一步确认。

文物保护方面，1号沉船赶在8月底超强台风"轩岚诺"到来之前整体提取搬迁至室内保护，遗址内紧急搭建6座简易保护棚，另外对遗址环境进行整治提升，场地内堆放的大量渣土外运，周边建设临时围挡封闭保护。

为提升汇报展示效果，考古队在温州博物馆一楼展厅策划了《一片繁华海上头——朔门古港遗址考古发掘成果特展》，陈列重点出土文物，详细解读各类发现，并以展览内容为主体制作宣传册，遗址现场另外制作了一套内容专业、表述凝练的展板配合讲解，同时联系专业团队制作10分钟版宣传视频，以及30分钟版的《古港遗址现场详解实录》纪录片，提前发送给各位专家了解遗址。

汇报PPT则在9·28"考古中国"汇报材料基础上进一步优化提升，讲述逻辑和价值定位更趋合理。会务接待由市文广旅局统筹，全系统动员，组建了阵容强大的会务组，局属事业单位的领导班子各领任务、分工协作，全力扛起联络、接待、考察等大量的后勤服务保障重担。在当时新冠疫情反复的艰难情形下，市文广旅局领导主动担责、积极争取，绝大多数专家顶住疫情压力、跨越山水阻隔来到温州考察指导，保证了会议的顺利召开。

论证会的成功是显而易见的，新年前后好事纷至沓来。

12月13日，我代表考古队飞往北京参加央视科教频道"回望2022国内国际考古十大新闻"的节目录制；18日，考古队参加省考古学会年会线上汇报，古港遗址入选2022年度浙江考古十大重要发现；23日，第四次海上丝绸之路保护和联合申报世界文化遗产城市联盟线上联席会议召开，我们见证了温州成功加入海丝申遗城市联盟的历史时刻 [1]；24 日，古港遗址正式入选中央广播电视总台联合中国社会科学院考古研究所、北京大学考古文博学院、中国科学院古脊椎动物与古人类研究所、国家文物局考古研究中心以及国内近 30 家省级考古研究机构共同评选出的 2022 年度国内考古十大新闻。

2023 年 1 月 11 日，我前往杨府山温州道德馆参加最美温州人推荐评选汇报；3 月 9 日，梁岩华所长、我和陈蓬蓬代表考古队前往市广电中心参加颁奖典礼，朔门古港遗址考古队正式入选市委宣传部 2022 年度"最美温州人·感动温州十大人物"集体奖。

成绩得来不易，这既是对考古队以往工作的阶段性嘉奖，也激励着我们向更高荣誉发起冲击，"全国六大考古新发现"和"十大考古新发现"的预定目标已经摆上日程。

2023 年 2 月 20 日，我和伍显军随梁岩华所长前往北京，与方向明所长、罗汝鹏副书记会合，参加"中国社会科学院考古学论坛·2022 年中国考古新发现"

2023 年 3 月 11 日，"最美温州人·感动温州十大人物"集体奖部分工作人员合影

[1] 编者注：其时联盟共 34 个城市，分别是山东烟台市蓬莱区、淄博、威海、东营、青岛，河北黄骅，江苏连云港、南通、扬州、南京、苏州，上海，湖南长沙，浙江宁波、杭州、温州、丽水，福建莆田、漳州、福州，广东广州、湛江、汕头、江门、潮州、阳江、惠州、佛山、茂名，香港，澳门，海南三亚，广西北海、钦州。

会议，这是国内考古界分量极重的顶级奖项之一，简称"六大考古新发现"，采用专家根据申报材料直接评选的方式产生。22日，会议正式公布了6+6（入选＋入围）的获奖名单，古港遗址作为入围项目之一上台领奖。"六大"学术要求高，入选项目须有充分深入的研究作基础，作为发掘刚满一年的基建考古项目，能够入围"六大"已经是对古港遗址学术研究价值的高度认可，也基本符合我们之前的预期，但仍不免有些遗憾，这也鞭策着我们要为冲击"十大"做好更加充分的准备。会议间隙，我们还专程拜访了国家文物局，凌晨到天安门广场观看升国旗仪式，为此行增添了更多珍贵回忆。

"全国十大考古新发现"评选其实开始更早，2022年11月推介活动即已启动，但评选工作略晚。这是一项社会政治意义更为凸显的顶级奖项，被誉为中国考古界的奥斯卡，先前考古队已经按照要求组织参评材料发送到中国文物报社。

2023年2月3日，"十大考古新发现"初评正式启动，全国91家考古发掘资质单位和中国考古学会第七届理事135名理事拥有投票权。27日，十大初评结

方向明手绘遗址遗迹及堆积过程示意图

果揭晓，22 个项目入围终评，古港遗址顺利通过海选环节，除了遗址本身的重要和申报材料的周到，离不开前期三次专家论证会的宣传影响。

为避免"六大"评选的遗憾，省市两级空前重视本次汇报评审，并再次组建冲十专班。市文广旅局主动谋划、积极作为，通过多种媒体形式掀起新一轮的前期宣传热浪。3 月 2 日，省考古所方向明所长、罗汝鹏副书记专程来温，会同市考古所现场商量汇报材料的组织工作，方向明所长手巧心切，亲自执笔绘制 3 号码头建筑复原和地层堆积形成过程示意图。随后，市考古所邀请专业团队辅助考古队设计了多种样式的宣传海报，温州广电团队负责制作气势宏大、画面精美的宣传视频，南京大学团队负责温州港城、遗址整体和重点遗迹等多层次的复原展示。

"十大"汇报采用现场汇报、专家投票的方式进行，汇报材料自然是重中之重。考古队以 9·28 "考古中国"攻坚小组为班底，再次组建冲十 PPT 攻坚团队，着力提升解读层次，丰富展示形式，雕琢汇报文稿，同时专门向有成功参评十大发现经验的专家请教，确保在 15 分钟的讲述中，能够做到逻辑清晰、重点明确、亮点突出、价值到位，PPT 的修改提升一直持续到汇报前夕，前后形成 21 个版本。24 日，我们提前赴京开展宣传、交流活动，适应汇报场地，调试 PPT 展示效果。27 日，作为古港遗址考古发掘项目负责人，梁岩华所长代表考古队登上全国十大考古新发现的汇报台，展示效果和汇报质量惊艳全场，网络直播平台更是一片好评。28 日，国家文物局召开新闻发布会，朔门古港遗址全票入选 2022 年度全国十大考古新发现。[1]

温州终于有了专属的"全国十大考古新发现"！

在这片走出了新中国文物保护和考古事业奠基人郑振铎和夏鼐两位先生的热土上，在这个东晋永嘉立郡建城 1700 周年的历史年份中，在这个共建"一带一路"倡议提出十周年

2023 年 3 月 28 日，朔门古港遗址发掘现场工作人员观看评选直播

---

[1] 编者注：2024 年 6 月 8 日，国家文物局公布 2023 年全国文物事业高质量发展"十佳"案例，朔门古港凭借城市主干道为文物保护让路而入选。

2023 年 3 月 28 日，全国"十大"温州冲评团队载誉而归

的时间节点上，得到全国顶级专家的认可，摘下这项国字号认证的桂冠，这毫无疑问将是一个极其值得纪念的历史时刻！

我们吹过的牛、许下的愿终于一一实现，作为本次发掘的执行领队，我有幸全程参与并亲眼见证了整个团队为此付出的艰苦努力，梁岩华所长为汇报成功不眠不休的备战演练，杜成威副局长和苏义彪处长如释重负的轻松，朱云华局长脸上更是洋溢着止不住的笑意，她坦言这是她人生中最开心的两个时刻之一，另外一个是升级做母亲之时。坚守遗址发掘的同事们在现场集中观看汇报评选及新闻发布会直播，江改办陈龙主任发来燃放鞭炮热烈庆祝的视频，参与到遗址发掘、保护、建设过程中的每一个人，无不为之欢呼雀跃。冲评团队载誉回温，市局还专门在机场组织了气氛热烈的接机欢庆仪式。我因留京善后未能赶上，心情依然像春暖花开一般明媚灿烂。

2 月中旬，考古队曾配合浙江卫视拍摄《放歌瓯江》节目，其后为全力准备冲击十大发现便对媒体按下了暂停键。十大冲顶成功彻底引爆了媒体的闪光灯，也为考古队卸下了千斤重担，媒体报道迅速展开。4 月 19 日—21 日，考古队配合北京卫视现场录制了《博物馆之城》节目，久慕盛名的单霁翔院长、王巍理事长等文物界大咖现身温州，我在节目中给原国家文物局局长介绍考古地层学知识的场面也在朋友圈里被老同学们调侃了一番。5月24日及29日，央广总台现场录制《聚焦温州：保护文物，"城"续千年文脉》，后于6·10文化和自然遗产日当天在《焦点访谈》栏目播出。6月25日，温州市瓯剧艺术研究院新编历史瓯剧《朔门潮》全新上演，考古队受邀参加媒体见面会并获赠戏票。8月9日，我代表考古队参加市政协组织的《政情民意中间站》节目录制《千帆往来，海丝悠悠——邂逅温州朔门古港遗址》。9月12日，央视四套《远方的家》栏目来现场拍摄。11月16日，我临时代替梁岩华所长参加省侨联组织的《侨，千年商港——大咖共话温州朔门古港》直播活动。粗略统计，2023年考古队配合中央电视台、北京卫视、浙江卫视、东方卫视及新华网、光明日报、温州日报等新闻媒体拍摄纪录片、宣传片，撰写新闻稿等40余次，我们主动拥抱媒体，积极宣传古港遗址重大发现和温州港城独特价值。

古港遗址大放异彩，社会各界对文物考古工作的关注度也显著提高，最直观的便是省、市、区三级围绕强化温州考古力量、提升朔门古港建设和打造海丝名城的人大议案和政协提案数量明显增多，各地方乃至海外有关海丝的展览、活动乃至人教社教材编写向我市商请资料提供、文物借展的需求也明显增多。

作为一名来温12年的考古老兵，我直观地感受到水涨船高的态势！以朔门古港遗址为基点，温州考古的一面大旗竖起来了！9月15日，梁岩华所长作为温州第048号火炬手参加亚运会火炬传递，跑过朔门古港东部这段象征着千年商港历史传承的道路，市考古所及古港考古队亲友团亲赴现场加油助威，一起感受这个专属于温州文物考古人的光荣时刻。

冲十成功以后，方向明所长写下了2000字的北京业务出差报告，记录冲十历程，并提醒考古队"无论结果如何，汇报做到全力就可以了，如果入选，古港遗址的考古工作也才起了个头……未来要有很好的谋划"。谆谆教诲，言犹在耳，考古队还专门组织了集体学习会。

2023年以来，古港遗址考古工作由基建考古转为主动性考古，连续两年申报主动性发掘计划并得到国家文物局批复实施，古港遗址考古工作经历艰难起步，中间爬坡过坎，终于实现重大飞跃。我们在申报项目时注意远近结合，年度计划

2023 年 11 月 20 日，现场提取 1 号人骨上层植物样本

配合三年规划，考古新发现层出不穷：

　　2023 年 3 月 22 日，TN2E1 发现北宋石砌江岸及 9 号官方客运码头；4 月 22 日，TN3W1 发现成排木桩，后推测为南宋护岸遗迹；4 月 25 日，TN2E1 发现石砌房屋墙基，后判断为北宋渡亭类遗迹；5 月 5 日，TN2W1 发现隔舱板及船板，后确定为 3 号沉船；7 月 11 日，TN3E1 发现宋代木栈道向南延伸，与北宋江岸相接；7 月 21 日，北宋渡亭遗迹地砖清理中发现 20 余块净光塔废弃塔砖；9 月上中旬，朔门城墙、城门、瓮城等轮廓逐渐露出，演变关系清晰；11 月 4 日，2 号沉船东侧发现 1 号人骨；26 日南侧发现 2 号人骨；12 月 7 日，2 号沉船西北发现 3 号人骨；2024 年 1 月 3 日，2 号沉船北侧区域发现 2 号船锚；1 月 8 日，2 号沉船南侧发现 4 号人骨；11 日，南侧发现 5 号人骨。

后续，考古队将重点围绕朔门建制沿革、古城防御设施、奉恩水门、港口变迁及沉船＋人骨等方向开展发掘研究工作，期待为温州千年商港和海丝遗产申报提供更加丰富、翔实、系统的考古实证。

发掘期间，考古队严格贯彻执行新时代文物工作方针，多机构联合、跨学科合作，边发掘边保护，同步落实考古工作站和沉船保护基地建设，工作成效显著。古港遗址规模庞大，遗迹类型丰富，木、石、砖、土等材质复杂多样，保护难度极大。考古队邀请国内文保专家研究制定针对性保护方案，及时组织对脆弱文物进行样本采集和现场保护，探方边壁堆靠加固，部分码头、江岸及木栈道等区域回填保护，沉船、船锚、船舵等重点文物陆续转移至室内保护，确保遗址安然度过台风多雨季节。重点遗迹区域建设钢结构保护棚 10 座，面积达 3693 平方米，保护工作将根据发掘进度持续开展。

2023 年 7 月，朔门古港遗址被公布为浙江省第八批省级文物保护单位。当前，鹿城区政府正委托中国文化遗产研究院编制遗址保护规划并已形成初步成果，遗址公园概念性规划和重点区块方案完成国际招标，确定由华南理工大学团队负责规划设计，各项工作有条不紊、统筹推进，古港遗址未来前景光明。

两年来，考古队长期与国家文物局考古研究中心、北京大学、复旦大学等多家高校和科研院所保持紧密联系，数字建模、人骨鉴定、微生物检测、土壤环境分析、古 DNA 检测等科技手段提前介入，发掘科学规范度和多学科合作保护得到显著提升。当前，市考古所正组织对遗址整体进行遗产监测，包括材料风化、微环境、水质等的检测，以及温湿度、含水率、可溶盐、生物病害、动植物、土体压力、振动变形等现状病害进行持续监测分析，这些将为后续遗址公园建设提供翔实的数据支撑。

为加强沉船保护研究，温州市政府批准在江心屿西园建造沉船科技保护基地。在各团队精诚协作下，2023 年 11 月基地正式落成，面积 1500 平方米。市考古所委托考古研究中心编制《朔门古港遗址 1 号沉船保护修复方案》获准实施，并成功申请国家重点文物保护资金 629 万元，目前 1 号沉船、船锚、船舵等已移入基地，保护工作按计划启动实施。2023 年，温州市政府与国家文物局考古研究中心签署战略协议，合作建设考古工作站，配套办公面积 1106 平方米，围绕文物整理、水下调查等课题开展合作，将对深化古港遗址研究、推动温州海丝考古和水下遗产保护产生深远影响。

为迎接杭州第十九届亚运会，2023 年 7 月，温州市委市政府决定对遗址进行整治提升，多部门联动、定期会商，经过 2 个月的奋战，遗址保护设施和整体环境得到大幅提升。遗址区域建设实体围挡，布设监控提升安保级别，遗址内铺设排水系统和柏油道路，设置讲解展示系统，同步搭建标本库房和临时工作站等管理场所，改造建设考古成果展示馆，面积 600 平方米，陈列文物近 200 件，深入解读古港遗址重要发现与海丝历程。各类遗迹得到更好保护，遗址风貌美观大方，文化内容充实丰满，接待能力大幅提升。考古队积极响应我市重大活动安排，围绕遗址开展公众宣传，配合完成杭州第十九届亚运会、世界青年科学家峰会、海丝城市影响力市长交流大会[1]、世界温州人大会等重要接待任务。

此外，市考古所积极回馈社会，发挥党建引领作用，打造"支部建在考古队上"品牌，两年来已先后策划《一片繁华海上头——温州朔门古港遗址考古成果展》《千年商港·海丝启航——温州朔门古港遗址重大考古发现特展》等展览 3 场，筹办"千年商港"主题市集活动，组织送展进政府、进校园、进社区 6 场。联合温州晚报、朔门社区等开展党支部结对共建，配合温州市委宣传部"瓯越思享 +"活动、市政协《政情民意中间站》、世界温州人乡贤论坛等开展讲座 20 余场，"最美人物"宣讲活动多场，组织"叮叮当"考古小记者团等系列活动。粗略统计，截止到 2024 年一季度末，考古队已接待领导调研、专家考察和社会参观累计 600 余批次、10000 多人次，来访宾客普遍给予高度评价，朔门古港遗址已经成为海内外宾朋参访温州首推的文化打卡点，考古队为普及考古知识热点、宣传文物法律法规、讲述温州港城故事、弘扬中华优秀传统文化做出积极贡献。

两年来，温州市先后组织论证会或座谈会 7 次，邀请国内知名专家为古港遗址考古发现、学术研究、价值阐释、保护利用等建言献策，为遗址价值定位和后续工作指明方向。为加快考古成果公布进度，2023 年，市考古所联合复旦大学对遗址 2022 年出土瓷质文物进行整理统计，分类、分期、定窑口，数量达 104781 件，各类瓷器的数量、比例和来源基本厘清，为后续考古报告编写发布奠定坚实基础。2024 年，市考古所围绕古港遗址科研课题设计召开专家论证会，谋定温州港城遗产体系、数字化保护管理、海洋建筑技术、远洋航线及对外交流史等 19 项研究课题，持续做深做广做细学术研究，其中 8 项已取得阶段性进展，未来计划整合相关研究成果，申报"考古中国"重大学术课题，助力遗址公园建设及海丝申遗工程。

---

[1] 编者注：此次大会上发布了《海上丝绸之路中国影响力城市年度榜单（2023）》，温州与广州、杭州、福州、苏州、宁波、泉州、青岛、漳州、江门共十个城市入选。

　　回首两年来走过的路，心中不免感慨万千。我们不仅发掘发现了一座体系完整、要素齐全、内涵丰富的千年商港遗址，而且整体原址保护下了这处温州人千年以来商行天下、港通世界的历史根脉实证，更冲顶成功，顺利摘下全国十大考古新发现的桂冠，填补了温州文物考古事业的历史空白，为新时代温州文化传承振兴和文旅融合高质量发展提供了坚强支撑。这其中，既有始料未及的运气和突如其来的惊喜，又靠咬定青山的坚守和敢于斗争的勇气，更是勇挑重任的担当和上下同心的伟力，才促成了这段峰回路转、波澜壮阔的光辉历程。

　　朔门古港遗址的考古工作仍在继续，温州千年商港的历史画卷还在延展，这既是我们这一辈考古人共同创写的时代辉煌，也是义不容辞的历史使命。

　　唯其艰巨，更显荣光。

后记

　　劳动节期间仓促成文，谨以此纪念这段不平凡的历程，并向每一位关心、支持、参与、指导温州朔门古港遗址发掘、保护、研究、展示、建设工作的领导、同人及考古队的同事们致敬。

朔门古港遗址发掘前后

◉ 胡念望

　　温州朔门古港遗址被评为全国十大考古新发现。当时我任职温州市文化广电旅游局（文物局）文物处处长兼局办公室主任，有幸曾参与其中，沟通协调发掘工作，为此随手记录整理了其发掘前后的片段。

　　2018 年，在望江路下穿工程项目前期研究启动阶段，通过温州市文物局和省文物局对接，省文物局支持该项目建设，建议边施工边考古，若有发现则作保护性迁移。

　　2021 年 2 月，望江路下穿工程进场施工，在完成桩基工程 77% 时，同步开展隧道开挖。

2020 年 10 月，下穿工程开始前的望江路朔门头（杨冰杰／摄）

4 月 6 日上午，温州市政府牵头召开研究历史文化街区规划保护工作会议，其中议题五是朔门街区改造提升项目。温州市文物局参会同志在发言时提出，朔门作为温州古城重要的港口码头，除了地面上的历史建筑遗存，可能会涉及地下文物，按照建设工程项目考古前置要求，需做地下考古调研勘探。

5 月 23 日，根据温州市瓯江路道路及景观改造提升工程——望江路下穿工程建设指挥部暨鹿城区江心屿改造提升指挥部的意见，温州市文物局邀请省文物考古研究所专家组对工程实地进行勘察，并出具《温州市瓯江路道路及景观改造提升工程——望江路下穿工程考古调研报告》。

8 月下旬，鹿城区江心屿改造提升指挥部牵头召开的望江路改造提升协调会明确，要特别注意地上文物建筑的保护利用与地下文物的考古勘察。

9 月中旬，施工作业现场挖到了疑似沉船与朔门陡门遗址。由建设单位主体直接向浙江省文物局请示，工程暂时停工，并保护好现场。建设单位、鹿城区城市综合开发投资管理有限公司向省文物局提交了《关于申请对瓯江路道路及景观改造提升工程——望江路下穿工程范围内进行考古勘察的函》（温鹿城开函〔2021〕15 号），鹿城区政府、温州市文化广电旅游局（文物局）随即赴省文物局专题汇报对接。

9 月 16 日，浙江省文物局组织省文物考古专家对该项目用地范围内进行考古调查，确认下穿工程邻近温州市朔门古城墙遗址，地下文物埋藏较为丰富，制发了《关于要求做好温州市鹿城区瓯江路道路及景观改造提升工程——望江路下穿工程考古工作的函》（浙文物函〔2021〕370 号）。

9 月下旬，根据省文物局与省文物考古研究所的指导意见，鹿城区建设单位委托浙江省文物考古研究所与温州市文物考古研究所联合组队开始考古发掘。

12 月，温州市文物局主动与海上丝绸之路申报世界遗产城市联盟轮值城市广州市文物局沟通咨询温州申请加入海丝申遗城市联盟事项。"海丝申报联盟"明确温州要分两步走：一是以温州市政府名义提出申请报告；二是邀请申遗专家实地勘察并确定入选遗产点的名称与范围。

2022 年 1 月 4 日，省文物考古研究所组织专家对现场遗址进行实地查看后认为，奉恩水门的海坛陡门遗址，是温州古代兴修水利的直接证据，是控制古城内水系的重要关口，具有地标性意义，需要报省文物局确定对该区域遗址的后续处理工作。

1 月 30 日，温州市在政府分管副市长签署意见后，向海丝申遗联盟城市办公室递交了申请报告，按要求附上《海上丝绸之路保护和联合申报世界文化遗产三年行动计划（2019—2021 年）完成情况表》，内容包括温州市 2019—2021 年围绕海丝文物考古勘察保护利用，包括机构、编制、经费、海丝申遗点、规划、勘察发掘、研究成果等工作开展情况。

2 月 2 日，温州市文物局就推进望江路朔门古港遗址考古工作明确：一是目前考古已取得重要成果，为温州千年商港提供了文化支撑；二是要抓紧当前有利时机，扎实推进考古工作，深入挖掘港口历史文化；三是水门头地下建筑遗迹保护十分重要，请省古建设计研究院提供指导；四是基于温州市考古力量不足与缺乏自主考古发掘团队资质，要及时请求省文物局与省文物考古研究所在考古技术与人员力量方面给予支持。

2 月 14 日，温州市文化广电旅游局向市委编办提交《关于要求单设温州市文物保护考古所的报告》。

2 月 21 日，在水门头以西地段布挖 11 条探沟。除疑似沉船点即疑似建筑物基址所在的 2 处探沟外，其他 9 条探沟按原计划争取在 3 月中旬全部做完并可交付建设方施工。

2 月 24 日，温州市第十三次党代会报告中提出了"千年商港"的战略口号，疑似沉船的出土似乎冥冥之中印证了温州千年商港的地位。市里给温州考古项目组 1 个月时间，要求务必于 3 月中旬前探明基本情况，以便尽快推进望江路下穿工程民生实事工程。

2 月 27 日，望江路下穿工地西部标号为 TN6E8、TN7E8 的探方中发现疑似沉船遗迹，出土木船残尾舵 2 段，残长 3.5 米，单爪木锚 1 件，长 2.3 米，同时出土韩瓶、建窑金毫盏、梅瓶、带流罐等精美瓷具，生活用具铜瓢、石磨、磨刀石等器物类，年代均为南宋时期，部分器物价值较高。标号为 TN8E11 的探方中露出一片斜木板，附近有若干件宋代韩瓶。考古人员对这一迹象研判结论为一条小船，决定增加考古人手，清理疑似船体上部淤泥。

同日，位于香港大厦东北面的望江路地下 1～2.5 米深处出土龙泉瓷片堆积，堆积层东西长约 20 米，厚 1～2 米。瓷片主要以宋元时期的龙泉窑瓷片为主，源于瓯江上下游各处窑场，既有龙泉南区，也有龙泉东区及下游的永嘉桥头等地窑场。该瓷片堆积数量大且集中。另一处瓷片堆积被埋于一个晚期灰坑中，为元代晚期至明代早期的龙泉窑产品，外壁划莲瓣，内壁印花，产品质量颇佳，来自于瓯江上游的龙泉窑南区或东区。两处堆积均可为宋元乃至明代温州作为龙泉窑海外贸易重要港口的重要实证。

2月28日，考古发掘人员及前来评估的专家经现场踏勘，初步认定为疑似沉船点。江苏一位从事沉船考古研究的专家应邀来现场考察论证已经出土的残尾舵与桅杆残存物，确认应该是一艘适合远洋航行的船，载重量在200～400吨之间。

3月1日，浙江省文物考古研究所副所长、研究员郑嘉励率宁波文化遗产研究院副院长林国聪等城市考古、水下考古、陶瓷及科技保护专家组一行来望江路考古工地评估与指导，认为古港遗址大量龙泉窑瓷片堆积、疑似沉船点以及水门头地下建筑遗迹对温州千年商港的历史方位提供了新的实证，要求对疑似沉船点精细发掘。

水门头地下建筑遗迹，包括始建于宋代的堤岸及青砖道路、海坛山陡门及伸臂石梁桥、依河而建的石砌码道等，也引起了专家们的浓厚兴趣。该道路建于人工夯筑的堤岸上。夯土主要为山土，部分夯层夹有卵石，夯打密实，使不渗水。长堤靠河一侧有多达三层木质护岸：里层为护栏，打入成排大木桩，木桩间有栏杆横向搭牵，另有钉桩打入堤坝，以固定大桩；中层为横向侧立、起挡水作用的厚木板，最外层为密集的成排竖桩。堤上铺有青砖道路，一直向北延伸至海坛陡门桥附近。在道路北面、陡门河西岸，有　处古码头，石砌台阶，宽约3米，一直向瓯江延伸。其始建年代约为唐代，清代似乎经过重修，20世纪五六十年代仍在沿用。堤岸做法十分考究，元黄溍《永嘉重修海堤记》载："列巨木为柱，而设栿栝其上，内攒众木，围之三周……加横木备其欹侧，而帖石其背，以便行者。"可见该做法在宋元时期就已经是成熟的筑塘工艺。水门头堤岸正是这一筑塘工艺的实物见证，为国内罕见。

3月6日，省文物考古研究所所长方向明率省考古专家组一行再次来温，对望江路下穿工地考古工作进行进一步评估指导。在听取项目有关各方情况介绍后，专家组指出，目前望江路下穿工地考古工作取得了重要成果，拓展了对古代温州港及望江路一带岸线地形地貌的认识，要求对疑似沉船点扩大发掘范围并重点清理，鉴于地下遗迹遗物的重要性，要求对下穿路段全线开挖，不留遗漏。

根据省文物考古专家组意见，温州考古项目组调整与完善了考古发掘计划，明确四个方面：

一是现有发掘工作继续推进，除发现疑似沉船及小型码头遗迹的两处探沟外，其他已开探沟包括水门头区块含驳岸、陡门、砖路、石桥及码道等要在 3 月 20 日前完成发掘。二是隧道开挖区路段按长度大致分成东（含水门头）、中、西（含疑似沉船点）三段。东段生土层浅，文化堆积较薄，争取 3 月底完成发掘，TN9E26 探方中发现疑似小型码头需早做判断，西段疑似沉船发现需扩方做细致发掘，要集中人力持续清理堆土，中段待东段发掘完毕腾出场地后再进行发掘，中、西段要在 5 月 10 日前完成发掘。三是建设方应立即安排工地土方清运，以配合考古发掘工作按计划如期推进，基于目前工地现场土方积压严重，几乎没有空地可供发掘，现场堆积土方清运顺序先东、西两段，后中段。四是为确保如期完成考古发掘任务，温州市考古项目组拟根据开挖面积，增加民工数量，日班时间从 6.5 小时增加至 8 小时，并根据倒排时间进度表及天气状况加开夜班（18:00—20:00），要求建设方为工地夜间照明提供帮助。

3 月 7 日，温州市文物局向市委提交了《关于温州望江路下穿工地考古新发现印证"东瓯名镇"千年商港辉煌历程的报告》，详细报告了望江路古港遗址考古发掘的阶段性成果，并建议加速推进考古发掘和遗址保护工作，深入挖掘港口历史文化，为温州千年商港提供重要历史佐证和文化支撑。

3 月 21 日上午，温州市瓯江沿线开发建设指挥部召开专题会研究水门头泵站西移方案。

3 月 29 日，温州市考古项目组根据考古发掘工作不断推进中的新发现与新问题，绘制了一张望江路考古发掘探方分布总平面图，详细标明石砌堤岸、石砌码头、石砌踏步、宋代沉船、清瓯海关、瓮城城门等位置，同时积极查找古代文献史料，及时将考古现场与史料记载进行对证，重点梳理了温州千年商港的发展历程、国内外沉船出土器物的温州元素等等。

4 月 28 日，省文物考古研究所召集宁波水下考古中心资深专家、温州市文物局文物处负责人及市文物考古项目组全体人员召开视频连线研讨论证会议，提出朔门古港遗址不是一个码头或两个码头，沿岸历史上分布有很多码头，功能分区非常清晰而一直沿用，民国十二年手绘城区图上标明渔船码头、招商码头、海关码头、客运码头等等，沿岸岸线自东晋明帝太宁元年（323）规划建城以来一直未有大的改动。与会专家提出，如果说挖出一二艘沉船或者三四条坑状或带状的瓷器堆积层，或挖出五六个码头，都不足以支撑重大发现，温州朔门古港遗址考古的意义与价值在于其完整的体系、遗存的丰富与保护的完好，瓯江至今依然是水上交通运输的大通道，作为世界古航标文物灯塔的江心双塔的灯光照亮进出千年商港的船只，遗址又在古城边上，有古道、瓮城、城墙。出土遗存中除了可见的建筑遗存或物件，还有肉眼不可见的有机物譬如丝绸腐烂掉之后的东西，需送专业机构化学检测。

在市委、市政府的高度重视下，在市政协的牵头组织下，鹿城区政府、市城发集团及市直各有关单位的支持配合下，望江路下穿工地考古发掘取得了重大突破。发现了宋代码头4处、沉船1艘、干栏式建筑5组、作坊2处等系列重要遗迹以及大量龙泉窑系、建窑系、湖田窑青白瓷以及瓯窑褐彩瓷片标本等。初步咨询了国内有关权威专家之后，建议往建设一处带有博物馆性质的遗址公园的方向发展。而要申报省级或国家级遗址公园，首先得成为省级文物保护单位。因此温州市文物主管部门在梳理温州市申报第八批浙江省文物保护单位推荐名录时，迅速将朔门码头考古遗址（后改名为温州朔门古港遗址）做了递补上报，后如期被浙江省政府公布为第八批省级文物保护单位。

5月18日下午，省文物局主要负责人率省级专家组赴望江路朔门古港遗址实地调研，并牵头召开望江路考古价值省级专家论证座谈会，会议主要围绕考古价值判断、存在问题及下步思路建议等方面展开。简而言之，就是要求省里专家组给我们一个明确的意见：是异地安置还是原址保护，是一般价值还是重要价值，下步该怎么做。

5月19日上午，在瓯江路展银大厦一楼举行温州市文物考古研究所挂牌仪式，市委市政府主要领导与分管领导、省文物局与省文物考古研究所主要负责人均出席并揭牌。

5月24日，国家文物局在《中国文物报》头版刊发了温州市文物考古研究所挂牌的消息。业内资深人士指出，一个正科级的文物考古研究机构挂牌，这么多省市领导亲临现场见证，足见浙江省、温州市对考古工作的重视程度。

5月30日，海丝申遗城市联盟办公室专门就温州市申请加入海丝申遗城市联盟事宜发来《关于加入海上丝绸之路保护和联合申报世界文化遗产的复函》，大意是经中国遗产研究院世界遗产申遗中心审核，基本同意温州加入海丝申遗城市联盟，将在下半年举行的海丝申遗城市联盟（北海）联席会议上予以表决通过，望江路古港遗址有望成为海丝遗产申报点。

6月2日，省文物考古研究所召集本所科技考古室、文保室专家，并邀请中国社科院考古研究所、河南省考古研究院以及宁波遗产院相关文保专家召开视频会议，专门讨论望江路宋元港口遗址文物保护方案。温州市考古项目小组据此制定实施针对梅雨季节及台风汛期的现场保护预案。

6月12日，温州市文物局组织考古项目组整理《温州市望江路宋元港口遗址现场情况及临时保护措施》《推进温州望江路宋元港口遗址公园建设的建议》等材料。市里明确由市领导牵头，成立温州市古港遗址公园建设领导小组；明确鹿城区政府或城发集团为实施主体单位，成立遗址公园建设专班。

6月16日，温州市文物局研究明确温州朔门港口遗址下步重要工作计划，如沉船剩余部分近期将全部揭露，提交保护专家制定整体套箱提取方案并组织实施；拟在朔门瓮城基址东侧空地搭建沉船临时保护棚进行室内精细清理及科技保护；遗址公园建设方面，邀请省古建筑研究院首席专家黄滋和院长卢远征来现场调研并启动编写遗址公园规划；中国文化遗产研究院专家对朔门港口遗址的重大发现高度重视，近日将开会讨论。

7月9日上午，原国家文物局副局长、中国文化遗产研究院院长、中国博物馆协会理事长刘曙光一行来望江路古港遗址现场考察，同时在指挥部会议室召开专家论证会。

论证会充分肯定了温州朔门古港遗址考古发掘的成果及其重要价值，主要遗存年代集中在宋元时期，遗址发掘区主要由东端水门头区、中部邻江港口区及西端南侧瓮城区三部分组成。遗址真实再现了宋元时期温州港"一片繁华海上头，从来唤作小杭州"的繁荣景象，为温州作为龙泉瓷大规模外销的起点港和海上丝绸之路重要起锚城市提供了重要实证，是近年来我国城市考古、港口考古的重大收获。此次发现的古港遗迹群，规模庞大、体系完整、内涵丰富，为国内罕见、世界少有，是集城市、港口、航道航标三位一体的完整体系，堪称海上丝绸之路的绝佳阐释地，正是我国海丝申遗不可替代的经典样本和支撑性遗产点，基本上肯定这是一处国家启动海丝申遗相关工作至今期待已久的重要发现。

7月20日，国家文物局分管副局长关强、考古司司长阎亚林、副司长张凌等在国家文物局考古司会议室听取了温州古港遗址考古发掘成果及下步工作思路的汇报，高度肯定了温州城市考古的重大发现，并指出温州作为国家文物局首任局长郑振铎的老家，又是中国社科院考古研究所首任所长、新中国考古奠基人夏鼐的故里，还是国家文物局对外援建项目"柬埔寨吴哥窟文物保护修缮工程"中吴哥窟史料参考重要依据《真腊风土记》作者周达观的故乡，温州古港遗址发现的意义非同寻常。

8月11日，考古新发现宋代沉船1艘，位于望江路下穿工程隧道开挖区西段，西距木锚、尾舵发现点约20米。残存船体部分有龙骨、底舱（隔舱板残存3段）、甲板及桅杆。揭露部分残长6.2米，残宽（变形后）4.1米。船壳板作鱼鳞状搭接，并揪有铁钉。据船底形状及船板搭接样式判断，该船为福船，原长度为20多米。在靠近船头舱板上出土"大观通宝"铜钱1枚。据搁浅地层及出土铜钱及器物判断，该船为北宋时期。

8月19日，中国社会科学院学部委员、中国考古学会理事长王巍来现场考察温州朔门古港遗址，高度评价朔门古港遗址拥有完整的证据链，盛产大量的瓷器，是海上丝绸之路的重要港口，并就启动申报年度重大考古事项进行具体指导。

9月7日，国家文物局考古研究中心唐炜一行来温州古港遗址指导，综合出土的器物与遗址，认定这次温州古港遗址考古发现堪称迄今国内规模最大、体系最完整、内涵最丰富的港口遗址，国内唯一，世界罕见，是温州"千年商港"的坚强实证，"海丝"之路的绝佳阐释，且有望成为国家级考古遗址公园和"海丝"联合申遗亮点。

温州市文物局在温州博物馆一楼策划推出了望江路朔门古港遗址出土遗存器物的专题陈列展示，供国内有关考古文化专家参观指导。

9月28日，国家文物局召开2022年度"考古中国"重大项目发布会，通过新华社、央视等媒体向外界通报一至三季度全国考古工作重要进展，披露温州古港遗址考古等重大发现成果。

11月4日至6日，在国家文物局、浙江省文物局指导下，温州市政府召开温州朔门古港遗址考古成果专家论证会。论证会上，来自国内高校和研究机构的 32 名专家学者通过线上线下相结合的方式，深度阐释遗址内涵与价值，真实再现了宋元时期温州港的繁荣景象，为温州作为龙泉瓷大规模外销的起点港和海上丝绸之路重要节点城市提供了重要实证。

12 月 23 日，海丝申遗城市联盟会议在线上以视频方式召开，温州市政府分管领导参加会议并发言，温州市连同杭州、汕头等 5 座城市一起成为新的海丝申遗城市联盟成员，为下步海丝联合申遗奠定了基础。

12 月 24 日，中央广播电视总台发布 2022 年度国内十大考古新闻，"浙江温州发现海上丝绸之路千年古港"位列第 5，报道称"温州朔门古港遗址发现古城水陆城门、成组码头等遗存，出土了大量遗物，实证了温州港是我国宋元以来海上贸易的重要港口，填补了海内外海上丝绸之路港口类遗产的空白"。

2023 年 2 月 27 日，浙江温州朔门古港遗址被列入 2022 年度十大考古新发现参评项目。3 月 28 日，国家文物局组织参评项目终评后，温州朔门古港遗址获得参评专家全票通过，被评为 2022 年度中国十大考古新发现。

我所亲历的古港遗址考古发掘

⊙ 陈蓬蓬

2021 年下半年，作为温州市文物保护考古所一员，我正在进行广场路子城遗址地块考古勘探前期准备工作，接到梁岩华副所长（现为所长）通知，要求我与考古室负责人刘团徽（现为副所长）一同前往望江路下穿工程现场实地勘察。这是我第一次踏进古港遗址。

我同刘团徽到达现场后，映入眼帘的是一片热火朝天又泥泞不堪的建筑施工现场。轰鸣的大型机械、来往不息的运输车辆、忙碌的施工人员，但凡我能想象到的建筑工地要素无一不有。我和刘副所长不约而同地犯了难，现场完全不具备考古踏查的条件。无可奈何，不能干也得硬着头皮干了。

思考再三，我们商量由西向东查看挖掘机翻出的泥土，检查其中是否有可供辨认的包含物。现在的古港遗址东西长不超过 1 千米，缓缓而行所需也不过 20 分钟。而施工现场当时仅有一条钢板铺就供运输车辆通行的便道，每当有车辆通过，刘副所长同我就不得不去路旁堆土中避让。那天正是秋雨，遍地积水堆土湿软，运输车驶过溅起大量泥浆，我们二人走一走、让一让、看一看，从西头到东头竟花费了一下午的时间。所幸我们在堆土中发现了大量瓷片，有粗瓷、青花、龙泉窑、本地窑口瓷片等等，其中又以龙泉窑为大宗，年代则集中在宋元时期。我们第一时间回到单位向梁所长汇报了此事，再结合温州古旧地图以及之前的考古发掘材料，我们初步判断在望江路下穿工程施工现场地下可能会有不少遗存，甚至会有城墙、码头、建筑基址等重要遗迹。梁所长随即决定在施工范围内开展考古勘探工作。

因为望江路下穿工程施工范围位于温州市区核心，又占据了东西向交通干道，不具备长时间封闭考古的客观条件。同时考虑到工程总体呈东西向线性分布，东西长而南北窄，我们决定在施工范围内相隔一定距离布设南北向探沟，然后再在一些重点区域布设探方，由此应该就可以基本把握地下文化层堆积情况和重要遗迹的分布情况。

之后，我开始进行鹿城区广场路子城遗址地块的考古勘探工作，望江路下穿工程的考古工作由刘团徽持续跟进。2021年年底时，子城遗址地块的考古勘探工作基本接近尾声，梁所长安排我去协助刘副所长，等我真正回到下穿工程考古勘探现场已经是2022年年初了。

当时望江路下穿工程考古勘探主要可以分为两个部分，一部分为水门头区域，另一部分为工程线路中部。考虑到客观条件，我们率先于2021年年底在水门头区域开始考古勘探工作，取得了非常不错的成果，我们发现了房屋基址、路面、古河道、河岸护坡等遗迹，地层也比较清晰，各遗迹的年代也大体可以判断。根据老地图，此处还可能存在奉恩水门遗迹。但是比较遗憾，我们没有发现。根据现场的情况推断，我们认为奉恩水门可能已经在施工区域红线外南侧，上面被现代建筑叠压，无法勘探。

下穿工程线路中部相较而言就比较棘手。因为该区域已经进行施工，地表完全被淤泥和污水覆盖，别说进行考古工作了，哪怕连放样布方都困难重重，而且遗存埋藏深度较深，四周土质松软，时值雨季极易塌方，如何保证考古发掘的安全性也是令人头疼的问题。

最后我们决定多管齐下，将探方四壁留出更大的坡度以防塌方；在探方内和隔梁上铺上木板方便行走与作业；在探方外利用机械运土减少工人上下探方的次数以减少发生意外的可能；在探方内放置多台大功率水泵抽取上涌的地下水，尽量保证开展考古工作的客观条件。总的来说，望江路下穿工程考古勘探起初是一项配合基本建设开展的考古工作，工期短，任务重，多数时候无法做到尽善尽美，不得不利害相权。

温州地处长江中下游地区，每年都会有时间不短的梅雨季。而望江路下穿工程又紧邻瓯江，持续降雨再加上瓯江潮水倒灌，考古探方内的大量积水极大阻碍了工作进行。即便有水泵不停抽水，第二天开工时，探方内依旧如同注满脏水的池塘。最极端情况下，每日都需先花上一上午抽水，下午才能开始发掘。我们的工作人员也不得不穿上高筒水鞋，在没过膝盖的淤泥中进行考古工作，一不小心就会陷入淤泥中动弹不得，只得求助旁人拉拽方能脱困。有时拉拽不得其法，不但不能助人脱困，反而自己越陷越深，最终变成两人四目相对无计可施。有时拽的力气大了，又常会将人从水鞋中拽出，整个人翻入泥中，独留一双水鞋在原地，十分滑稽。

　　但是即便如此，考古工作最基本的规则是要遵循的。田野考古中最基础的一项工作就是判断遗迹的年代与范围。年代既包含相对年代又包含绝对年代，以地层学知识判断不同遗迹的相对早晚关系即为相对年代，再利用包含物或者科技手段来得出一个具体的年代即为绝对年代。范围指遗迹分布范围，即该遗迹现象平面分布范围为几何，纵向深度为几许等等。在探方内进行工作时，我们讲究的"平剖面结合"便是这个意思。虽然望江路下穿工程考古工作客观条件有限，但是我们并没有因此放弃考古发掘的严谨性与科学性，还是不遗余力地去识别土质土色、划分地层、辨认叠压打破关系等等。在发掘的过程中，我们不断研究判断，基本确定了地下遗迹的年代主要为北宋至元代时期。这一判断后来也逐渐被更多的出土材料所证明。

　　随着发掘的深入，朔门古港出土了数量众多且意义非凡的遗存，如形制各异的码头、两宋时期的沉船、不同时代的瓮城基址等等，新闻报道铺天盖地而来，不胜枚举。也有众多学界前辈发起了一轮又一轮的学术探讨，珠玉在前，本文就不再狗尾续貂了。

2023 年 3 月 8 日，本文作者在仔细划分地层

古港考古航拍日记

◉ 黄加量

2022 年

1 月 20 日，农历腊月十八，大寒。多云转阴，风力 2—3 级

农历年前的朔门古港野外发掘工作已基本结束，约定今天要飞一下几个探方，作一下影像和模型记录。上午忙完局里的工作，下午带着无人机（悟 2 和精灵 4RTK）到望江路。这个时候考古技工和民工基本都回家过年了，工地稍显冷清，下午也没其他人，只好靠自己一个人搬设备了。工地中段还是遍布挖机、桩机等工程机械，基本没什么路面，都是泥坑，去板房换上水鞋。

先到水门头，陡门闸遗址所在的 T2 探方之前已完成记录，目前用彩条布覆盖保护。今天需要做 T1 探方及东扩部分，发掘面积有近 150 平方米，位置在原望江路水门头路口西侧。望江路路南临街基本上都是 20 世纪七八十年代建的框架房，层高在五六层，位于这次工程范围内基本地面以上部分都已拆掉，剩下些当时的水泥桩还留在地下，留给考古工作慢慢啃。在 T1 这个探方里，残留的水泥桩还有很多。沿着探方走一圈，因为面积不大，需要做细部记录，所以采用精灵 4RTK 做贴近摄影记录。在脑里估算着等会儿贴近飞行的大致路线和范围，确认无误，给飞机上电，连 cors，起飞。贴近摄影基本在距地面 2 米高度拍摄，以求最高精细度，在这种高度避障基本无效，所以也就关闭了，飞行基本上靠手动，所以要求也比较高，需要高度集中注意力。按照五向飞行的计划，正投影一组、倾斜负 45°四个方向各一组，完成 5 组摄影拍照，另东扩部分因为发掘较深，其立面需要单独平摄，这样 T1 共拍照 1322 张，用时 2 小时。

今天第二个任务，是拍摄工地整体的投影照，使用大飞机悟 2，用 Pilot 规划自动拍摄范围。在解放北路朔门路口起飞，因为西边是香港大厦（高层），故飞行时要注意观察距离，最远端水门头距离为 400 来米，要注意视线和遥控器信号保持连通。第一组电池因为对焦问题，以及遥控器信号被阻隔，自动结束自动返航。第二组电池实施到 18% 电量，还有两端航线未飞，根据拍摄范围，已经基本覆盖施工区域，故手动停止，手动降落。工地整体共拍照 1040 张。自动规划航线飞行属于测试飞行，之前未大量实行，有些实施参数和拍摄技巧还需要根据以后生成的模型作调整，以常态化飞行，做到定时定线定点自动记录。

今天最后一个地方是朔门地块。该地块揭露四个标准考古探方，面积 400 平方米，目前做到地面下 1 米左右，已经揭露出两期叠压瓮城的一个角，虽只剩基础，但构造形制明显，可以想象原来的整体规模。早期半圆形瓮城使用块石垒砌，块石略加工，也有使用现成块石；晚期方形瓮城使用块石加工痕迹明显，成长条状，顺丁垒砌。另有各类石块、青砖铺就的多条道路、散水、明沟、暗沟等各种设施，可知当年建设的复杂。该处采用精灵 4RTK 做五向贴近摄影记录，离地高度约 2 米，正投影一组、倾斜负 30°四个方向各一组，完成 5 组摄影拍照，共 1727 张。受风力影响，飞行路线有偏移，需手动及时调整。时间变晚，天色变暗，为了加快速度，覆盖范围和拍摄效果可能会受影响，效果需要回头在重建模型中验证。

今天做完工作基本已天黑，遇刘团徽来工地，交流了一下今天的工作情况。晚上回馆里，将今天的所有数据导出到工作站电脑，先将水门头 T1 进行三维模型重建，明天看结果。

1月21日，农历腊月十九。多云，风力1—3级

来单位，检查昨天重建的 T1 三维模型，用时三个半小时，分辨率小于 1mm，基本效果可以，完成。工作站继续跑工地整体投影照和瓮城区域三维模型。

3月3日，阴，风力2—4级

上午整理仓库，安排工作站跑模型。下午去望江路工地，有航拍建模工作，带精灵 4RTK。

N05E06、N06E06 探方发掘深度 3 米多，底部已是淤泥层，无特别突出迹象，主要采集四壁地层信息，贴近航拍摄影，共 688 张。N08E22 探方发掘深度 2 米多，无特别突出迹象，主要采集四壁地层信息，贴近航拍摄影，共 339 张。

N06E08、N07E08 探方发掘深度 2 米多，到第 3 层，伍显军老师在主持，发现有不少瓷器，肉眼可见的韩瓶、小碗较多，开了十字探沟。东北侧已清理出来木质船舵一副，长方形舵板和轴由铁箍固定。因为现场泥泞不堪，发掘工作还在

进行，未到一阶段，故只对该探方进行航拍记录，未采用贴近的方法。

而后沿着望江路拍了两段整体扫拍视频，西向东为正投，东向西为倾斜。多个探方目前都在发掘中，深度都有 2 米多，到宋元层了。N07E17 探方南部西壁有露出一排整齐的石头，N09E26 探方底部东南角露出一排石头，老李（李秀成）在清理，看具体情况。

3 月 7 日，多云，风力 1 级

上午整理仓库，安排工作站跑模型。下午贴近摄影航拍采集 N07E14、N07E17 探方。

N07E14 发掘深度 2 米多，无特别突出迹象，主要采集四壁地层信息，贴近航拍摄影，共 472 张。

N07E17 发掘深度 2 米多，底部西南有整齐石砌遗迹（该处后来确认为 1 号码头，露出部分为码头东侧石砌部分），石头外缘有护木，下有桩木。采用贴近摄影航拍，重点对石砌部位进行，保证各个方向都有图像，共 550 张。

3 月 8 日，晴，风力 2—3 级

上午整理仓库，安排工作站跑模型。下午贴近摄影航拍采集 N06E08、N07E08 探方。

N06E08、N07E08 探方发掘深度近 3 米，揭示出来较多瓷器分布，部分完整。之前看到的木舵已用薄膜覆盖保湿，南侧新清理出单爪木锚一具，有残损。现场泥泞，环境较差，进行贴近航拍摄影记录，共 1374 张。

3 月 9 日，晴，风力 1—2 级

上午整理仓库，安排工作站跑模型。下午贴近摄影航拍采集 N06E08、N07E08、N09E26 探方。

N06E08、N07E08 探方，上午预览模型发现有部分立面缺失，下午安排进行补拍，贴近摄影航拍，共 71 张。

N09E26 探方发掘深度 3 米多，探方底部东南角之前看到的一排石头已完全揭露，块石整齐砌筑，下有木桩，外有护木（该处后来确认为 3 号码头，露出部

分为码头西北角）。采用贴近摄影航拍，重点对石砌部分进行，共 258 张。

3 月 10 日至 13 日

疫情在家办公，远程控制工作站进行运算。

3 月 18 日，晴，风力 2 级

今天受王超俊老区长、报业集团杨冰杰邀请，和梁所长前往朔门街、北鹿巷调查古城墙遗迹。从以前准备的资料中可以发现，民国时期老城墙还是存在的。城墙外东西向的路即朔门街，外墙根已贴墙造了一排民居，即现在朔门街南侧的门面房；城墙内东西向的路即北鹿巷，内墙根贴墙造了一排民居，即现在北鹿巷北侧的门面房。在民国至 1949 年这段时间，部分城墙被当作土地出售及民居侵占，城墙逐渐消失。这点在现代的航拍影像中尤其明显，朔门街、北鹿巷和之间三排民居分布的肌理也说明了这个问题。

与几位沿着朔门街、北鹿巷走了一圈，还联系了几户民居，到室内查看了部分建筑构造，对几处疑似的城墙遗迹做了深入调查。可以确认，目前地面以上部分，城墙遗迹已荡然无存，鉴于该片区都是 1—2 层的砖木构民居类建筑，地面以下部分城墙的构造应该都还存在，以后有机会可以做部分考古勘探和发掘。

3 月 21 日，晴，风力 2 级

根据网上天地图有关资料，海坛山上原海员俱乐部位置存在标准水准点，上午去寻找，未找到。

下午省古建院有人来工地调研，配合介绍。

根据梁所长吩咐，对香港大厦北部工程排桩上残留的瓷片带进行贴近摄影航拍记录。该处位于工程结构桩上，距离地面约 1 米，长度有 20 来米，厚度 3 米左右，瓷片分布密集，可惜已被排桩打坏。用精灵 4RTK 贴近距离 2 米左右拍摄，因为位于地下部分，卫星信号受到阻挡，无人机飞行需十分小心，共拍摄 96 张。

工地其他地方也拍了几张记录，N10E31 探方东南部有露出石砌迹象，待确认。

3 月 27 日，阴，风力 2 级

上午在馆里整理照片，安排工作站建模。

下午去望江路，贴近摄影航拍采集 N10E31 探方，深度约 3 米，底部东南有整齐的石砌遗迹，底部有木桩支撑（该处后来确认为 4 号码头，露出部分为码头西北角）。采用精灵 4RTK 地面上正投拍摄整体，四壁用分上下两层拍摄，石砌部分重点贴近五向，共拍摄照片 390 张。

3 月 28 日，阴，风力 2 级

上午在馆里整理照片，安排工作站建模。

下午去望江路。老刘（刘福刚）在发掘 N07E11 探方，东壁地层迹象较明显，为防止下雨塌方，对这部分先进行贴近摄影航拍记录，共拍摄 323 张。该探方发掘深度 2 米多，南部有小部分石砌遗址（后将其确认为 1 号埠头）。

老李那边的 N09E26、N09E27 探方已拆掉隔梁，将两探方打通，露出石砌疑似码头的遗迹，较完整（即 3 号码头前端）。对该部分做贴近摄影航拍记录，石砌部分重点贴近五向记录，共拍摄 968 张，并对其与朔门街巷的关系进行了整体航拍，以及拍摄环绕航拍视频。

3 月 29 日，阴，风力 2—3 级

上午在馆里整理照片，安排工作站建模。

下午去望江路。老辛（辛春祥）发掘的水门头 T6 探方南部到一定阶段，形成一个黄土面，西南角有方形青砖铺设的地面以及块石柱顶石，为一建筑遗迹；东部有小段青砖道路，块石砌边；北部有两个开口较高的小水池，一青砖一土，用途不详。贴近摄影航拍记录，共拍摄 298 张。今天风力变化较大，无人机不易控制。

老刘发掘的 N07E11 探方发现较大，揭露出木质桅杆一根，长度约 7 米，另外在台阶下揭露出部分木质构造，疑似沉船遗迹（后来确认为 1 号沉船）。对该探方贴近摄影航拍记录，共拍摄 685 张。

今天还对沿线各探方进行了不同高度全景摄影的拍摄，作为记录。

2023 年

10 月 18 日，多云，风力 1 级

今天 7 点就来到朔门古港遗址，因伍老师家中有事，代为照看部分发掘。2 号沉船区域，重新使用全站仪放样布方，主要编为 N05W01、N06W02，目前发掘到 7 层，主要是河沙淤积，该层极厚，从江岸向江心倾斜。该层内基本没什么人类活动的迹象，偶尔见到几个瓦缸的残片，也算是收获了。

10 月 22 日，多云，风力 1 级

盯了几天探方，目前比较单调，接下来老赵（赵璋）会来接替我了。今天把 N05W01 和 N06W02 用无人机贴近拍了一下，尝试了一下在隧道狭窄空间内贴近摄影拍摄的技巧和方法，回头看看最终效果不知怎样。

11 月 4 日，多云，风力 1 级

今天较早来古港遗址，老赵那边说有发现，下去看了下，发现了一个头盖骨，仰面向上，看起来挺完整，状况也好。层面上已经和 2 号沉船相同了，位置也接近，应该是有联系的。边上脊椎向斜下方延伸，可能是完整的骨架。接下来要安排专业人员与设备清理该处。

11 月 21 日，晴，风力 1 级

今天工地还在清理 1 号人骨，同层面发现很多黑色物质，似乎是炭化的植物茎秆，给清理工作带来了一些困扰。

11 月 22 日，晴，风力 1 级

今天 1 号人骨基本已露出来形状来了，仰身平躺，骨头颜色土黄色，骨架完整，下方就是 2 号沉船的船舷板。怕无人机贴近拍摄气流太大，用单反贴近摄影拍摄，共拍摄 789 张，用全站仪在四周标记了 4 个参考点。相机的建模工作之前开展不多，相关的参数和调试还要摸索，要有机会去哪里学习提升一下。

12 月 6 日，多云，风力 1 级

今天做 2 号人骨贴近摄影记录。2 号人骨在沉船外南边，贴近船舷，被工程水泥桩打到边上，明显已经散开，有缺失。同样用单反贴近摄影拍摄，共拍摄 516 张，四周标记 4 个参考点。

12 月 14 日，多云，风力 1 级

今天做 3 号人骨贴近摄影记录。3 号人骨在沉船外西北边贴近船舷，骨架完整，较小，可能为年少者。同样用单反贴近摄影拍摄，共拍摄 1018 张，四周标记 4 个参考点。

多具人骨伴着沉船，在古代可能也是一个悲惨的故事，考古就是要解开这个谜团。

12 月 15 日，多云，风力 2 级

今天事情较多。

遗址整体规划航线的记录，飞行高度 50 米，共拍摄 588 张。

N03W01 西壁，老辛已经将地层用白灰画过，无人机贴近摄影拍摄共 453 张，设 4 个参考点。

对 3 号人骨用手持式三维扫描仪进行扫描记录，用的是最大分辨率，似乎很吃机器，最终效果也要等待运算，只能先把原始数据保存下来。

和李扬讨论了一下 2024 年的发掘计划及点位布置。

2024 年

1 月 2 日，晴，风力 2—3 级

今天配合国家文物局考古中心进行海丝文化调查，走了鹿城几个点，重新确认了独自山窑址，十几年前三普走这个点时还没什么发现，工作这么多年，果然眼光还是有长进的。

1 月 3 日，阴，风力 1—2 级

今天继续做野外调查。去了瓯海南朝窑址，发现标本，这个当初三普也是没

找对点位，这次能重新确认，有点小激动。

1 月 9 日，多云，风力 1 级

今天 S02E03 探沟贴近摄影航拍，共拍摄 431 张。

老赵那边在 2 号人骨下方又发现了 4 号人骨，状况和 2 号类似，被水泥桩打散了，同层发现很多贝壳碎片及稍大石英砂，径 2—3 毫米。

3 号码头东南部用 RTK 配合全站仪放了 5 个样，用贴近摄影航拍 N06E28，共拍摄 93 张。

今天郑晓平说古港遗址监测项目需要确定几处落地点，和施工方对接讨论。

1 月 16 日，晴，风力 2 级

今天华东师大王张华教授团队来遗址做合作课题研究，配合做了地层面的揭片取样，用白胶粘取砂层效果挺不错的，听王教授讲解了砂层中很多细微结构的形成原理。

用单反相机尝试了一下高清拍摄地层立面，然后进行后期高像素合并，要有高像素的好相机就好了。

1 月 22 日，雪

今天冷，小雨渐渐变成雪花飘了下来，有变大的趋势，在温州好像多年没见到这么大的雪了。今天在办公室写 2023 年的年终总结，同时朱冠星那边的平阳资福寺遗址今年发掘的模型也在跑。

1 月 23 日，晴，风力 3—4 级

早上地上还有积雪，上午调休陪女儿玩了会儿。

下午来朔门古港遗址。老辛在 S02E03 探方开了一南北向探沟，长 10 米，宽 1 米，深 1.5 米，对城墙夯土进行了解剖，可见立面上有明显分层的迹象。贴近摄影航拍记录，共拍摄 301 张。昨日积雪下午正是融化的时候，加上风大，手动拍摄手指头冻得够呛，下次要准备专门的手套了。

看部分屋顶上还有积雪，调 50 米规划航线拍摄遗址整体迹象，共拍摄 424

张。今天风大有点担心，还好无人机抗风还是不错，但在航线西端近香港大厦这里还是出现位置偏差，测距一直报警，只完成了 90% 的航线，只好手动返航降落。

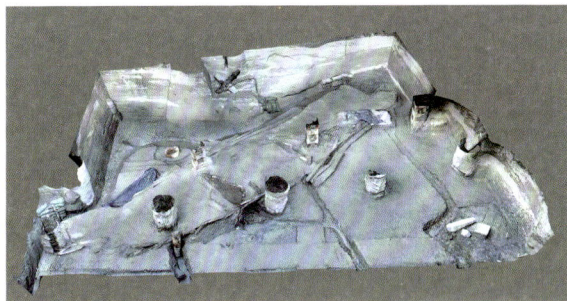

2 号沉船模型，摄于 2024 年 1 月 12 日，建模于 1 月 15 日

1 月 24 日，晴，风力 1—2 级

下午来古港遗址。老姚（姚周勤）还在继续清理揭露 7 号码头，现在的任务是在找边界，西边的上层还有众多迹象，今天在 N02W01 西边揭露出一个鹅卵石铺就的地面，南北长 4.4 米，东西宽 1.9 米，卵石径 10—15 厘米，该处用途和老姚讨论了下，暂时没有头绪。等阳光直射过后，用无人机贴近摄影航拍记录，共拍摄 328 张。该遗迹上部已搭保护棚，故飞行都在棚下进行，卫星信号基本没有，前期打的几个标记点基本已覆盖，内业应该没有问题。

1 月 26 日

上午在办公室，安排工作站建模。23 日雪后遗址整体模型，虽然只完成 90% 航线，最终效果可以。有积雪的模型，这是目前唯一一个。

今天几位技工师傅要回陕西老家了，晚上安排聚餐。又是一年过去，看看也是农历十六了。

1 月 27 日，多云，风力 1—2 级

下午老刘说年前要收工了，3 号码头那边有个迹象要记录一下，好回填保护过年了。在 N06E28 探方内，原来有发现的木板，曾以为是另外的木船遗迹，这次已揭露开来，为一方木箱，长 1.2 米，宽 0.9 米，深 0.36 米，内部没发现什么东西，故用途未知。用贴近摄影航拍记录，共拍摄 123 张。因棚下作业，故需标记点。

遗址雪景三维模型，摄于 2024 年 1 月 23 日，建模完成于 1 月 26 日

1 月 29 日

今天在办公室，安排工作站跑了几个模型。1 月 27 日 N06E28 木箱模型，使用外参考点，最终位置和尺寸没问题，但因为处于棚下，光线暗，故效果较差，放大可见较多噪点。棚下的灯光照明是个大问题。1 月 24 日 N02W01 卵石面模型，同样要使用外参考点，效果尚可。1 月 23 日 S02E03 探沟模型、1 月 18 日 7 号码头模型，都在今天完成。

2 月 2 日，小雨

今天陕西十月科技派人来对接 N05W02 立面进行高清拍摄，精细建模采集数字影像。此处华东师大王教授说迹象比较典型，建议能最大精细度数字化记录，主要是迹象地处深处，受地下水和潮汐影响，怕是不易保存。

2 月 7 日，中雨

这几日一直都在下雨，还在配合十月科技的工作人员做高清数字采集，看看别人上亿像素级别的相机，硕大的补光灯，干活真的是"一人吹箫，一人捺孔"，不过效率和效果应该比我之前一人弄的采集专业多了。下雨造成立面一直渗水，今天过去东北角那里塌方了近 3 个立方的土。

农历年前的工作也基本要告一段落了。

实证千年商港　再现海上繁华
——朔门古港遗址考古成果论证会发言摘编

◉　温州市文物考古研究所　浙江省文物考古研究所

为高质量推进古港遗址的保护与利用，深度阐释遗址内涵与价值，2022 年 11 月 4 日至 6 日，在浙江省文物局指导下，由温州市政府主办，浙江省文物考古研究所、温州市文化广电旅游局、温州市鹿城区政府承办，温州市文物考古研究所执行承办的"温州朔门古港遗址考古成果专家论证会"顺利召开。

专家们参观了遗址现场和温州博物馆展陈的古港遗址出土文物专题展览。论证会由浙江省文物考古研究所所长方向明主持，温州市市长张振丰代表市委、市政府致辞，国家文物局副局长关强、浙江省文物局局长杨建武分别作了讲话。

关强肯定了朔门古港遗址考古新发现的重要成果，赞扬了温州市委、市政府加强城乡建设中历史文化保护传承的主动作为，并强调全面落实全国文物工作会议精神和新时代文物工作方针，进一步做好温州朔门古港遗址考古和保护利用工作，转变古港遗址考古工作理念与方式，加强田野考古发掘、考古成果挖掘阐释和研究，明确不同时代古港遗迹分布情况，深化古代航线、窑业、营建工艺和海岸线变迁等多学科跨学科研究，全面阐释古港遗址在海上丝绸之路研究中的意义。同时，统筹好城市考古和历史文化名城保护，高标准做好遗址本体保护、考古遗

朔门古港遗址专家论证会现场

址公园建设方案，使城市历史文化遗产更好地融入当代生活，让考古成果更好地惠及广大人民群众。

论证会上，来自国内高校和研究机构的 32 名专家学者通过线上线下相结合的方式参加了本次会议，他们是刘庆柱、王巍、赵辉、柴晓明、朱岩石、杭侃、李水城、刘迎胜、李新伟、董新林、戴向明、王光尧、宋建忠、孙键、李政、姜波、霍巍、秦大树、张建林、栾丰实、郭伟民、王炜林、钱江、孙光圻、李庆新、蔡薇、黄纯艳、栗建安、郑建华、刘斌、沈岳明、黄滋等。会议最后由姜波代表与会专家进行了总结。

以下为与会专家学者的发言摘选：

刘庆柱（中国社会科学院学部委员、中国社会科学院考古研究所原所长、郑州大学历史学院院长）

通过温州朔门古港遗址的发掘，可以重新认识温州在古代海上丝绸之路中的定位。

第一，过去提到海丝，从我国西南角的合浦，到广州，到泉州，到宁波，很少提及温州。结合这次考古发掘的重要收获，以后要把温州加进去。

第二，以前做过的海丝考古工作，都没有港口。但实际上，海丝的核心应该是港口，港口一出一进，构成了中国和海外交通的重要物证。而此次温州古港遗址的发掘，恰恰从遗迹到遗物，为海丝提供了充分证明，是海上丝绸之路走出国门、海外丝绸之路走进国门的一次重要发掘，也是海上丝绸之路在宋元时期进入鼎盛的充分证据。

第三，此次温州古港的发掘，综合揭露了与港口相关的各类遗迹，且港口的年代从宋元时期延续至明清，与海上丝绸之路的鼎盛时期相一致，真实全面地反映这一时期商贸活动，实证了温州千年商港、海丝节点的历史定位。温州古港遗址也是目前国内发现的结构最完整、年代最清晰的港口遗址，对于研究海上丝绸之路具有关键的指向意义。

第四，贸易的发展和交通成本密切相关，相比于陆地交通，海运的成本大大降低，从而带来了贸易全球化。而海运的发展离不开港口，因此在总结温州朔门古港的性质时，不仅要从考古学层面，还应该从经济史和贸易史层面去综合考量。

王巍（中国社会科学院历史学部主任、学部委员，中国社会科学院考古研究所原所长，中国考古学会理事长）

第一，温州朔门古港的考古发掘是一项非常重要的考古发现。党的十八大以来，我国的历史时期考古，尤其是宋代及以后时期的考古逐渐得到重视，特别是对海上丝绸之路的考古十分重视。近几年，与海上丝绸之路有关的发现不断涌现，比如苏州太仓的樊村泾遗址、上海青龙寺遗址等，包括泉州成功申遗越来越引起学界和社会的关注。朔门古港遗址的发现，为海丝研究提供了新的资料。

第二，温州朔门古港遗址的发掘意义非常重大。它增加了一个原来鲜为人知的宋元到明清时期海上交流的重要港口，表明温州也是海丝的重要港口之一，而且主要是出口龙泉青瓷的港口遗址，填补了宋代和元代两个时期港口遗址的空白。

第三，遗址考古发掘揭示的遗迹还是比较清楚的，包含了不同时期港口码头设施的结构及其变迁，为我们展现了当时港口的生活场景。

第四，这项考古工作是从基本建设考古转变为主动发掘。温州市委、市政府以及文物部门做了大量的工作，改变了原来的建设计划，并付出了一定的经济代价，这非常正确。因为这样一个海上丝绸之路的港口保存得这么好，在全国范围内都是罕见的，也是新时期考古文化遗产保护的一个经典范例。

关于下一步的工作，有如下建议：一是扩大发掘面积，重点揭露码头与古城的关联；二是进一步全面了解港口与海岸线变迁的关系；三是争取列入海丝申遗项目；四是积极创造条件，创建国家考古遗址公园。

赵辉（北京大学考古文博学院原院长、中国考古学会副理事长）

温州朔门古港遗址的发掘，不仅具有考古学科研的意义，更具有很大的社会意义。从田野考古的角度来谈，有几点建议：

第一，目前的考古发掘主要还是局限在河岸以下到河道之中，除了两个城门的位置，余下码头的根部位置还不甚清晰，从这一点来看，后续发掘还可以更加完整。

第二，在发掘揭露的遗迹现象中，还有很多细节需要进一步落实，如对于海相沉积的判定，对于南宋和元代之间码头的萧条和重建等，还需要寻找更多的考古学证据来支撑。

第三，就现有的发掘成果，对于一个港口而言还不完整，根据文献中的记载"城脚千家具舟楫"，除了舟楫和码头，我们还应该联想到城外运输的道路、货栈、茶肆、酒社、饭馆等一系列的场所和设施。好在现在遗址的南侧没有建成高楼大厦，接下来进行改造和开发的余地也非常大，发掘区可以从城墙根开始，分块有计划地实施，可以考虑先恢复一个时期的古温州城市和码头的面貌，从而全方位展示温州的历史、文化、经济和社会。

当然今天谈到的发掘和保护规划，不是一个三年五年的事情，而是一项需要长期坚持的事业，需要稳扎稳打，持续推进。如果有可能，可以以朔门古港遗址为例，形成一种文物保护的模式，固定下来，为我们以后的文化遗产保护工作提供长期稳定的依据。

刘迎胜（浙江大学中西书院教授、中国元史研究会原会长）

对于朔门古港发现意义的评估，要从城市史、地方史、海洋中国这个层次来提升，在此基础上，发掘遗址的世界性价值。

在龙泉青瓷的外销方面，除了周达观《真腊风土记》中的记载，还包括汪大渊的《岛夷志略》，里面有三个地方明确提到了用处州瓷器进行交换，分别是巴拉望苏禄、花面（即今天的苏门答腊）以及无枝拔（也就是今天印度的东海岸）[1]。他提到的这三个地方，实际上为解决处瓷的输出通道问题提供了很好的思路。此外，海外的陶瓷学者将我们浙东的瓷器称为"celadon"，也就是青瓷，这个单词是源丁马穆鲁克君土萨拉」，也就是埃及人和阿拉伯世界最先使用了青瓷这一表述。这些细节，可能都是研究海上丝绸之路上青瓷外销的关键线索。

来往温州港口的人群方面，在南宋洪迈的《夷坚志》和包恢的《敝帚稿略》中都曾提到，温州港周围居住的人群除了温州本地商人之外，还有倭商、高丽商人和昆仑奴等，这里的昆仑奴也是从事商业的外国人，销售的货物包括龙泉瓷器、竹子以及布匹等等。

温州在两宋之际、宋元之际都是非常重要的港口。

为促进朔门古港遗址保护和利用，有必要对宋元到明清这四五百年之间的古代文献进行梳理，从造船、航线、涉海人群、海上设施等方面为古港遗址的展示提供坚实的史料基础。

---

[1] 编者注：《岛夷志略》叙述海外各地贸易货物，提到琉球"处州瓷器"，无枝拔"青白处州瓷器"，麻里噜"处州瓷水坛"，遐来物"青器"，罗斛"青器"，淡邈"青器"，八节那闲"青器"，苏禄"处器"，旧港"处瓷"，龙牙门"处瓷器"，花面"青处器"，勾栏山"青器"，曼陀郎"青器"等，据明代曹昭撰、王佐增《格古要论·古窑器论》"古龙泉窑在今浙江处州府龙泉县，今曰处器、青器、古青器"，那么上述名目繁多的瓷器名称主要是龙泉青瓷，可见龙泉青瓷远销海外十几个地方。

柴晓明（中国文化遗产研究院原院长）

温州朔门古港遗址的现场是非常震撼的，这是目前我们看到的遗存最为丰富、体系非常完整的港口遗址。从这个角度上来讲，我认为比现在已经列为世界文化遗产的泉州要更加完整和系统。提几点建议：

考古方面要进一步优化、细化工作方案，力争明确各个时期港口的结构、布局，厘清不同历史时期港口和温州城、航道的关系，以便在接下来的保护展示中做到详略得当，让公众看得懂。

学术研究方面树立课题意识，进一步明确温州城和温州港在古代海上丝绸之路中所处的位置，并以此为契机，继续深入发掘温州港在我们祖先开发利用海洋国土的历史进程中扮演何种角色。

遗址保护方面要始终把温州老城、历史街区、城门、道路、房屋、码头、航道甚至是江心屿上的航标塔看成统一的整体，规划考古遗址公园，争取把温州打造成为国内文旅融合的示范性项目，这是完全可以实现的。

朱岩石（中国社会科学院考古研究所原副所长）

朔门古港遗址成为研究中国中古至近古时期海上丝绸之路罕见的港口遗迹，具有填补空白的重要意义。基于目前发现的重要性，下一步考古更需要在时间维度和空间维度两个大的方面进一步深化。

第一，在时间的维度上要更加注意发现并发掘比宋代更早的地层和遗迹。我们需要从多学科协作、从田野考古方法创新的角度破解难题，从而取得更大收获。

第二，需要在古代城市考古视角下，在更大的空间范围内深入认识已发现的古港相关遗迹。从田野考古学的角度，科学回答城外码头与古城共同构成的古代港口城市空间分布特点的问题。

第三，通过加快整理重点资料，对已发现遗迹进行科学诠释。比较准确解决了时间延续和空间分布的问题，就可以为解释已发现的遗迹或即将发现的遗迹的性质奠定良好的基础。同时，建议尽快重点整理一些关键资料，以便总体认识更加全面、科学和客观。

第四，加强出土遗物和遗址的保护。目前发掘出土的重要遗物比较多，特别是一些有机质出土遗物亟待进行到位的科学保护。

李水城（北京大学考古文博学院教授、四川大学讲席教授、美国艺术与科学院外籍院士）

朔门古港遗址的延续时间非常长，从北宋一直到明清时期，目前，这类遗址的发现在国内是非常难得的，同类型的遗址有山东密州板桥镇和浙江宁波的市舶司遗址，但这两个遗址的发掘和保护均不如温州。通过对遗址的观察，可以发现朔门古港的外向型特点非常突出。

根据以往的发掘资料，在南海1号沉船上发现有金叶子，这类东西主要是在杭州生产，但在温州人民路宋代窖藏里也曾出土过金叶子，可以看出当时的临安跟温州地区的关系是非常密切的。此外，遗址当中还出土了大量的瓷器和少量漆器，在南海1号沉船上也发现了一批温州漆器，不仅说明当时温州出产的漆器闻名，也从侧面反映了温州地区商贸的繁荣发达。

关于贸易模式，特别是贸易的网络关系问题是非常有研究空间的重要课题。温州的地理位置独特，在海上丝绸之路和东亚海上贸易中，都扮演了十分重要的角色。朔门古港遗址的发现，可以针对性地填补贸易模式研究中的空白。现有的发现已经显示温州港与马六甲海峡以及泰国南部地区关系密切，并且这些地区都有同类瓷器的发现，因此我们下一步的研究不仅要看到温州本地的情况，还要主动地关注国外的考古发现。

霍巍（四川大学历史文化学院学术院长）

对于温州朔门古港遗址的发掘和价值提升，目前已经完成了三个方面：

第一，是考古工作本身。在现场堆积情况复杂，发掘环境又比较特殊的背景之下，考古工作和认识都非常清楚，温州当地考古工作者所做的工作非常出色。

第二，是对古港遗址的价值认知。目前结合文献和地图，发掘者对于整个遗址性质的研判都是比较清晰合理的。温州朔门古港遗址从瓮城、码头、航道到航标，构成了一个十分完整的体系，这在当今世界的港口遗址考古中具有重要意义。

第三，是保护和阐释的同步进行。在野外发掘取得阶段性成果后，组织策划了一个小型展览，与社会和公众进行分享和阐释，并已经把下一步遗址公园的规划和保护提上日程，非常必要。

最后再提一点希望，港口兼具"走出去"和"走进来"两个方面的功能，目前已经从遗迹、遗物等方面，为温州港的贸易输出提供了考古学证据，但仍需要注意寻找"走进来"的相关证据。以广西的合浦港和斯里兰卡的曼泰港为例，都存在相对丰富的文化遗存。在朔门古港遗址中，也发现了和商人沐浴有关的遗迹，但相关证据仍需进一步完善。这对研究海上丝绸之路以及下一步的海丝申遗工作，都是具有里程碑意义的。

栾丰实（山东大学历史文化学院教授）

关于温州朔门古港遗址的学术价值，在考古学的层面最重要的是两个方面：

一是发现了连续三个时期长达千年的港口遗存，即宋元、明清和近代开埠以来，甚至还有更早的晚唐时期遗存。三个时期在年代上前后连贯，展现了一脉相承的不同发展阶段，并且可以与文献记载相互印证，从而确证温州港是千年以来连续使用的国内外著名商贸古港口，目前在国内极为少见。

二是在东西 400 米的沿江范围内，发现了异常丰富的与港口相关的各类遗存，包括了不同历史时期的各类遗迹遗物，如此丰富的港口类考古遗存为目前国内所仅见。

为了全面了解各时期的港口面貌及特征，需要进一步开展田野考古发掘和后续研究工作，需要精心做好规划设计，按部就班地开展精细化发掘工作。

王炜林（陕西省考古研究院原院长、山西大学考古文博学院教授）

这次发现为温州城市与港口发展关系的研究提供了素材，是温州商业文化传统的一次考古溯源，遗址现场的有效保护、科学阐释，对传承温州历史文化文脉具有重要的意义。

温州市政府不仅对这次考古工作给予了大力的支持，更为其后续的遗产保护付出了巨大的代价，这个考古案例是温州为全国树立的遗产保护榜样，显示出了一种新的文化自觉与自信。

建议在基本建设考古工作告一段落后，相关单位应尽快重新制定考古工作计划，将朔门基本建设考古工作转化为课题性的主动考古项目，对古港口的建设布局、建筑工艺、港口变迁与海洋环境变化及与朔门外运相关的瓯江水运等相关遗存进行系统地考古调查研究，积极探索构建古代港口与城市考古的新模式。

郭伟民（湖南省文物考古研究所原所长、湖南大学岳麓书院教授）

根据《读史方舆纪要》等文献的记载，《禹贡》扬州地，秦属闽中郡，汉初是东瓯国的所在地，温州在宋代以前好像是默默无闻的，史书上的记载并不多。此次朔门古港的发掘填补了温州的历史和文化内涵，自宋元时期开始，温州以其得天独厚的地理优势，从小的地方郡一跃成为海上丝绸之路上对外输出的港口。这不仅反映了宋元时期温州地区商贸的繁荣，也揭示了温商的历史，展示了温商的根和魂。

在接下来的工作中，需要注意：一是发掘现场存在较多的水泥柱，说明在践行"先考古、后出让"时，还存在一定的问题；二是关于遗址的保护，在后续的规划和利用中，可以与朔门城门以及周边的历史文化街区有机联系，作为一个整体保护起来，活化利用，真正做到让文化遗产活起来。

秦大树（北京大学考古文博学院教授）

首先，龙泉是我国宋元时期的瓷器生产中心，生产规模巨大，影响范围广阔。根据相关研究，在 14 世纪元代后期到明初，印度洋地区发现的中国瓷器中，龙泉窑占比 80% 以上，在同期的东南亚和东亚地区，龙泉窑占比为 50%—60%，龙泉窑在出口瓷器中所占的比例，可以作为衡量一个港口重要与否的指标。

其次，结合近些年一系列的重要考古发现，可以大致构建出中国沿海贸易体系。温州古港遗址中出土的瓷器大致可以分为北宋末到南宋初、元末到明初两个阶段。在北宋末到南宋初，温州港主要面向东亚地区，而在东南亚、印度洋地区几乎没有这一时期的器物。到元末明初，开通了一条新的航线，即从庆元、温州到菲律宾，往巴拉望，穿过巽他海峡，进入印度洋。另外，在北宋末到南宋初，温州港的地位非常重要，在此次发掘中，出土了景德镇的青白瓷，还有一件磁州窑黑剔花，工艺非常复杂，属于贡御性质，高丽王宫遗址内曾出土过类似产品，因此可以推测这一时期的温州港，应该是具有官方性质，可能和海外一些官方机构有直接联系。

再提一些建议：一方面要从古代文献和温州本身的历史入手，就两个阶段的历史背景进行深挖；另一方面我们目前发掘出土的瓷片主要来自龙泉东区，高等级的器物很少，下一步可以再在周边布探沟试掘，发现最终放洋出海的大型码头，把温州港的内运外销体系尽量完善。再有就是在发掘中，可以尽量把瓮城、城墙的结构发掘展示清楚。

王光尧（故宫博物院研究馆员）

遗址的考古发现在研究汉代到明清时期中国外向型港口城市发展与变迁史上具有同样不可替代的价值，表现在以下方面：

古港遗址位置表明，作为商业港口的区域和作为管理区域的城址并不合一，这对研究城市布局具有重要的参考价值。从出土瓷器的年代看，温州在北宋晚期到明初具有重要地位。后续需关注温州古代港口是否存在沿瓯江往上下游移动的现象，寻找与交易方式相关的商品遗存，进一步弄清古代温州港口的布局情况。

把港口遗址出土的不同时期龙泉窑青瓷与各龙泉窑场的产品对比并进行量化分析，有助于更加客观地理清各龙泉窑场的产品销量等内容。而把不同时期的主要外销商品和各主要外向型港口结合起来，观察并构建中国古代外向型港口的时代特点和发展变迁史，意义尤其重大。

要把该港口遗址放在整个海上丝绸之路的框架内进行对比研究，既要观察其国际交流的内容，也要思考其与位于海上丝绸之路中段、西端港口之间的地域性、文化性差别，从而确立以中国为代表的海上丝绸之路东端外向型港口的文化特点。

建议把该港口遗址放在"考古中国"、放在大课题层级下，进行长远、深入的发掘、保护和研究。

董新林（中国社会科学院考古研究所汉唐考古研究室主任）

温州是宋代10个市舶机构之一[1]，是元朝7个市舶司之一[2]，无疑是宋元时期最重要的港口城市之一，这就决定了其考古工作兼具城市考古和港口考古的双重性。本次考古工作、学术意义、社会意义都很重要。关于考古工作的建议：

一是进一步做好唐、宋、元、明、清等不同时期码头平面布局的研究，从整体看，宋元时期是温州古港的最重要时期，应对发掘区域不同时期的总平面布局进行辨析梳理归纳。

二是做好唐、宋、元、明、清时期沿革的情况，对发掘遗迹的断代至关重要，搞清重要遗迹的层位关系，多留剖面，并绘制平剖面线图。

---

[1] 编者注：即京东东路密州市舶司、两浙路市舶司（含杭州市舶务、明州市舶务、温州市舶务、江阴军市舶务、秀州华亭市舶务，另有澉浦市舶场）、福州路泉州市舶司、广南东路广州市舶司。

[2] 编者注：即上海、杭州、庆元（今宁波）、澉浦（今海盐）、温州、泉州、广州等七处，另有海北海南市舶司，仅设立一年。

三是建筑基址的测绘情况不详，光用照片是不够的，建议加强考古测绘，重要遗迹现象要多做三维建模。

四是以此为契机，加强对温州古城的发掘和研究，在可能的情况下，应对北瓮城遗址进行全面发掘，需要留意唐五代以来，特别是宋元时期城门遗迹。

五是古港码头遗址的内容还需要再丰富，建议再扩大发掘面积，将码头和古城北门连接起来，可以考虑通过考古勘探和试掘来解决这个问题。

另外，两宋时期的海船发现很少。中型福船沉船是南宋时期的尖底海船，很重要，建议再汇报时有个复原示意图或线图，方便大家理解。

戴向明（中国国家博物馆考古院院长）

朔门古港遗址的发掘意义有三：

一、这是一处宋元时期内容丰富的港口遗址，是近些年来我国历史考古、城市考古、海洋考古方面取得的突破性的重大成果。

二、古港中发现了宋元时期的瓮城遗址，多处码头、石砌河岸、宋代沉船、干栏式建筑等一系列与码头相关的生产生活设施，可以说这些发现体现了一处千年古港的整体格局和风貌，为我们研究当时这类遗址的建筑格局、贸易运输都提供了重要的资料。

三、这些考古发现弥补了文献的不足，考古发掘表明，温州是宋元以来海上丝绸之路上一个非常重要的港口，也为下一步申报海上丝绸之路世界文化遗产，提供了强大支撑。

提两点建议：一是继续扩大发掘，了解整个港口的结构和布局，对关键性的遗迹整体揭露，并及时做好现场保护，同时与周围的城墙、古城相联系，更好展现温州古港的繁华程度。二是有计划有组织地推进、加大保护力度，使整个遗址得到最大限度的保护和利用，稳步推进考古遗址公园建设，为下一步申报海上丝绸之路世界文化遗产打好基础。

宋建忠（国家文物局考古研究中心原副主任、研究员）

首先，要向温州考古所的同志取得如此重大的考古发现表示祝贺，同时，温州市委、市政府能顶住巨大的压力，在关键时期及时调整线路和方案，并给予大力支持，这些举措非常令人敬佩。

其次，对于朔门古港遗址的历史定位，还是要从海上丝绸之路的角度来看。浙江是"七山二水一分田"的地理格局，以水为生，面向海洋，自古以来就是海洋性文化的主要分布区域。此次古港遗址的重大发现，从瓮城、江堤到水井、码头、沉船等一系列周边附属遗迹的发现，规模庞大，内容涉及对外贸易的多个环节，在近些年的考古发现中具有唯一性，完全改写了对于温州的认知，实证了温州的海洋性文化面貌和千年贸易港口的历史定位。

最后，在发掘过程中，做好了全面保护和后期研究展示工作，这种模式将会是未来考古研究的一种趋势。

孙键（国家文物局考古研究中心副主任）

温州朔门古港遗址是目前为止看到的与海丝相关、遗迹要素最完备的港口遗址。通常研究海上丝绸之路，主要分为生产、运输和市场这三个环节。温州作为其中的节点性城市，有与之相关的窑业、手工业、漆器生产，同时以温州城为依托，有码头、航船、航线和航标塔，所有的要素都非常齐全，而港口就是连接这些环节和要素的纽带。

对于其研究，可以大致分为三个层面：

第一，对于遗址的相关研究。港口的核心时期是北宋晚期到元代晚期，这段时间刚好处于哥伦布大航海时代之前，属于中国的航海时代。在此之前，甚至是唐五代时期，大部分都是外国人到中国来，而进入宋代以来直到清初，无论是海外贸易还是造船，都是中国人自己走出去的时代。

第二，从地层上来看，古港遗址中也有很多值得关注的点。如两宋时期的地层堆积明显不同，反映了海平面变化以及与海啸相关的海相沉积，以此为切入点，我们可以引入古代气候、地质和海陆变迁的研究。再如，温州港到现在已有千年，其城市格局基本没有变，这和我们看到的漳州港、泉州港以及密州板桥镇的形态完全不同，主要源于其独特的地理环境。这些都是我们可以持续关注的学术点。

第三，水下考古方面的工作。根据以往的工作，如大练岛沉船、南海 1 号、华光礁以及圣杯屿，包括韩国新安沉船，龙泉窑系的青瓷数量非常庞大，所占比例极高，说明龙泉青瓷是在大航海时代之前，中国推出的第一种全球化商品，通过对朔门古港的发掘和研究，我们可以解决航运和线路等很多问题。

最后提出一点个人的建议。目前我们发掘的是一个线性遗址，很多遗迹还是断点式的，希望下一步多做一些连接性的工作。

李政（国家文物局考古研究中心考古理论与技术研究所副所长）

朔门古港遗址是一个配合基本建设的考古项目，自 2021 年 10 月开始发掘，短短一年时间，就揭露出了如此重要的发现，并且做到了精细化发掘，是基本建设考古项目中一个非常成功、非常优秀的案例。同时在几天之内，把发掘的重要成果及时与公众分享，回馈给社会一个丰富且精致的展览，说明我们的考古工作不仅仅停留在考古发掘这一层面，在做发掘工作的时候，也把保护和阐释都同时提上了日程，并且越做越好。

关于遗址后期的保护利用展示，朔门古港遗址地处瓯江沿线，未来如果做规划和展示，可以考虑运用全息影像技术，在瓯江两岸将码头、栈道、江堤以及周边的附属遗迹做三维的立体呈现，重现宋元时期海上丝绸之路上温州码头商贸繁华的景象，能够让观众顺江而下，拥有身临其境的沉浸式体验，这将是考古成果对公众最好的阐释。

蔡薇（武汉理工大学船史研究中心副主任、教授）

朔门古港遗址考古发掘几乎包括了古代航运的重要要素，呈现出一个古代江海交通运输的完整系统。特别是两艘宋代沉船在古港中发现非常不易，使古港遗址变得生动起来，使古港的各重要元素得以串通联结。同时它们是集动态、静态于一体的舟船标本，对帮助我们更好地揭示船港航运系统中的中国古代舟船船型与工艺特征属性，具有非常重要的意义，后期的考证与成果非常值得期待。

对于两艘宋代沉船的发掘保护与价值挖掘，在考古发掘与保护的实践中，也要广泛借鉴国内外的沉船考古发掘经验。由于两艘船同时发掘，就可以进行保护对照，这个在沉船发掘保护的过程上是独一无二的。目前在科技部国家重点研发项目"海洋出水木质沉船结构稳定性与保护技术研究"实施中形成了一批成果，如《出水 / 出土木质沉船结构稳定性评估指南》等，可以作为进行一些现场科学规范评测的支撑，以利于后期更好地对沉船结构进行保护。

李庆新（广东社会科学院海洋史研究中心主任）

一是以全球视野与开创思维，推动温州古港与中国海洋史、海上丝绸之路（陶瓷之路）史的历史研究。目前应该重新评价温州在中国海洋史、海上丝路史上的地位与作用。

二是以考古发现为契机，以多学科交叉、跨学科合作与研究，全面深化拓展温州城市历史与文化研究。温州通江靠海，造船业发达，通达国内港口城市，以及日本、新罗、琉球、南海诸国，是我国面向东海的重要港口。在龙泉窑产品生产—运输—市场经济链条中，温州是一个极为重要的中心枢纽，不可或缺的一环，蕴藏着极为丰富的资源、制度、人力、投资、金融、交易、运输、消费等等，结构性社会经济史内容值得深化研究。

三是以开放眼光、比较视野，在关注龙泉窑商品生产与外销同时，开展龙泉窑审美、工艺、技术等方面的发展、流变及其影响的研究。由宋至明，我国南方地区形成了一个几乎覆盖东南沿海地区（甚至包括越南）的龙泉窑系人力—资金—技艺的传播网络与生产场域，展现了龙泉窑系扩张的"线路图"，这是另一个"天下龙泉"景观。

孙光圻（大连海事大学教授）

第一，立港要素。港口一般应该具备如下几大要素：一是安全靠离的码头设施，二是船舶安全进出的航道，三是具有一定的经济腹地。从温州朔门古港遗址态势看，这几大基本要素都已具备。

第二，航海地位。温州朔门古港位于中国大陆海岸线的中段，北望杭州、宁波港，南连福州、泉州港，是古代中国"海上丝绸之路"连接东北亚、东南亚和北印度洋广大区域的重要节点之一。

龙泉青瓷的核心产区为处州府（丽水）地区，处在瓯江上游，下游的温州朔门古港正是龙泉青瓷走向世界的重要贸易港口。温州朔门古港既是龙泉青瓷外销的首要汇集港和始发港，更是通过宁波、泉州港等，令龙泉青瓷与世界贸易连为一体的重要中转港，而不是"喂给港"。

黄纯艳（华东师范大学历史系教授、中国宋史研究会原副会长）

主要谈谈温州的海洋性地域特征。

一、向海取利的生计方式。渔盐是温州滨海民众的重要生计，文献记载温州"诸县濒海之细民""各有渔业"。温州设有盐监，领天富南北监、密鹦、永嘉盐场，每年盐产定额七万四千余石。温州人是海上贸易活跃的力量。史籍可见不少温州海商，其中的温州商人周伫，《高丽史》为其立传。也有不少因追求利益或穷困失业的温州人向海谋生做了海盗。

二、海洋活动推动了温州城市发展。有学者研究，宋元时期温州城内店铺密布，百业齐全，沿街有河，舟船往来于海道与城市之间，城内酒楼、茶室、歌馆日夜喧嚣。

三、海洋性催生了新的经济结构。温州滨海地区工商业发展，粮食不足，形成了工商业为主的经济结构，史称"海育多于地产，商舶贸迁"。需要从浙西、广东输入粮食，"温、台二州自来每遇不稔，全藉转海搬运浙西米斛，粗能赡给"，还利用"郡通海道，商舶往来其间"的条件，输入广米。

四、海洋信仰进一步发展。宋代温州一带海洋神灵信仰得到较大发展。例如唐代宰相李德裕被温州人奉为海神，加以祭祀。温州是明教活动重要地区，"明教行者各于所居乡村建立屋宇，号为斋堂，如温州共有四十余处"。

海洋性的生计、信仰、经济结构生成了温州海洋性地域特征，世代传承和滋长，塑造着温州人的海洋特性和温州地域的海洋文化。

杭侃（北京大学考古文博学院原院长、山西大学副校长）

第一，把温州放在东亚人群的视野下去加以考察。研究温州，需要更加重视宋元时期的东亚人群，北宋周伫、南宋周去非、元代周达观、明代杨景衡等都是与温州相关的重要人物。如果我们从这个角度去考虑，就可以分析温州的三个"面向"：一是温州台州小盆地是一个相对独立的地理小单元；二是瓯江牵扯的东西向物资交流；三是面向东亚的海洋性以及海洋的不确定性。

第二，结合第一点，以漆器为例说明一下温州的重要性。温州漆器有名，宋代文献中有不少记载，《方舆胜览》指出"温居涂泥之卤，土薄艰植。民勤于力而力胜，故地不宜桑而织纴工，不宜漆而器用备"，可见温州当地不产漆但是各种漆器都完备，还成了宋代最重要的漆器制作中心之一。所以，温州漆和漆器的来源和销售都有必要放到东亚人群的视角去考虑，去考虑东南沿海地区不同时期的发展状况。

温州漆器铭文中的"牢"字很容易让人联系到店家做的广告，是温州漆器生产兴盛的一个标志。但李梅田《"牢"铭漆器考》认为"牢"铭漆器是服务于礼仪过程的。从城市考古的角度，我倾向于李梅田教授的意见，温州城的漆器手工业发达，但不是散布于城里许多地方，而是相对集中的，就像温州城的三巷：油车巷、皮坊巷、漆坊巷。

第三，温州城的城市考古工作。朔门古港遗址的发现是与温州城密不可分的，从不同时期的温州城图和已有的考古发现看，温州城市考古工作值得期待。从城图上看，街道有不同的系统，比如北部的东西向街道，西部的鱼骨刺式的街道和"东庙、南市、北埠、西居、中衙"格局，这些空间概念是不同时期形成的，可以逐一理清，还原温州古城发展的完整谱系。

第四，温州地区的佛教问题。联想到大云寺、开元寺和开元寺的布局问题，比如白象塔等出土的大量文物，这些都可以结合起来。

第五，地方城址的考古工作必须依靠当地的文物工作者。对于地方城址特别是"古今重叠型"城址的考古工作，应该加强预判，变被动为主动，尽可能避免出现城市建设"遭遇"文物的情况，为当今的城市规划和城市建设提供决策参考。

姜波（山东大学特聘教授、国际古迹遗址理事会（ICOMOS）副主席）

一、此项发掘是迄今为止、国内外海上丝绸之路港口遗址最为重要的考古成果，在世界航海史上具有突出价值，有望成为海上丝绸之路申遗工程的支撑性遗产点。

此次考古发掘生动展示了海上丝绸之路港口城市的历史画卷，亦可与福建漳州圣杯屿沉船、东南亚海域的玉龙号沉船等遥相呼应（推测为温州港始发），坐实了温州港是龙泉窑、瓯窑产品畅销海内外的出海口。对于海丝申遗工程而言，此次发现可谓填补空白。因为无论是已经入列世界遗产的海港遗址——泉州、澳门，还是正在申报世界遗产的海上丝绸之路港口城市——广州、宁波、登州、扬州等，都缺乏港口考古成果的强力支撑；不仅如此，国际上列入世界遗产名录的海港遗产，包括菲律宾的维甘、马来西亚的马六甲与乔治城、斯里兰卡的加勒、沙特的吉达等，同样缺少代表性的码头遗迹。而唯一保留有大航海时代海港船坞遗迹的英国利物浦"海上商城"，因为遗产保护不力在2021年被联合国教科文组织除名。由此可见，朔门古港遗址的考古成果有"补白"之功，堪称人类海洋文明史上具有突出价值的珍贵遗产。

温州港处在中国漫长海岸线上南北居中的位置，素有天然良港之称，又是承载了古代中国人航海贸易文明的考古遗产，弥足珍贵。目前，国家文物局正在委托中国文化遗产研究院编制《海上丝绸之路申遗文本》，还组织了以广州牵头的海丝申遗城市联盟，可惜温州尚未加入。此次古港遗址的发现，可以说是为海丝申遗文本提供了强有力的考古支撑，也补强了国内海丝申遗工程在港口遗迹方面的弱项。强烈建议把温州港遗址作支撑性遗产点列入海上丝绸之路申遗工程，希望省、市同行在国家文物局和省局的领导下，加强与中国文化遗产研究院文本团队的沟通。

二、此次考古成果是温州千年古港的考古实证。

温州港在宋元时期繁盛一时，此后一度湮没无闻，直到改革开放以后才又扬名天下。这次发掘的朔门古港遗址立体呈现了温州古港货运码头的遗产景观，历历在目的考古遗址，让人们仿佛看到了古代温州港"海舶云集""帆若垂天之云"的历史景观，让在改革开放中勇立潮头的温州平添了一份厚重的历史感。

温州港选址于河海交汇之地，既得交通之便利又可避台风之侵扰；依托瓯江水系，形成了支撑港口贸易的经济生态系统，由此而成为古典航海时代的著名海港。正是依托这样得天独厚的港口，温州形成了向海内外辐射的海洋贸易网络体系，有着航海基因的温州人从这里走向了海洋世界的每一个角落。

三、温州港遗址出土文物充分展示了古代海洋贸易的丰富内涵。

温州港在中国漫长海岸线上处于南北居中的位置，又有瓯江水系的纵深支撑，使得温州顺理成章地发展成为古代海陆贸易的枢纽。此次考古发掘出土的文物，充分展示了海洋贸易的丰富内涵（瓷器、漆器、海盐）。如果说"南海1号"沉船展示了古代海船船货装载的情况，那温州港则是再现了古典时代海港城市货运集散的情形。以瓷器为例，此次出土品不仅有本地的瓯窑、龙泉窑；也云集了国内各大窑系的产品，包括景德镇窑、建窑、定窑、磁州窑等南北各地的窑瓷产品，琳琅满目、蔚为大观，充分展示了古代海上丝绸之路陶瓷贸易的整体面貌。

四、朔门古港遗址堪称中国古代海洋工程建筑技术的杰出范例。

这在以前的考古工作中殊为罕见。遗址所见的古代码头有月台式、斜坡式、栈桥式等多种类型；可以看到古人创造性地在海相、河相软质地基上建筑施工的工程做法；可以看到用石块构筑、保存尚好的瓮城遗迹；还有类似海宁海塘"重力式石塘"的工程做法；等等。凡此种种都是中国古代城市、建筑、工程技术史上难得一见的考古实例，可大大补强相关研究中考古证据不足之短板，值得重视。

总之，此次朔门古港遗址发掘是一项令人震撼的海上丝绸之路考古成果。我们应该落实关强副局长刚才所讲的：考古工作仍需持续开展，研究工作亟待走向深入，文物保护和规划工作要适时跟进，考古成果应该及时发表，特别是要向公众阐释遗址的历史与考古价值（文化自信与中华文明的标识）。这是温州人的珍贵遗产，衷心希望它成为遗产保护的样板工程，成为温州的城市名片。

（本文原刊于 2022 年 12 月 2 日《中国文物报》，摘要整理：罗汝鹏、张馨月、梁岩华）

"十大考古新发现"终评会侧记

◉ 方向明

2023 年 3 月 27 日,由中国文物报社、中国考古学会主办,国家文物局在北京召开 2022 年度十大考古新发现参评项目终评会。

这次入围终评会的候选项目有 22 个,以时代早晚为序,分别是湖北十堰学堂梁子遗址、山东临淄赵家徐姚遗址、河北尚义四台遗址、安徽含山凌家滩遗址、甘肃庆阳南佐遗址、山西兴县碧村遗址、陕西西安太平遗址、河南偃师二里头都邑多网格式布局、山西绛县西吴壁遗址商代墓地、河南安阳殷墟商王陵及周边遗存、陕西旬邑西头遗址、陕西西安秦汉栎阳城遗址、云南晋宁河泊所遗址、湖南桑植官田遗址、贵州贵安新区大松山墓群、吉林珲春古城村寺庙址、新疆奇台唐

2023 年 3 月 2 日,本文作者(中)在古港遗址现场指导"冲十"准备工作

朝墩古城遗址、西藏曲水温江多遗址、河南开封州桥及附近汴河遗址、浙江温州朔门古港遗址、宁夏贺兰苏峪口瓷窑址、山东济南元代张荣家族墓地。

为了更好地准备温州朔门古港遗址冲击"十大考古新发现"，3月25日，笔者作为浙江省文物考古研究所所长，提前赴京做宣传、交流工作。本所副书记、罗汝鹏博士也提前到京。其间我对温州市文广旅局领导们再次强调，终评会上，温州市文物考古研究所梁岩华所长的PPT汇报届时一定要突出"考古新发现"，汇报绝对不可以超时，汇报文稿务必要能背，现在临阵还多次反复斟酌文字表述，就是前期时间节奏没有把握好。

到京后，我们住在维也纳国际酒店（永定门店），可能由于人数限制，温州方面没有把我和罗博士报名给会务组，幸好我靠"刷脸"获得了会议材料，罗博士则什么都没有拿到。

今年十大考古新发现终评会是新冠疫情后第一次线下活动，22个入围终评项目的所在考古院所领导都非常重视，基本上都到了现场。开会之前，我对湖北省文物考古院副院长罗运兵等开玩笑说，你们湖北十堰学堂梁子遗址发现距今100万年前的"郧县人"3号头骨化石，铁板钉钉入"十大"（按照微博一些人的评论，叫"保送生"），还亲自来啊？

27日的终评会由中国文物报社李让总编主持，国家文物局关强副局长致辞，致辞中提到了本次入围项目中的几个，举例道"有的重现海上丝绸之路繁荣景象"，这是对温州朔门古港遗址考古发现的高度肯定。

全天汇报听下来，除了我们温州自己的朔门古港遗址项目，我觉得山东临淄赵家徐姚遗址汇报得最系统、最重点，PPT也做得非常认真，后来才得知，北大考古文博学院邓振华老师说25日周六，他们还在逐页修改PPT和演讲内容。当然，一些非常重要的项目汇报时存在欠缺，也值得我们考古人吸取教训，如汇报人口头禅比较多，汇报不流畅；PPT实在太简陋；项目的重要意义提炼不够，一些重要的发现没有突显，没有谈到新认识；项目介绍的条理性与系统性不够。在28日揭晓之前，我对"十大"做了预测，最后猜中了7个，"中奖率"不低。

这次终评会说明了PPT汇报的重要性。按照本所原所长刘斌的认为，无论项目多么重要，PPT汇报得好不好，至少占评分的60%，这要从平时年终业务汇报时抓起，这也是本所对所里同人从严要求的原因，平时养成良好的工作和学习习惯，对于科研单位非常重要。

汇报结束后，我对温州的同志们说，无论最后结果如何，汇报工作做到全力就可以了，如果入选，朔门古港遗址的考古工作也才起了个头，尤其是今年转为主动性考古项目，必须要有很好的谋划。

在北京期间，我也大体了解到考古项目负责人（"考古领队"）的获批要求越来越高，如果参加田野考古培训班没有通过，作为个人压力会很大，如果申报考古项目负责人没有获批，也会有一定压力。所以，我建议浙江考古人要从源头上要求每一位申请参加田野考古培训班和申请考古项目负责人的年轻同志，务必需要完成发掘、整理、简报的必要流程，而不仅仅是简报挂一个名而已。我也希望我们现在的考古项目负责人不仅要放手让年轻人早早负责起来，而且要在田野考古质量、室内整理和撰写考古简报上规范要求。

28 日上午，22 个候选项目中诞生了 10 个最终入选项目，分别是湖北十堰学堂梁子遗址、山东临淄赵家徐姚遗址、山西兴县碧村遗址、河南偃师二里头都邑多网格式布局、河南安阳殷墟商王陵及周边遗存、陕西旬邑西头遗址、贵州贵安新区大松山墓群、吉林珲春古城村寺庙址、河南开封州桥及附近汴河遗址、浙江温州朔门古港遗址。

得知温州朔门古港遗址项目入选"十大"，我第一时间向浙江省文物局杨建武局长汇报，他说他刚从省编办出来，省编办已经答应考古所今年上半年招聘考古岗位 22 人，并答应下半年再给考古所一批编制，承诺"十四五"期间一定给足 180 人。杨局长最后对我说，今天是一个好日子。

温州朔门古港遗址获得年度十大考古新发现，既是朔门古港遗址考古队辛勤劳动的结果，也与温州市委市政府、浙江省文物局高度重视密切相关，当然更与关心关爱这个项目的各位专家、领导分不开。作为项目负责单位，浙江省文物考古研究所多次去工地。差点被挂职温州市文广旅局的罗汝鹏、对接项目的时萧，以及直接间接参与考古工作的本所同人也都做出了重要贡献。在 PPT 准备的最后阶段，周珂帆很好地把握了意图，地层堆积动画演示做得非常完美，也要表扬。

28 日下午在回杭的高铁上，我看到当天"潮新闻"客户端刊登记者马黎《800年前，我登上了温州朔门古港的那艘船》一文，文中提到新中国考古奠基人、温州市区人夏鼐 1942 年 2 月 25 日回温州的日记："下午 3 时许已近温州，站在船尾眺望，江心孤屿已可见了，虽然天空是沉闷的铅灰色，但是故乡近了，心中有一种说不出的快乐，心房跳得比平时厉害……"

浙江大学艺术与考古学院教授、江苏省文物考古研究所原所长林留根微信转引此文感叹道："夏鼐先生当年即将踏上的故乡朔门港码头，八十一年后成为2022年中国十大考古新发现。"夏鼐之子、北京大学城市与环境学院教授夏正楷老师也发来读罢该文的感想："如临其境，很有文采。朔门是我小时候常去的地方，或站瓯江岸边，看一江洪水东流入海，气势澎湃，或持火柴盒在码头渔网处拍打苍蝇，完成学校老师指派的任务。数十年过去，一直不知晓这里在七八百年前曾是繁华的码头，感谢温州和省府的考古人，我为故乡骄傲、自豪。"

最后，热烈祝贺温州市文物考古研究所，朔门古港考古工作的成果也是向夏鼐先生献上的一份厚礼。

古港缘

◉ 张红军

缘分是先天注定还是后天形成，有时还真难说。反正，这两年我和朔门古港遗址结下了不解之缘。

第一次听说朔门古港遗址是在 2022 年 6 月。一天，我偶遇在温州博物馆工作的大学同学吕溯，他告诉我，望江路朔门挖出了一处大遗址，另一个同学伍显军从事现场挖掘，好久都没看到他人影了。晚上回家，我和伍显军通了电话，他给我介绍了遗址进展情况。听得出，电话中的他有一种不期而至、如获至宝的惊喜，全然没有我们这个年纪应有的淡定与从容。他的激情感染了我。

11 月初，温州市政府举办了"温州朔门古港遗址考古成果专家论证会"，一致认为朔门古港遗址和温州古城、古屿、古航标等构成了完整的海陆交通体系，是海上丝绸之路的绝佳阐释，实证了温州是我国海上丝绸之路的重要节点城市，填补了我国海丝申遗缺乏港口码头遗迹支撑的空白，呼吁将其列入海上丝绸之路申遗工程。

近年来，随着"一带一路"成为国家战略，国内掀起了海丝热潮。一方面，国家借用古代丝绸之路的历史符号，积极发展与有关国家的经济合作关系，共同打造政治互信、经济融合、文化包容的命运共同体。另一方面，沿海各城市都希望借助海丝遗产，文化搭台，经贸唱戏，进一步扩大对外开放。

2018 年，由广州、宁波、南京共同发起成立海上丝绸之路保护和联合申报世界文化遗产城市联盟（简称"海丝申遗城市联盟"）。由于缺乏参与海上丝绸之路的实物证据，温州被排除在海丝城市之外。根据历史文献，宋元时海上丝绸之路进入了鼎盛期，处州（今浙江丽水）龙泉青瓷是当时中国最主要的全球化商品之一。从逻辑上讲，瓷器自重大、易碎损，适合水运，最佳外销路径是顺瓯江而下，在温州装海船外运。长期以来，关于温州是否是龙泉青瓷的外销点，学术界是有争议的。朔门古港遗址的面世终结了这种争论。遗址发掘出数以 10 吨计的瓷片堆积带，绝大多数属于龙泉窑瓷器运输过程中的损耗品。出土瓷器多见"米"

元代瓷片堆积

字形莲花纹，这是龙泉窑的典型特征，碗外壁常见折扇纹或条纹，这些造型和纹饰，都与我国发现的第一艘远洋沉船南宋"南海1号"上的龙泉窑青瓷十分相似，确证了北宋晚期到南宋早期，温州港是龙泉瓷重要的外销点。温州也因此于2022年被海丝申遗城市联盟吸纳为成员。

温州商文化溯源也是一个问题。温州人向来"长袖善舞，多钱善贾"。那么，温州的商业氛围和重商文化可以追溯到什么时候？已有描绘古代温州富庶和温州人善于经商的材料仅见于零散的文献和书画，缺乏有力的实证支撑。根据国学大师王国维经典的"二重证据法"，用出土文物和史书记载相互印证才是考量历史史实的科学方法。朔门古港遗址有力地回答了这个问题，也夯实了今日之温州商行天下的底气。2022年2月，温州市第十三次党代会提出打造"千年商港、幸福温州"，把"商港"当优势，"幸福"做品牌，将历史基因融入现代温州人精神，谋定温州发展新定位。

温州加入海丝申遗城市联盟，党代会作出城市发展新定位，大咖齐聚论证把脉，大事盛会接踵而来，掀起了一轮又一轮遗址关注热潮。作为一名理论工作者，我意识到该为遗址做点什么了。11 月中旬，我专程去了遗址现场，见到了心仪已久的海丝元素。尽管有前期了解的心理准备，挖掘现场还是把我震撼了。已揭露的发掘面积 5000 多平方米，8 个码头沿瓯江岸线东西并列分布，遗址从宋元、明清到近代前后连贯，自南向北延伸入江。码头出土了官用栈道，立木支撑，上铺木板，做工考究，气派实用。码头的南边是温州古城墙，不同历史时期的瓮城、水门、陡门遗址清晰可见。码头北边近江地带则出土了大型沉船、干栏式建筑遗迹、大型瓷片堆积带和大小规整的浴房。沿江的高脚屋和出土的酒器、茶盏，表明江边开设有茶室、酒肆。出土文物中还发现了刻有外国人头像的瓷器，这也是温州港对外交流的有力证据。总之，朔门古港遗址集古航标（江心双塔）、古屿、古城于一身，汇聚了码头、沉船、龙泉窑外销瓷器等商港核心元素，加上北门外的官方栈道、沿江高脚屋、巨量瓷片堆积带、作坊（商铺）以及古城北门瓮城、水门外陡门，让人仿佛看到了当年码头集散贸易的情形，反映了宋元时期温州商贸业的繁荣。

　　现场不仅有震撼，还有震惊。遗址是望江路下穿工程施工过程中发现的。尽

水门头区块遗迹分布图

管市政工程最终让步于文化工程，但大型施工对遗址发掘的破坏还是难免的。进入遗址现场首先映入眼帘的是废止的工程隧道。一根根巨大的钢筋水泥柱无情地从遗址中间穿过，相当于在遗址的西北角盖了一栋 5 层框架结构的房子。隧道向东延伸处虽然还没有掘进，但给遗址探方留下了一根根刺眼的钢筋柱子。隧道西边的引桥已然完工，这对遗址到底有多大影响就是一个永远的谜。好在遗址发现后，业主方立即中止了施工，市政部门设计了改道方案，文保部门及时组织精干力量抢救发掘，各部门上下齐心，将遗址保护当作千秋财富而非一时负担，这还是让人欣慰的。

现场观察了器物层面的东西，我就遗址的价值、内涵及特色请教了温州市文物考古研究所所长梁岩华。梁所长有着典型的职业个性，工作兢兢业业但话不多。他早年毕业于吉林大学考古系，20 世纪 90 年代初和我脚前脚后来温州。近三十年的交往，我一直当他是我的良师益友。现场看完后，伍显军带我去了温州博物馆。考古所在博物馆设了一个临时展馆，通过策展器物、图片、视频、央视采访等对外展示阶段性成果，进行通俗化阐释。经过一系列调查研究后，我赶写了《加快朔门古港遗址保护和利用的四点建议》的咨政文章，投给了温州市委办的《温州信息》。很快，市委办信息处处长叶志答复我说，选题很好，领导很关注，只是篇幅有点长，宜做适当删减。

2023 年 3 月 2 日，《温州信息》第 71 期刊发了我的《关于加快朔门古港遗址保护利用的相关建议》，我建议把握朔门古港遗址发现的契机，打造我国海丝遗址保护利用示范区。加快国家海丝考古遗址公园和博物馆立项，打造温州文化新地标。统筹遗址博物馆和世界温州人博物馆建设，增强温州人文化认同和文化自信。文章还从搭建研究平台，发掘学术价值，丰富载体渠道，做好阐释工作，让遗址成为社会共享的文明课堂等方面提了建议。文章发表后，引发了较大反响。时任浙江省委常委、温州市委书记刘小涛，温州市市长张振丰等领导均做了肯定性批示，批转给相关部门和领导阅研。温州市文化广电旅游局、温州市委党校、温州市文物考古研究所、鹿城区政协等有关领导、专家也纷纷来人来电和我探讨遗址的保护和利用问题。

11 月，温州提出"强城行动""打造全省高质量发展第三极"的目标。强城集结号发出后，我开始琢磨如何打响古港遗址的海丝名片赋能强城行动。当时，女儿的毕业论文选题也是关于古港遗址的保护利用。为了更深入了解古港遗址，寒假回家，女儿选择了去挖掘现场实习，帮助工地记录整理文物信息。女儿论文写作过程中，还选取了杭州良渚遗址和泉州海丝遗址保护案例做比较研究。泉州是国际海丝名城，被西方誉为宋元时期东方第一大港。我萌生了去泉州实地考察的想法。

2024年2月11日，龙年正月初二，我和妻女自驾去了泉州寻访海丝踪迹。

泉州四日，我们看了石狮世贸海丝博物馆、开元寺南宋沉船博物馆、泉州海上交通史博物馆和泉州市博物馆。泉州的海丝遗迹丰富、齐全，令人惊叹，他们在研究和策展方面的成就很高。泉州海上交通史博物馆把全市22个海丝遗产按其价值属性及其对应的代表性物证整理成海丝谱系图，给参观者留下整体印象。他们把泉州宋元时期的海丝遗产分为管理保障、多元社群、商品产地、运输网络四部分。管理保障包括"官方管理"（代表性物证有九日山、市舶司、德济门）、"民间规约海神信仰"（代表性物证有天后宫、真武庙）；多元社群包括"士大夫阶层社会精英"（代表性物证有宗正司、文庙）、"宗教人士社会精英"（代表性物证有开元寺、老君岩）、"中外商人"（代表性物证有清净寺、圣墓）、"产业平民"（代表性物证有草庵）；商品产地包括"制瓷"（代表性物证有德化窑、磁灶窑）、"冶铁"（代表性物证有安溪青阳冶铁遗址）；运输网络包括"陆运桥梁"（代表性物证有洛阳桥、顺济桥、安平桥）、"水运码头"（代表性物证有江口码头、石湖码头）、"航标"（代表性物证有六胜塔、万寿塔）。策展很成功，把一个复杂的多元社会，通过一个理论框架提炼出来，配以代表性物证，让受众一目了然、心悦诚服。未来，温州海丝遗产的研究、布展也要充分学习、借鉴泉州范式。

泉州归来话温州。泉州海丝遗产是温州没法比的，但温州有自个儿的优势。泉州港口遗址的典型江口码头只剩下两个孤零零的碑柱，四周的河道淤泥堆积，丝毫看不出昔日荣光。温州朔门码头规模大、要素全，是迄今为止国内保护最完整的码头遗址。码头南有城墙，北边有航标，和现存的江岸融为一体，是海丝申遗的绝佳样本。泉州是今年的网红城市，簪花文化和海丝遗产是吸引国内外游客的主要元素。温州有要素更为齐全的古港遗址，有地域性的传统文化活动拦街福，我们通过研究、宣传、策展，不也可以借鉴泉州出圈的模式吗？这个想法从泉州回来后一直在我的脑海中萦绕。下一步，我打算以把温州打造成面向 21 世纪国际海丝名城为主题给市委领导再写一份决咨报告，具体谈谈借鉴泉州经验对古港遗址保护、研究、宣传、开发利用等方面的建议。

春节期间，梁岩华给我发了条微信：感谢张兄关心温州考古工作。我会心一笑，怎么会不关心呢，这是一个学考古的人割舍不下的情怀。回首这两年在古港遗址的心路历程，既有大遗址从天而降的欣喜，也有赶上这个机遇的庆幸，还有对遗址保护利用的担忧……一句话，和朔门古港遗址已经结下了不解之缘，这是学业缘、职业缘，也是市民缘。

文物遗存

古港遗址："天下龙泉"的起点

◉ 梁岩华

　　瓷器是中华民族的经典文化符号和对世界文明的巨大贡献。我国陶瓷史上，最具世界影响力的是龙泉青瓷和景德镇青花瓷。龙泉窑是中国古代青瓷工艺发展的集大成者，其生产规模宏大，深受海内外各国人民喜爱。从南宋开始一直到明代中期，龙泉青瓷在我国海外贸易中始终占据着主导地位，对世界文明产生过广泛而深远的影响，成为海上丝绸之路商贸往来和文化交流的见证。2018 年，中国

北宋晚期龙泉窑青釉刻画忍冬戳点折扇纹瓷碗

元代龙泉窑青釉八思巴文瓷碗

北宋晚期龙泉窑青釉篦划花卉纹瓷盘

元代龙泉窑青釉刻画莲花纹瓷钵

陶瓷界泰斗耿宝昌先生为"天下龙泉——龙泉青瓷与全球化特展"题词："天下龙泉""青瓷之最"，这是对龙泉青瓷最精准的定位，也是最高的赞誉。

荣获"2022年度全国十大考古新发现"的温州朔门古港遗址，以其丰富的文化内涵、完整的航运体系及独特的节点位置，有望为我们还原龙泉窑扎根处州、畅销天下的诸多细节。

龙泉窑为何扎根深山？

近百年来，随着国内外学者对龙泉窑的考古研究不断深入和拓展，龙泉青瓷的面貌日渐清晰起来，但尚待解决的问题仍然不少。譬如龙泉窑为何选址于浙西南的僻远深山？它又是通过什么途径运出大山，驶向蓝海的？地处龙泉溪下游、瓯江河口的温州朔门古港遗址的发现，为解答此疑问提供了一个新的契机。

2022年，浙江省、温州市文物部门联合组队，在配合望江路下穿工程建设的考古前置工作中发现了朔门古港遗址，出土的数以10吨计的宋元瓷片堆积，九成以上为龙泉青瓷，涵盖了龙泉南区、东区及下游永嘉境内诸窑场产品。置身古港之中，仿佛可以看见一叶叶运送青瓷的舟船穿梭如织，海量青瓷产品由此驶向蓝海，梯航万国，呈现出"天下龙泉"的旷世盛景。

北宋晚期，龙泉窑开始兴起。这颗博采南北技艺之长、已经呈现创新发展态势的窑业新星，仅在黄岩沙埠作短暂停留，最终选择了偏远山区的处州龙泉扎根。其原因除了龙泉腹地更为广阔，林木、水力资源更加丰富，更能满足龙泉窑海内外扩张的雄心以外，瓯江便利的航运条件、温州港的独特优势应是关键。

北宋中期开始，越窑在与国内众多名窑的激烈竞争中逐渐失去优势，贡御身份的丧失，核心产区资源渐趋枯竭，窑业生存压力增大，部分不甘窘迫的窑工率先出走他乡，向生产成本较低、民间贸易素来活跃的浙南转移生产，拓展东南沿海及海外市场，以期挽回国内市场失去的份额。他们积极吸纳处于鼎盛期的北方定窑、耀州窑所长，推动窑业技术革新，以名品闯市场，逐渐形成一个庞大的窑业体系，甚至影响了世界各国的社会、经济生活。在这一过程中，温州港的江海联运通道及民间海上贸易力量发挥了至关重要的作用，成为龙泉窑"撬动"世界市场的支点。

龙泉青瓷如何运出深山？

瓯江为东南沿海地区第四大河流，其径流量是甬江和晋江的数倍，具备水力和航运资源的明显优势。瓯江上下游航路的开拓，当始于温州发达的造船业。

北宋元祐五年（1090），全国官营造船场年造船额 2900 多艘，诏"温州、明州岁造船以六百只为额"。拥有丰富林木资源的浙西南山区，一直是温州船用木料的主要来源地。造船用的大木料，多出自龙泉，故温州民间有"龙泉料"之说。南宋温州知州楼钥在《乞罢温州船场》中云："良材兴贩，自处过温，以入于海者众。"瓯江水道自古以来一直是木材运输的通道，时至今天，浙南最大的温州木材市场仍位于古城西侧瓯江边上。

北宋元祐七年（1092），为扩大龙泉瓷的外运，处州官民合力修治瓯江上游险滩，此后险滩成安流，"可筏可舟"。龙泉青瓷乘舟顺流而下，可直抵温州港。试想，瓷器如能搭乘木材商贩的舴艋舟顺江而下，是不是可以大幅节省运输成本呢？这也许正是龙泉窑能安处僻远深山的重要原因吧。

龙泉青瓷何以走向世界？

温州港选址于瓯江下游江海交汇的优良港湾，既得交通之便利又可避海潮、台风之侵扰，依托瓯江流域丰富的林木、水力、瓷土资源，形成了支撑港口贸易的经济生态系统，由此而成为我国海上丝绸之路兴盛时期的著名港口。

温州自古以来就是海上丝绸之路的重要节点。北宋晚期至元代，龙泉窑技术不断创新；温州港作为海内外航路的起点和枢纽，为其产品享誉全球发挥了关键作用，港口由此迈入鼎盛时期。

龙泉青瓷走向世界，更要仰赖温州港串联南北的节点地位和异常活跃的民间海上贸易力量。温州港地处我国东南沿海黄金海岸线的中部，刚好处于宁波、泉州中间位置，海路往北至宁波约 300 公里，往南至泉州 400 多公里，贸易往来十分密切。当政府加强市舶监管和海上禁防，温州失去发舶港地位时，货物依然能通过宁波港畅达日本、韩国，通过泉州港销往东南亚、南亚、中东、东非直至欧洲地区。加之浙南、福建沿海地区，政府对民间贸易活动的监管相对松弛，民间海上贸易历来十分活跃，商贾冒禁事件也时有发生。

经济结构上，温州地形"七山二水一分田"，导致"海育多于地产"，粮食不能完全自给，需以渔盐及手工业制品换购粮食，故海上贸易于古代温州社会实不可或缺。宋元时期温州不乏海商巨贾。可以说，古代温州活跃的民间海上贸易力量，是龙泉青瓷走向蓝海、梯航万国的生力军。

回溯过往，当不甘窘迫的越窑匠人出走故乡，将目光瞄向南方温、台之地时，就注定龙泉青瓷与海上丝绸之路将结下不解之缘。而最终，温州港连同瓯江流域腹地成为其扎根的不二之选。二者的结盟，促成了瓯江流域产业生态系统优质资源要素的系统整合，不仅实现了复兴青瓷祖业的夙愿，而且成就了海上丝绸之路上的一颗璀璨明珠和中华民族与世界交往、交融的一位文化使者！

（本文原刊于 2023 年 4 月 16 日《光明日报》）

昆山片玉
——几件珍贵文物的出土过程与初步认识

◉ 伍显军

自 2021 年 10 月开始至今，温州朔门古港遗址的考古发掘历时两年有余。作为温州市文物考古研究所的专业人员，自最初规划发掘区域，到正式启动发掘，笔者都有幸参与。发掘过程中不断地有新的惊喜发现，如水门头区域房屋、河道、陡门闸、瓮城区域城墙基址、瓯海关道路、邻江港口区域船锚、船尾舵、干栏式建筑、沉船、瓷片堆积带、码头、江岸、水井、朔门东侧城墙、码道、门枕石等等。

在这些遗迹、遗物的周围，出土了大量珍贵的可移动文物或动植物遗存，如瓷器、漆器、琉璃器、瓦当、贝壳、稻谷等。笔者亲自清理其中部分文物，见证其出土过程。即使只是其中的小部分，也不断地让笔者感受到震撼，深深地体会到朔门古港曾经有过的繁华喧嚣与沧海巨变。为了真实地还原出土过程，笔者选择其中几件代表性文物，结合记录本里的内容予以介绍。

或许，由于数量的局限，它们犹如吉光片羽，犹如"昆山片玉"，仅是其中的佼佼者，然而却能让我们真切地感受到朔门古港曾经的千年过往，感悟到其中蕴藏的温州人南来北往、闯海经商的故事。

2023 年 3 月 8 日，9 号北宋码头附近出土龙泉窑青釉瓷碗残件内底铭文"昆山片玉"

南宋小陶丸　这是一对小陶丸，直径仅 2.5 厘米。2022 年 2 月 27 日探方 TN5E6 出土，坐标 0.4×4.8—3.2。出土时，两丸间距仅 10 厘米，表面光滑，一枚无纹饰，一枚用墨描绘六组圆圈纹。每组圆圈纹中间涂黑，外绘两圆圈。笔者刚来到温州工作的时候，瓯窑瓷器收藏家潘国森先生拿出两枚白釉瓷丸，说是鹿城区东门河中出土，不知其用途。后来，笔者购阅刘秉果、张生平编著《捶丸——中国古代的高尔夫球》[1] 一书之后，才知道它们是宋元时期流行的体育项目——捶丸用球。

南宋小陶丸

捶丸，顾名思义，捶者打也，丸者球也，是中国古代球戏之一。其前身是唐代马球中的步打球，类似现代的曲棍球，有着较强的对抗性。到了宋朝，由原来的同场对抗性竞赛演变为依次击球的非对抗性比赛，球门改为球穴，名称改为"步击""捶丸"。

这两枚陶丸小巧玲珑，可能是儿童游戏捶丸用球。据笔者所知，鹿城老城区建筑工地出土过红漆木胎小捶丸，表面同样绘有黑漆圆圈纹。宋代磁州窑产品中有较大的瓷捶丸。无独有偶，2023 年 10 月 19 日古港遗址朔门区域 7 号水井内又出土了一对元代褐釉瓷丸。可见宋元时期，温州流行捶丸，成人、儿童都喜爱这项体育运动。

南宋炭化稻谷　这是笔者现场提取的一件带泥炭化稻谷团，长约 15 厘米，时间是 2022 年 3 月 14 日，探方 TN6E8，坐标 2.15×1.4—3.0。我国是世界上最早栽培稻谷的国家，浙江浦江上山遗址发现了具有万年历史的稻谷。温州新石器时代晚期曹湾山遗址出土有水稻颖壳的双峰形植硅石，表明当时曹湾山已有原始农业，种植水稻。相传南朝时，陶弘景在瑞安福全山种植白谷。北宋太平兴国四年，温州知州何士宗向朝廷进献《嘉禾九穗图》。

南宋炭化稻谷

占城稻，也称"早占""早米""早占城"，特点是成熟快，耐旱，产量高，因种子来自占城国（今属越南）而得名。大中祥符四年（1011），宋真宗派遣使者到福建取回三万斛占城稻种子，开始在江淮、两浙等地大力推广。北宋初期太

---

［1］2005 年上海古籍出版社出版。

平兴国年间，整个温州的户口总数为 40740 户；北宋元丰年间，迅速增至 121916 户；南宋中期淳熙年间，增至 170035 户。据此不难判断，两宋之际温州户口与人口的急剧增加，一定跟稻谷产量的提高有着密切的关系。这团已经碳化的稻谷对于研究宋代温州经济社会的繁荣有着重要意义。

南宋瓯窑青釉褐彩瓷盆　笔者见到瓷盆的时候，它正静静地躺在古港考古队技工师傅宿舍的阳台上。它出自刘红庆师傅负责发掘的探方 TN10E31，时间是 2022 年 3 月 14 日，高 8.4 厘米、口径 29.1 厘米、底径 21.2 厘米。外形像一个洗脸盆，直口直壁，宽宽的口沿外翻，平底。灰黑色胎，胎质粗疏。外壁、外底露胎无釉，内壁、内底施青黄色釉，四周绘饰稀疏的褐彩草叶纹，象征水草。内底绘饰褐彩鱼纹。鱼身肥胖，曲线流畅；鱼唇上卷，微张口；四条鱼鳍展开呈飞翔状，鱼尾较大。描绘风格比较写实。鱼种可能是鲨鱼，也可能是海上其他会飞的鱼类。

南宋瓯窑青釉褐彩瓷盆

褐彩是一种以铁为着色剂的装饰。它的出现带有偶然性，突破了青瓷表面单纯刻画、模印花纹的局限，使得色调对比强烈。随着技艺的成熟，褐彩成为瓯窑青瓷重要的装饰。早在两晋南北朝时期，尤其是东晋中后期，褐色点彩成为瓯窑青瓷区别于其他青瓷的特征之一。晚唐五代，点彩演变为圆斑。宋代是褐彩装饰发展的高峰时期，呈现出写实和写意两种风格，题材扩及卷云、花卉、花草、龙纹、鱼纹和褐彩文字等。笔者多次撰文指出，瓯窑褐彩装饰经历了漫长的演变发展过程，从单纯的点彩到条形绘彩，再到大块施绘、细致描绘，乃至率性写意，呈现出清晰的艺术演变发展脉络。

朔门古港遗址出土有多件褐彩鱼纹瓷盆残件，或两条或三条鱼纹。据胡春生著《温州瓯窑褐彩青瓷》[1] 一书介绍，鱼的种类除了鲨鱼外，还有鲳鱼和望潮儿（章鱼），反映出温州人对于海洋鱼类的喜欢，体现出独特的海洋文化特色。至于瓷

[1] 2011 年浙江摄影出版社出版。

盆的瓷窑产地，极有可能是乐清瑶岙或永嘉岩头一带。但是福建磁灶窑遗址和日本博多、福冈等地遗址出土的瓷盆，内底也装饰有褐彩鱼纹，因此这类瓷盆的瓷窑产地有待于进一步研究。

北宋龙泉窑青釉瓷熏炉　　2022年3、4月间主要发掘邻江港口区，笔者在西段发掘，所负责的探方 TN6E8、TN6E9 先后出土了船锚、船尾舵和大量瓷器，其中不乏建窑茶盏、瓯窑酒瓶和龙泉窑青瓷精品，为证明温州是千年商港和龙泉窑青瓷外销的始发港提供了坚强实证，引起了专家学者和领导的注意和重视。

这件熏炉便是龙泉窑青瓷的典型。2022年3月21日探方 TN6E8 出土，盘径15.9厘米、足径13.2厘米、高8.8厘米。出土时，它静静地斜躺在第4层青淤泥之中。笔者的发掘记录本上写道："在第4层发现北宋定窑白釉划花斗笠碗的地方，又发现北宋晚期龙泉窑青釉线刻菱格纹熏炉的下半部分。该炉筒形腹，直口，宽沿，三如意形足，器身、口沿和足上端均线刻菱格纹，异常精美，是民工李定进发现的。"熏炉附近还出土了两三件圆珠纽镂孔器盖，无法确认其中哪一件与炉相配。

这件熏炉的主要特点是胎釉细腻，釉色青绿，制作规整。沿面、壁身和器足表面刻画的菱格纹十分细密，足见制瓷匠师的虔诚认真与高超技艺，堪与媲美的熏炉还有一件是2013年12月松阳县西屏镇云岩山北首山脚工业园区建设工地北宋元祐六年（1091）墓出土的龙泉窑青瓷炉[1]，足见其稀少与珍贵程度。

熏炉的主要用途是熏香。我国古代海上丝绸之路输出的商品主要是陶瓷，故称为"海上陶瓷之路"，而输入的商品主要是香料，故又称为"海上香料之路"。香料属于奢侈品，主要供达官贵人消费。两宋时期，温州商品经济发达，城市繁荣，一批宗室、勋亲和官僚地主迁居温州，漆器、香料等奢侈品消费量大增。

北宋龙泉窑青釉瓷熏炉

[1] 现藏松阳县博物馆，详见浙江省文物考古研究所编《浙江纪年墓与纪年瓷·丽水卷》（2015年文物出版社）。

嘉定十二年（1219）永嘉"大商漏船乳香直以万计"，可见其香料贸易量之大。

北宋龙泉窑青釉大瓷碗　这件刻画花大瓷碗同样是一件龙泉窑青瓷精品，其出土过程颇具戏剧性。笔者在 2022 年 4 月 14 日的发掘记录写道："上午，安排工人继续清理 TN6E8 第 4 层。李定进负责用手铲清理，清理到北宋晚期龙泉窑青黄釉刻画花卉纹葵口瓷碗（165 号小件）。巧的是，他在离昨天约 50 厘米偏东的地方又发现了宋代龙泉窑青釉篦划莲花折扇纹瓷碗的另一小半（160 号小件）。"中午，回到宿舍，笔者将两半瓷碗加以拼对，发现严丝合缝，真是奇巧。

该碗较大，高 8.2 厘米、口径 19.4 厘米、底径 5.5 厘米。除底外通体施青绿色釉。内外壁刻画的花纹十分精美：内底刻画漩涡状团花纹；内壁刻画双层纹饰：上层饰带状四花叶纹，下层满饰戳点纹，并深剔刻"米"字形缠枝莲花纹；外壁饰折扇纹。

北宋龙泉窑青釉大瓷碗

北宋晚期至南宋初期，龙泉金村窑、大窑的匠师通过向耀州窑和定窑学习，改进细化装饰工艺，在灰青釉青瓷的基础上，开始烧制单面刻花、双面刻画花或刻画花加篦点纹的瓷器，并逐渐形成龙泉窑青瓷产品的独特风格。村田珠光是日本高僧，他常用这种瓷碗喝茶，因此后人称之为"珠光青瓷"。浙江、福建、江苏和广东沿海地区的很多瓷窑都曾经烧制过这类瓷器。福建同安窑、浙江龙泉窑和黄岩沙埠窑是其中的代表性瓷窑。福建同安杜志政先生著有《珠光青瓷故乡——同安窑》一书[1]，收录了较多的同安窑瓷片标本。

北宋元祐七年（1092），龙泉溪、恶溪等瓯江上游支流浅滩得到疏浚治理。造船业的发达和航道的改善，使得船只昼夜航行更加安全，龙泉窑青瓷和一些当地的山货特产被装上小船顺流而下运输到温州港销售或者外销。温州港对于两宋

---

[1] 2012 年厦门大学出版社出版。

之际龙泉窑青瓷的兴起、发展和外销，起着十分重要的作用。

朔门古港遗址出土大量所谓"珠光青瓷"，极大地丰富了此类瓷器的研究资料。这件装饰精美的青釉瓷碗仅是其中的典型代表。南宋"南海一号"沉船内也发现大量的同类瓷碗，说明两宋之际龙泉窑青瓷已经替代瓯窑青瓷成为主要的外销瓷。"城脚千家具舟楫"，温州"北埠"商港千帆竞发的繁荣景象从这件大瓷碗得以印证和再现。

元代琉璃钗残件　笔者对于玻璃器的关注，始于瑞安慧光塔出土的北宋蓝色磨刻花高颈玻璃瓶。该瓶内装有白色影骨舍利颗粒，是伊斯兰玻璃手工业兴盛时期的典型产品[1]。因此在发掘古港遗址的过程中，笔者特别关注玻璃器。幸运的是，2022 年 4 月 28 日，在探方 TN7E12 的石砌排水沟里清理到一组断成数截的琉璃钗残件。它们的尺寸较小，有的能够拼接，多数颜色为半透明的翠蓝色（其余为白色、湖蓝色），色彩、质地，与永嘉县瓯北镇丁山宋墓出土的发簪极为接近。通过用手持式检测仪检测化学成分，初步判断为国产铅钡玻璃器。

玻璃的发明可以追溯到古埃及时期，经历了古罗马和欧洲的改良和创新，成为人类文明的重要组成部分。南宋赵汝适《诸蕃志》记载："琉璃出大食诸国，烧炼之法与中国同。其法用铅、硝、石膏烧成，大食则添入南硼砂，故滋润不裂，最耐寒暑，宿水不坏，以此贵重于中国。"可见我国各地发现的早期玻璃器，大

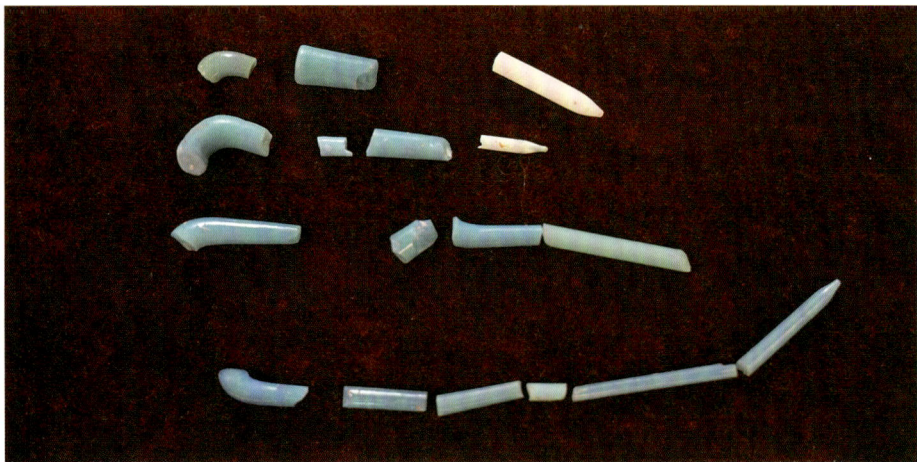

元代琉璃钗残件

[1] 详见 1998 年版《中国大百科全书·考古学卷》第 681 页。

多数是输入的奢侈商品，出自大食诸国（今位于阿拉伯半岛）或者更加偏西的一些国家和地区。

宋代中国已经能够制作琉璃且工艺较为先进，应用范围广泛。因为珠翠装饰被朝廷列为奢侈品而加以禁止，所以各地妇女就用琉璃器来代替，琉璃簪、钗类头饰流行起来。翠蓝色是当时人们喜爱的流行色。出土这组琉璃钗的排水沟紧挨1号沉船东侧的元代瓷片堆积带，可能是人们在使用过程中不小心折断陆续丢弃的。无独有偶，2024年1月27日3号码头南侧探方TN6E28地层中出土1件北宋琉璃钗残件，颜色偏灰黑，表面钙化。它们都属于折股钗，至于其产地，笔者持谨慎态度，认为可能是通过海路输入温州的。

南宋建窑黑釉瓷盏　朔门古港遗址出土文物以瓷器为主，釉色品种丰富，生产瓷窑众多，既有浙江龙泉窑、瓯窑青釉瓷，也有江西湖田窑青白釉瓷和福建建窑黑釉瓷，还有其他种类瓷器。大量瓷器、瓷片的出土，证明了温州是宋元时期南北方货物的集散地和海上丝绸之路瓷器外销的始发港与重要节点城市。南宋建窑黑釉金丝兔毫纹瓷盏便是输入温州的瓷器之中的佼佼者。

2022年5月3日，临近中午，负责邻江港口区东段发掘的技工师傅刘红庆在往回走的路上碰到笔者，神秘地说："伍老师，你发掘到那么多完整的瓷器（指笔者在探方TN6E8发掘到的龙泉窑、瓯窑、建窑瓷器），我今天也发掘到一件，给你看看？"随即，他拿出一件黑釉瓷器。笔者捧在手里一看，马上惊呆了，这可是完整的建窑黑釉金丝兔毫纹瓷盏！温州博物馆曾经举办过福建南平市博物馆藏建窑茶盏展览，笔者深知这件茶盏的价值，建议刘老师用专门的盒子装了起来。

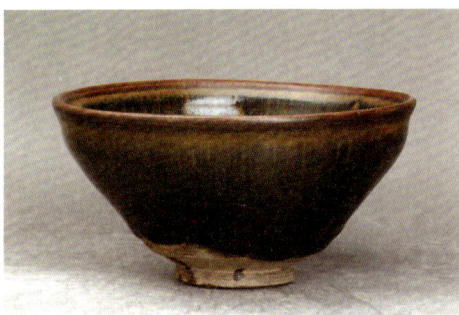

南宋建窑黑釉瓷盏

该盏高5.5厘米、口径11.8厘米、足径3.7厘米，探方TN9E29出土。束口，斜腹，矮圈足。内外壁施黑釉，外壁釉厚处流釉呈泪滴状，口沿呈铁褐色。宋代饮茶蔚为时尚，饮茶方式从唐代的煎茶过渡到点茶。斗茶汤花"以纯白为上"，茶盏的黑釉可以衬托汤花的白色。因此，建窑茶盏受到达官贵人和普通老百姓的喜爱。其中，金丝兔毫纹茶盏特别受欢迎。宋徽宗曾说"盏色贵青黑，玉毫条达者上"。该盏的内外壁满饰金丝兔毫纹，且长达底部，足见其珍贵。

南宋时期，温州是重要的茶叶产地。绍兴三十二年(1162)，温州产茶五万多斤。当时温州人已深谙品茶之道，饮茶之风盛行。乐清状元王十朋作有《会稽风俗赋》，其中"生两腋之清风，兴飘飘于蓬岛"将品茶的惬意描述得贴切生动。王十朋还作有三首建茶诗，其中《赵仲永以御茗密云龙、熏衣香见赠，仍惠小诗次韵》写道："天上人回饼赐龙，香沾衣袖十分浓。明珠照室光生艳，三绝全胜万石封。"他认为密云龙茶、熏衣香和绝句比一万石俸禄的赏赐都来得珍贵。朔门古港遗址出土大量的建窑黑釉瓷盏，印证了温州港是千年商港的同时，也说明当时温州流行饮茶、斗茶。

北宋湖田窑胡人头像小瓷砚　2022年7月中旬，随着发掘工作的开展，瓮城外7号北宋晚期码头的功能得到确认，码头北侧地层的清理工作继续展开。第8层、第9层为比较纯净的沙子层；第10层为文化堆积层，出土文物以瓯窑青釉瓷片为主，北宋湖田窑（即后来的景德镇窑）青白釉背刻胡人头像小瓷砚是其中一件比较重要的输入温州的瓷器。

7月29日中午，临近下班时间，笔者参加完单位党支部成立会议回到工地，同事黄加量将一件青白釉小瓷砚转交给笔者（开会期间，黄加量临时代为管理探方发掘）。负责清洗瓷片的工人陈芝满告知这是他在清洗探方TN4W1出土的瓷片时发现的，当时被泥巴包裹着，洗干净了才知是一件白色的瓷器，因为它的背面刻有一个人头像，所以就马上交给了黄加量。

该砚表面施青白色釉。砚体前宽后窄，底足两侧略高；砚堂到砚池逐渐加深，

北宋湖田窑胡人头像小瓷砚

以便蓄墨。翻转过来，可以看到它的背面未施釉，刻有一个胡人头像。胡人方脸，大耳，眉骨高耸，圆凸眼，长鼻，微张嘴，胡须浓密。头像下方脖颈位置刻有一个双爪船锚符号。

笔者查阅了相关资料，胡人题材较多地出现在唐代陶瓷器、玉器上面，而宋代则极为少见。景德镇陶瓷艺术研究所的相关专家在看到该砚的时候，认为这是目前国内唯一的一件北宋湖田窑青白釉瓷砚，并且背面刻有胡人头像，具有异域情趣，足见其珍贵程度。

元代大石权　石权，即石秤砣。这件石权高29.3厘米、面长径30.3厘米、短径25.5厘米，重达五六十斤。2023年2月27日朔门瓮城北侧探方TN3E1出土，坐标5.25×8.25—1.60。外形呈四瓣瓜棱形，环纽。同时出土的还有一件方形石权。它们的石质都较硬，颜色呈灰中夹杂红色，初步判断石头产自永嘉县瓯北镇一带。

中国古代为了称重，对于秤砣有着严格的标准，多为小型铜权和铁权。然而在大宗贸易中，如漕运称粮、盐商称盐、外商称香料等，为了减少称重的次数，节省时间，提高效率，往往使用大型秤砣，如潘国森先生就捐献给温州博物馆一件刻有"晋惠公"三字的大石权。瑞安市博物馆收藏1972年瑞安新江公社垟坑大队出土的北宋熙宁年间大铜权，是该馆的镇馆之宝，是研究宋代瑞安商贸经济的重要文物。由此可见，这件大石权对于研究温州朔门古港遗址的重要性，是其海外贸易繁荣的直接证据。

元代大石权

物勒工名，广而告之
——古港出土的宋代漆器与铭文

◉ 伍显军

　　我国古代有一种重要的手工业管理制度，不仅是产品质量的保障，也是传统工匠精神传承的体现，那就是"物勒工名"制度。所谓"物勒工名"是指器物的制造者要把自己的名字刻在器物上面，以方便管理者检验产品质量。《礼记·月令》载："物勒工名，以考其诚，功有不当，必行其罪，以穷其情。"铜铁器、漆器等出土文物上的铭文（漆器铭文亦称款识）表明，这一制度早在春秋战国时期即已出现，并在秦汉时期日臻完备，深入官营手工业的各个方面。

　　例如汉代漆器铭文，1956年贵州清镇平坝汉墓出土的一件漆耳杯铭文为："元始三年，广汉郡工官造乘舆髹丹画木黄耳棓，容一升十六籥；素工昌、休工立……丞冯掾林，守令史谭主。"表明汉代漆器手工业不仅分工很细，而且管理制度十分严格。

　　中国是世界上最早发现并使用天然漆的国家。漆工艺的发展自战国秦汉时期进入巅峰之后，至唐宋元时期再次升华，尤其是宋代漆工艺更是呈现出百花齐放、姹紫嫣红的盛景局面。温州是宋代最发达、领潮流的漆器生产中心。大量出土的漆器文物证实，宋代温州漆器不愧号称"全国第一"，漆艺十分丰富，包括素髹、描金、描漆、戗金银、识文、雕漆、剔犀、螺钿等，既有单独髹饰，也有组合运用，既有传承，也有创新。笔者的《宋代温州漆器手工业创新的综合因素分析》[1]一文指出宋代温州漆器创新表现有多个方面，如漆艺、纹饰、选材制胎、品牌宣传等。其中，品牌宣传的主要体现即是宋代温州漆器铭文丰富，宣传方式创新。

出土 10 件漆器有铭文

　　朔门坐落在温州古城的正北面，是温州古城主要的七处城门之一，在南宋时期又名望京门。城外望京门以东的古港遗址在宋代属于望京厢管辖，不是当时温州漆器生产作坊的主要分布区域，因此目前为止，出土漆器大多数是素髹漆器，木、竹胎为主，表面主要髹涂朱、黑色漆，共计 60 余件，大部分是残件，可修

---

[1] 收录于 2015 年浙江省博物馆《"中国漆器文化研究的回顾与展望"学术研讨会论文集》。

北宋十花瓣式朱漆碟（图一）

南宋六花瓣式漆盘（图二）

复者 10 多件。种类主要是日常生活用具，以茶具盏托为主，有圆形和花瓣多种造型；其余种类有碗、盘、碟、粉盒、长方形盒子、梳子等，还有勺子、几凳、桌子残件等。相对较好的漆器有南宋六花瓣漆盏托、十花瓣形漆盏托、圆形黑漆盏托、六花瓣式朱漆盘、北宋十花瓣式朱漆碟（图一）等，特殊工艺漆器标本如南宋攒犀忍冬纹方形漆盘残件。

在这些漆器中，10 余件带有铭文，都是朱漆题写。2022 年 4 月 25 日探方 TN7E13 出土的南宋六花瓣式漆盘（图二），外底铭文为"癸亥温州吴上牢"。2023 年 7 月 13 日探方 TN2W1 出土的北宋六葵口漆碟，外底铭文为"癸巳温州陈上牢"；南宋花瓣式黑漆盏托，盏内壁铭文为"己口温州庙巷王二叔上牢"；南宋六葵口朱漆碗，外底铭文为"戊戌温州口叶口孔九叔口口"；两件北宋漆器底部残件的外底铭文分别为"庚寅温州成六叔上牢""丁未温州周七叔上牢"。尚有部分漆器的铭文难以辨识。

2022 年 10 月 22 日探方 TN8E16 出土的南宋六葵口朱漆碗，外底铭文为"庚戌温州屠家上牢"；2023 年 7 月 1 日探方 TN2E1 出土的北宋六葵口铭文漆器残件，外底铭文为"庚辰温州屠家上牢"；2022 年年底，笔者在著名中国漆器收藏家李汝宽先生所著《东方漆器艺术》一书查阅到瑞典国王古斯塔夫六世·阿道夫(1882－1973) 收藏有一件宋代黑漆小碟，其外底铭文为"壬午温州屠家上牢"。这三件漆器铭文的格式一致，书写风格极为接近。古斯塔夫六世·阿道夫热爱中国陶瓷艺术，被公认是西方最伟大的东亚考古和艺术鉴赏家。可见宋代温州漆器早已名声远扬，在 20 世纪上半叶已被欧洲著名收藏家知晓并收藏。

宋代温州漆器铭文概况

江苏、浙江与福建三省宋代墓葬，温州北宋千佛塔、白象塔与慧光塔，以及温州鹿城区百里坊、信河街周宅祠巷、八字桥等建筑工地发现和出土的宋代温州漆器多达300余件，这在全国是数量最多的。其中，至少有100多件漆器带有铭文，在全国也是数量最多的。

宋代温州漆器工艺存在着两种倾向：一为专供欣赏的工艺品，应用绘画、雕塑的写实手法和技巧，取材于现实生活或佛传故事，富有生气与动感，给人以深刻隽永的感染力；一为生活实用器皿，讲究式样、造型和色漆的变化，追求典雅平易的艺术风格。与此相应，这些漆器铭文分为两类：一类是以慧光塔出土的北宋识文描金檀木舍利函（图三）为代表，内底的铭文较多："弟子朱翔并妻卢氏十七娘、男吴安、女二娘、三娘等舍金一钱……弟子陈允言并妻何廿九娘家眷等，成就迎引供养舍利入塔，右具如前。大宋庆历二年壬午岁十二月题记。"既是物勒工名，也是纪念功德。一类是生活实用器皿的铭文，占绝大多数。本文重点讨论后面一类。

这些铭文一般是用毛笔题写在器物外底，少数写在内底、腹部、盖内侧或内壁，主要以朱漆题写在黑漆或黑褐漆之上，也有黑漆、墨水题写在红漆、红褐漆之上，少数用针、竹片刻画在器物内外底或内外壁，还有一些覆盖于原有铭文之上，如八字桥工地出土的六花瓣式朱漆碗，外底铭文为"己巳温州大云寺巷陈上牢"，又以一大红"伸"字盖写于上。铭文字体多为行书、草书，少数为楷书，还有极少数花押。

铭文格式主要有三类：第一类记载详细，有干支纪年、地名（包括街、巷）、商铺（作坊）、

北宋识文描金檀木舍利函（图三）

工匠姓氏、家族排行加"上牢"二字，如"庚申温州丁字桥巷廨七叔上牢""乙酉温州新河导俗巷林六叔上牢""庚申温州城西郑家上牢"。这类铭文是宋代漆器的定型格式。朔门古港遗址出土漆器的铭文格式基本上属于该类。

第二类仅有干支、地名或商号加"上牢"二字。如"乙丑徐家上牢""温州单上牢"，一般是老字号品牌。

第三类表明器物属性、计数或一些单字。如"法济常住"属佛教礼仪用品，"壹""四"记数，"永""庭"等。大多数铭文后面加"上牢"二字，但也有加"造"或"记"的，如"丁丑温州汪明造""己酉温州□□张记"，还有在"上牢"前或后面加"真大""真吴"等，如"己卯王九叔真大上牢""辛未温州真吴上牢"，目的是宣传商铺（作坊）的商品正牌。

宋代温州漆器铭文为我们研究漆器制造业的作坊分布、生产状况、工艺水平、销售情况以及及温州的街道布局、商业、手工业、佛教信仰等提供了信息资料。首先，铭文的干支纪年，为我们判断漆器本身及其遗址、遗迹如墓葬、佛塔的年代提供了切实的依据。如江苏武进南宋5号墓出土的戗金沽酒图长方形朱漆盒的铭文"丁酉温州五马街钟念二郎上牢"中的"丁酉"年，根据同墓出土的"嘉泰通宝"铜钱，判定为理宗嘉熙元年（1237）。

其次，铭文记录了地名（街、巷）、商铺（作坊）和工匠姓氏、家族排行、姓名等。初步统计，街巷地名有丁字桥巷、导俗巷、大云寺巷、百里坊、梯云坊、城西街、五马街、新河街、都监衙头、第一桥、东门、南郊外等，大多数至今沿用，为我们了解宋代温州漆器的作坊分布和街道格局提供了依据。朔门古港遗址铭文中的"庙巷"是新发现的街巷名称。

漆器工匠有孔三叔、孔九叔、成十二叔、金念五郎、钟念二郎、廨七叔、林六叔、周三叔、王九叔、周十六叔、周六叔、姜三叔、王五叔、陈六叔、阮四叔、徐择文、汪明、游七叔等，林六叔、汪明等出现在不同地方出土的漆器上，说明他们都是制造漆器的能工巧匠。朔门古港遗址铭文中的"王二叔""成六叔"和"周七叔"都是新发现的漆器工匠。

再次，铭文反映了宋代温州漆器制作的分工合作、发展规模，包含佛教等多方面历史文化信息。如"庚□温州□□陶九叔造王五叔上牢"表明"造""上牢"两道漆器制作工序，由不同工匠分工完成。"丁酉温州永嘉小□巷单上牢""江北"

铭文表明南宋温州漆器制造已经由瓯江南岸城区发展到瓯江北岸。"丁卯温州开元寺东黄上牢"等铭文提及开元寺、大云寺和净光塔，为我们研究宋代温州的佛教寺院与佛塔提供了资料。

宋代温州漆器铭文的创新及内涵

漆器是古代温州著名的民间手工业产品，宋元时期已形成规模化生产，作坊、店铺遍布城区，主要分布在新河街、百里坊、五马街和城西街等街道、坊巷内，产销两旺。为加强宣传，保证产品质量，宋代温州漆器沿袭了我国古代官营手工业的"物勒工名"管理制度，用铭文记录制作时间、地点、工匠姓氏、家族排行或姓名等，并在后面加上"上牢"二字，个别加"真大""真吴"等。

"上牢"原是以牲肉祭祀的行为，后引申为宴飨之礼中的高等级器具。到了宋代，直接表明由哪位工匠师傅"上牢"，是对产品质量坚固耐用的宣传。[1]"真大""真吴"的"真"，也即是保真的意思。类似的比如宋代湖州青铜镜铭文，如"湖州真石家念二叔青铜照子""湖州仪凤桥石家真正一色青铜镜"等。

温州漆器不仅在本地销售，而且在北宋都城汴京、南宋都城临安等地设有温州漆器专卖铺，还通过海运远销国外，成为温州具有特色的外销商品。为打开销路市场，不仅漆器铭文里有"温州"二字（宋代其他漆器生产中心如襄阳，漆器上题写"襄州"），而且温州漆器专卖铺也都冠以"温州"地名。北宋孟元老《东京梦华录》记载："南门大街以东，南则唐家金银铺、温州漆器什物铺、大相国寺，直至十三间楼、旧宋门。"南宋吴自牧《梦粱录》记载："自淳祐年有名相传者……水巷桥河下针铺、彭家温州漆器铺……平津桥沿河布铺、黄草铺、温州漆器、青白磁器……连门俱是。"

宋代温州漆器、店铺冠以"温州"地名加强品牌广告宣传，既是"物勒工名"手工行业管理制度的延续，也是对产品质量自信的体现，还是民间手工业为了打开销路，具有团队精神的一种自觉。这是包括温州朔门古港遗址出土漆器在内的宋代温州漆器铭文的创新表现及其时代文化内涵。

---

[1] 编者注：对于"牢"铭漆器，学界有其他解读。2018 年第 2 期（4 月）《华夏考古》刊登李梅田《"牢"铭漆器考》，认为此类漆器为盛放献祭牲肉的器皿，与之并连的人名可能是物主（墓主）或献祭者名。

一二号码头发现记

◉ 朱冠星

作为温州市文物考古研究所一员，我参与了朔门古港的发掘。2022 年 2 月 20 日，由于 TN4E1 探方已经发掘完毕，于是我转去接手 TN16E1、TN16E2 和 TN17E1、TN17E2 探方。这几个探方原本由技工师傅负责，因为师傅临时有恙，便由我转接这段区域。

刚开始，在 TN16E1，只是有部分石块露头，这种情况在别的区域也很常见，毕竟在老城外的热闹地带有几块石头是稀松平常的事情。然而，随着第二层的不断下挖，这几块石头不断显现出规律。大约一周后，在 TN16E1 第三层北部靠近隔梁大约一米的地方，显然有一条东西向的横线呈现出来。刚开始我们以为这可能是一段房屋的基础，或者是一面墙体的根基，然而，继续向东，我们发现这条线发生了明显的转折：石头朝外整齐的一面在 TN16E1 和 TN17E1 交界的地带突然向南转折。这说明此处应该是一个平面呈长方形的建筑基础，鉴于该位置处于江河的南侧边缘地带，推测这里很可能是一处码头遗迹。

为了验证这个猜想，我们沿着石块转折的地方向南追溯，逐步发现了疑似码头遗迹的东部边缘。这是一个长约 10 米，外立面平整的石砌边岸。在石砌边岸侧面可以很明显地看到石层之间夹垫着有一层木板，其砌筑方法是铺设两层石头，再垫一层木板，层层砌筑。由此可见，这里作为一段码头的边缘应该是成立的。在石砌边岸的外侧还有约间隔 1 米插在泥地里的木桩，推测这些木桩应是用来抵挡船舶靠岸的冲击力和加固码头主体而树立的。

由于这是整个遗址第一处发现的码头，所以我们将其命名为一号码头，编号 MT1。在 MT1 的东北角，有一处底部弯弧的木板，其上偏东的位置压有一块边长约 10 厘米的方砖，下面还压了 10 余枚年号为南宋的铜钱。我认为这里可能是一块小船船板，也有同事认为这是一块铺在码头上的席子。虽然大家的看法不同，但毋庸置疑的是这个码头的建造年代一定不晚于南宋。

沿着这块木板底面的高度，我们继续寻找码头的其他边界。然而奇怪的是，

MT1 在南侧和西侧都没有发现任何石块。只有在距离北边 6 米，东边约 4 米的地方发现一条长约 60 厘米，宽约 10 厘米，南北向摆放的木条板。

为何码头没有了西部和南部的边界？这让我陷入了困惑。即使码头被后来的人类活动所破坏，也不至于一块石头都没有了吧！而这块孤零零躺在泥地里的木板，是否是之前建造码头边界时所铺垫的材料呢？造成这一切的缘由已经无从知晓。或者考古工作的新奇与遗憾便是如此吧。

不过好在中国的考古工作者基本上都是些"土专家"。我们继承前人对于土质土色的辨识能力，在码头中部距离东侧边岸约 4.5 米的地方，做了一个东西向的解剖沟，发现在解剖沟内隐约呈现出黑黄两种不同土色的交错，而黄色泥土与码头内填土基本是同色。由此我们隐约可以推断，码头的宽度在 4～4.5 米左右，码头的基本宽度还是可以知道的。而南北的长度，受发掘区域的限制和后期人类活动的严重破坏，就无法得知了。

发掘完整个一号码头，已经过去了三周左右的时间。接下来，我们试着向东在 TN17E1 和 TN17E2 内寻找其他码头的可能。

然而在 TN17E1 内，直到三层一号码头的底部深度，都没有任何遗迹出现。此时我以为这里应该是个空方。

一号码头

一号二号码头合拍

就在准备放弃TN17E1的时候，忽然有一根木桩出现。这让人惊喜又意外。顺着这根木桩，我们在四层内开辟了一条东西向的探沟。果不其然，有一排木桩出现了。

然而这一排排的木桩是什么呢？显然这并不是一座码头。因为这里没有一块石头，只有木桩是无法支撑人和车马的重量的。这里更像是一座水上的排屋。关于它具体的形态，大家众说纷纭，为了看得更加清晰。我们决定将TN17E2的四层也揭露开来。在TN17E2四层内也发现了大排木桩。不过，在TN17E2内靠近TN18E2的地方，发现了一块石头。这块石头引起了我的兴趣。这是否是码头上的石头？

带着好奇，我又在石头所出的位置开辟了一条1.5米宽，2米长的探沟。这条探沟果真有收获，那就是在探沟的东侧，又发现一排外立面朝西的石砌边岸。

这和原来发现的一号码头外立面基本上相似：两层石头下压有一层木板，同时在外侧有木桩靠护，木桩的间隔也大约为1米。与MT1不同的是，这条边岸南北两侧用石大小和形状明显不同，可能为不同时间建筑所致。但显然这也是一座码头。

作为遗址内发现的第二座码头，我们将其命名为二号码头，编号MT2。顺着石砌码头残存的高度，我们将TN18E1、TN18E2也进行了整体揭露，不仅将二号码头的西侧完整地揭露了出来，并且在西侧边界的西北方向发现了两根仁立的方形石柱，推测为拴揽船只的揽桩。

和一号码头相同的一点是，码头的东侧和南侧边界也没有找到。南侧边界可

三号码头

能是延伸到发掘区之外，而东侧边界为何消失也已经不得而知。利用与一号码头相同的方法，我们在二号码头西侧边界的中段向东开一条南北宽约 1 米，东西长 5 米的探沟，也隐约看到了土质土色的变化，基本推断出二号码头的宽度为 4.5 米。同时顺便发现灰坑一座，并在里面出土了一对制作非常精美的北宋晚期湖田窑青白瓷盏托，小型青白瓷鸟食罐 1 个。这属于意外之喜了。

在整个朔门古港遗址中，一二号码头是相对保存情况最不理想，轮廓最不清晰的两座码头。同时，对于两座码头之间的建筑遗迹大家也是众说纷纭，难以确定其性质。而这个区域却最早确认了这一带有码头遗迹存在的证据，这两座码头的出现，为整个考古队认定朔门遗址古时确为一片港口增加了信心。又恰逢 2022 年 2 月温州市第十三次党代会上刚刚提出了"千年商港、幸福温州"的城市定位，使得这两座码头的发现又具备了更加独特的意义。

在之后的工作中，大家陆续发现了更多的码头，直到现在，古港遗址已经发现了九座古码头，坐实了温州在宋元时期是一个航运大港的事实。

古船新生：出土文物的保护与修复

◉ 陈微微

温州朔门古港遗址中发现多艘古沉船，这些沉船的发现为我们展示了温州辉煌的古代造船业和繁荣的海上贸易，也为我们提供了研究中国古代航海技术和海洋文化的重要窗口。在这些沉船中，两艘宋代的沉船——1号沉船和2号沉船尤为引人注目。

古船的发掘出土

1号沉船是一艘宋代的福船。沉船的朝向南偏东，长度方向上分为南北两部分，于2022年3月在M07E11探方中发现，首先发现的是木质桅杆，而后露出南侧的部分船体，5月下旬，在沉船点北侧地下又揭露出另一部分船体。

沉船采用宋代造船中的三项创新性技术：龙骨结构、鱼鳞搭接和水密隔舱。龙骨结构是古代造船的核心技术之一，它使得船体更加稳固，能够承受更大的风浪。而鱼鳞搭接则是一种独特的船体连接方式，使得船板之间的连接更加紧密，不易漏水。水密隔舱则是将船体分隔成多个独立的空间，即使其中一个舱室受损，也不会影响其他舱室的安全，大大提高了船舶在海上的生存能力。

1号沉船残存的长度是12.4米，宽4.1米，沉船东侧还发现一根桅杆，残长8米多。这些遗物为了解沉船的具体构造和用途，研究宋代时期的航海技术和海洋文化提供了重要的实物证据。

2号沉船位于TE5W2探方，2022年8月望江路下穿工程项目开挖基坑时发现了部分木板，后经确认为2号沉船，目前尚未完全发掘。根据现有材料推测可能是我国出土年代最早的一艘海船。

与1号沉船相比，它体积更大，保存更加完整，保留的信息更加丰富。船体水线以下部分除水泥桩打穿的几个孔以外基本保存完整，在沉船周边及上部已经发现多具人骨、动植物遗存、瓷器等。这些遗物有助于我们了解沉船的具体用途和历史背景。

在发掘 2 号沉船的过程中，我们充分吸收 1 号沉船的发掘经验，多学科合作和现场保护等方面得到加强，船体保护、人骨鉴定、人骨保护、人像复原、同位素分析、寄生虫鉴定、土壤环境分析、遗物遗迹建模、DNA 鉴定、土遗址保护等都已经提前介入。这种跨学科的合作不仅提高了发掘工作的科学性和专业性，也确保了文物的安全和完整。

保护场地的建设

在考古发掘过程中，出土文物保护场地的选择是一项至关重要的工作，特别是对于像沉船这样的大型文物。合适的保护场地不仅能够确保文物的安全，还能为后续的保护研究和展示工作提供便利。

1 号沉船采用整体套箱提取后搬入实验室进行保护的方法，需要能够容纳整个船体的水槽，保护过程还将使用到大量的化学试剂。因此，保护场地必须满足一系列严格的要求：荷载达标以确保文物安全；交通便利可以将沉船顺利运输到保护场地；化学药品的使用不能对周围环境造成不良影响等。由于 1 号沉船在 2023 年已经发掘出土，找寻合适保护场地的时间异常紧迫。

一号沉船

在面临为 1 号沉船寻找合适保护场地的挑战时，地方政府领导、考古工作者和文物保护专家展现出卓越的团队合作精神和高效的协调能力，排除疫情等不利因素干扰，不遗余力地调动多方资源，确保这艘珍贵的历史遗物能有一个安全、合适的保护场所。经过多轮协调、详细的场地勘察和评估，2022 年 12 月选定江心屿西园最西角作为沉船保护基地的建设地点。这一选择不仅考虑文物保护的专业需求，还充分兼顾周边自然人文环境的适宜性和未来研究展示的便利性。选址确定后，各方立即投入紧张而有序的建设工作中。

经过一年的辛勤努力，沉船保护基地于 2023 年 11 月正式落成。建筑的西面为沉船保护室，这里将采用最先进的技术和设备，确保 1 号沉船得到最佳的保护和修复。东面则为展厅，未来将向公众展示朔门古港遗址出土沉船的历史价值和研究成果。

古船的保护修复

出土古船的保护修复工作是一项复杂而细致的任务。国家文物局考古研究中心具备相应的实力，拥有国家实验室，有专门的沉船科技保护团队，为此 2022 年 9 月，温州市文物考古研究所和国家文物局考古研究中心达成共同合作开展沉船保护修复工作的共识。

而后一同制定 1 号沉船保护计划，包括文物现状调查、整体打包提取、水槽制作和保护设施安装、脱盐脱色、脱水加固、船体修复等基本步骤。保护修复过程中遵循"最少干预原则、可再处理原则、安全耐久原则"，尽量保存古船的历史信息。

文物现状调查：这是保护修复工作的第一步，主要是对出土古船进行详细的观察、检测和记录，了解其保存状况、船体结构、材质等信息。这有助于为后续的保护修复工作提供依据和参考。

整体打包提取：在文物现状调查的基础上，对古船进行整体打包提取。这一步骤的目的是为了将古船从发掘现场安全地转移到保护修复的场所，同时避免在转移过程中对古船造成二次损害。

水槽制作和保护设施安装：水槽的作用是为古船提供一个稳定的保存环境，避免其受到外界环境的影响。保护设施则包括温度、湿度监测控制设备、水循环设备等，以确保古船在保存过程中的安全。

脱盐脱色： 古船在土壤中长期浸泡，船木往往会受到盐分的侵蚀，部分盐类的反复结晶和溶解将破坏木质结构，大量金属离子的存在也导致木材变色。因此，脱盐脱色是保护修复工作中的重要步骤。通过化学或物理方法，去除船体上的盐分和色素，以恢复其原有的外观和质地。

脱水加固： 古船在近千年的埋藏过程中，船体木材发生严重的降解，原有木质成分大量流失，木质纤维疏解和断裂。自然干燥过程中的各种应力将导致木材的变形、收缩和开裂。为了船体修复工作的顺利进行，需要对古船进行脱水定型处理。

船体修复： 在完成上述步骤后，就可以开始对古船进行复原修复了。修复工作需要根据船体的实际情况进行，包括船体结构的调整、木材的更换补充、缝隙的填补等。

目前1号沉船已经开始脱盐脱色。2号沉船的出土时间较晚，发掘还未完成，正在开展文物现状调查。

温州朔门古港遗址沉船的发掘保护工作具有深远的意义和不可估量的价值。它不仅丰富我们的历史文化内涵，推动多学科交叉研究，提升文物保护技术水平，更体现了地方政府的责任担当，为后人留下了宝贵的历史遗产。

2024 年 3 月 1 日

千年沉船，一段"船奇"从头说

◉ 温州文史馆

　　王振鹏《江山胜览图》和黄溍《永嘉县重修海堤记》初步还原千年商港的宋元繁华面目。而《江图》瓯江港口码头一带千帆林立的场景，使读者将目光再次投向遗址出土的两艘宋代沉船。这两艘沉船一为北宋，一为南宋，船体及桅杆、锚等诸部位保存相对完整，并有着当时较为先进的制造工艺和设计水准，如船体形状、水密隔舱的运用、鱼鳞状船板搭接工艺等。考古专家通过对两艘沉船的技术分析，勾勒出温州历史上的一段"船奇故事"。

出土桅杆残件 8 米多长（陈复／摄）

遗址出土两宋两艘沉船

　　温州古港遗址现场发现的两艘沉船，一艘位于西段偏东处，倾斜搁浅在淤泥之中，残长 12 米、残宽 4 米多，揭露部分约占船体总长三分之一。专家预测该船总长约 20 米、宽约 6 米，有 7 个分隔舱。随后在沉船的周边清理阶段，发现有桅杆 1 根残长 8 米多，有单爪木锚 1 件长约 3 米，木尾舵 1 件残长 3.5 米。

　　另一艘沉船发现于瓮城北面深达 9 米的基坑内，船体较大，暴露部分长约 10 米。根据地层和船型判断，该船的年代应为北宋时期，有专家认为，依据现有资料，这或是我国出土沉船中有据可查年代最早的一艘。

温州古港遗址发现的这两艘沉船在造型、结构上基本一致，具有宋代造船中最复杂、也是最关键的三项创新技术，显示了温州工匠的高超技艺和聪明才智：

龙骨结构：这是船体基底中央连接船首柱和尾柱的纵向核心构件，像脊梁一样支撑整个船身。它既可增强船体坚固、承受海浪冲击力和水压力，又能减少阻力，保证船行速度，是造船工程的一项重大改良，对世界船舶结构发展产生深远影响。

鱼鳞搭接：往往与多重船板配合运用，像鱼身上鱼鳞一样，一片叠着一片。搭接处大于连接板的厚度，形成船壳板的纵向筋材，大大提高结构强度。同时使船壳外表面形成纵向锯齿形面，增大了船舶横摇阻力。板面的重叠部分，用铁钉垂直钉入，达到钉连目的。《马可·波罗行记》载："船用好铁钉结合，有二厚板叠加于上、不用松香，盖不知其物也，然用麻及树油掺合涂壁。"具有很高的防止船外水渗透能力和对船壳有效的保护作用。

水密隔舱：将船体分成互不相通的若干个船舱，具有多方面优越性。首先，如船在航行中即使有一舱区破损进水，水也不会流到其他舱区，以便及时补救。其次，舱壁跟船壳板紧密联结，增加船的横向强度，并取代加设的肋骨工艺。这种先进的水密隔舱设置，逐渐被欧洲乃至世界各地所吸取，至今仍是船舶设计中的重要结构形式。

宋代温州造一艘船要多少钱

温州造船从刳木为舟开始，三国时已初具规模。吴赤乌二年（239），飞云江之南、现今万全平原一带即设有官营造船工场——横屿船屯，与温麻船屯（福建）、番禺船屯（广州）同为东吴在江南的重要造船基地。到宋代，瓯江沿江一带设立造船场。据资料显示，当时船场官府置官兵252人，并雇有大批工匠，负责造船、修船等工作。北宋赵屼《温州通判厅壁记》载："又远近良材由此取道，于是漕运与诸官舟实造于此。"

从元祐五年（1090）到政和四年（1114），温州和宁波造船数量跃居全国首列。"岁造船以六百只为额"，是当时全国十大造船场之一（《宋会要辑稿·食货》）。南宋绍兴元年（1131）温州年造船340艘，此外还建造战船、漕船、商船和出国使船。

宋代盛行的各类船型中，属温州和宁波独创的，是刀鱼战船（船型狭长似刀鱼），即钓槽船。北宋政府认为该船尾阔可以分水，面敞能容纳水兵，于是将其进行改良，招两浙豪民入中以为战船。钓槽船设计奇巧，装载给养井井有条。据李心传《建炎以来系年要录》卷七，"粮储器仗，置簧版下；标牌矢石，分之两傍。可容五十卒者……率直四百缗"。这样一艘刀鱼战船，当时价值在四百贯。

除容纳五十人的刀鱼战船外，温州制造的大型平底海船每艘造价达三千贯。如隆兴二年（1164）淮东宣谕使司报告："去年三月，都督府下明、温州各造平底海船十艘……每十只之费，公家支经总钱三万贯，兼材打采木，公私受弊。"三千贯一艘的平底海船当然是包括物料、人工等费用的。另据记载，淳熙六年（1179）温州为朝廷打造一百艘海船"支降官会一十万贯"，每艘为一千贯。普通民用小舢板之类的，价值约为一贯。

在造船业发展的同时，温州也培养出杰出的海船设计师。他们设计的船只平稳快速，可按要求依样打造。绍兴三十一年（1161）中书门下省奏："温州进士王宪上言：伏睹给降空名告下福建、浙东安抚司打造海船，缘两路船样不同，乞下福建安抚司依温州平（阳）县莆门寨新造巡船，面阔二丈八尺，上面转板平坦如路，堪通战斗。乞令人户依此打造。"

神舟代表两宋造船最高水平

宋代全国造船看浙江，浙江看温州和宁波，两地代表了当时最高水平。而代表当时最高造船水平的，莫过于官员出使高丽国所乘的"神舟"。

政和七年（1117），温州船场并迁到宁波，宋徽宗钦命造船技师组成攻坚队伍，共同设计制造两艘万斛神舟，以供出使高丽之用。宣和五年（1123），这两艘分别赐名为"鼎新利涉怀远康济神舟""循流安逸通济神舟"的豪华巨轮出使高丽。据《梦梁录》记载，当时大船"大者五千料，可载五六百人"，五千料约合300吨。而"神舟"舟长超过百米，分前中后三舱，排水量达1500吨，是近千年前世界最大的远洋海船之一。

出使高丽的奉议郎徐兢，在《宣和奉使高丽图经》中描写巨轮的壮观："巍如山岳，浮动波上，锦帆鹢首，屈服蛟螭。"当时出使高丽的还有给事中路允迪、中书舍人傅墨卿等人。他们乘坐的神舟抵达高丽港时引起轰动，"倾城耸观""欢呼嘉叹"。

虽然制造"神舟"的荣誉，归于宁波招宝山船场，但不可否认的是，这里面也包含大量温州工匠的心血。温州船场和宁波船场多年分分合合，互享制造技术和人才。宋《宝庆四明志》载"温、明各有造船场"。大观二年（1108），温州船场并入宁波造船场，但收集管理造船所需的买木场仍设在温州。政和二年(1112)"为明州无木植"，又将整个造船场迁到温州；五年后"依旧移船场于明州，以便工役，寻又归温州"。

到元代，温州打造的远洋大船船型，还可从王振鹏《江山胜览图》管窥一二。《江图》再现了元代温州北埠港口一带繁荣景象，描绘有各类船只 68 艘，包括江上行驶或江边停泊的大海船、漕运海船、小渔船。其中大船有 3 桅、4 桅，可张 12 帆，设有 4 大橹，甲板下有 60 个小舱位，载重 300 吨上下，出海水手可达 200 多人。

温州曾是一座水城，内陆河道纵横，东面大海扬波。船是古代温州人一切水上活动的前提和载体，是必备的交通和运输工具。而百工之乡高超的制造力，造就了发达的造船业，这是形成温州港繁荣的重要条件之一，也是温州及港口腹地商品、温州人走向世界的先决条件。

（本文原刊于 2022 年 11 月 15 日温州文史馆公众号）

软土地基上的古港营造技艺

◉ 王超俊

东晋太宁元年(323)，永嘉设郡城于瓯江南岸。相传堪舆大师郭璞为郡城择地，登上西郭山观看地形，看到九山环列，好像天上北斗星一样，依山控海，是个建城的好地方。其中华盖、松台、海坛、西郭四山像北斗的"斗魁"，积谷、巽吉、仁王三山像"斗杓"，黄土、灵官二山则是辅弼，因此跨山筑城，象征天人合一，可长保安逸，故名"斗城"。斗城历经千年，其位置和格局基本没变。温州地处浙南，气候属亚热带季风气候，夏季高温多雨，雨量充沛，年降水量 1749 毫米。常年气温在 18 ℃ 左右。温州是典型的海滨沉积软土地区，古城除规划受世人瞩目外，城市建设中的营造技艺同样有非凡的创造。

中国古代建筑工程技术的伟大创造

温州是一个濒海的丘陵山区，人多地少，可耕地面积稀少。温州沿海是我国东南沿海小平原之一，由瓯江、飞云江、鳌江等河流和海水携带的泥沙沉积而成，平原及海岸浅土壤有含水量高、地耐力低等特点。浙江大学《单层厂房设计与施工》教科书："我国沿海一带（天津、上海、宁波、舟山、温州、广州等地）广泛分布着淤泥及淤泥质黏土，其特点是含水量高、孔隙比大（e 最大达 2.30），饱和度一般大于 90%，因此其工程性能较差，承载力一般少于 15 吨 / 平方米（温州地区某些淤泥承载力仅 4～6 吨 / 平方米），压缩模量 Es 一般少于 40～75 公斤 / 平方米，属高压缩性地基。"高压缩性地基称为软土。温州地区的软土，淤泥、淤泥质土埋藏浅，厚度大，土性呈流塑状与软塑状，含水饱和，具有高压缩性和高灵敏度，地基承载力低，基础沉降大。

宋代徐谊《重修沙塘斗门记》有那么一段话："数十夫以井干运绠，版始举一，悬流电激，虽百夫可举之石，漂流入海，如浮一叶，土砾旋进，须臾成渊，为之四顾愕然。"该文记载了温州平阳沿海在软土上建斗门的事，与《永嘉重修海堤记》反映的情况类似。但古代温州人已使用现代人常用的"磨擦桩"技术，施工中广泛运用"木群桩"技术（内攒众木，围之三周）、"木排桩"技术（列木为柱）、"木单桩"技术，且已非常娴熟。从现代力学的角度，"群桩"可以综合承载来自多个方向的推力；"排桩"主要是承载来自某一个方向来的推力，还可以起到围护或阻隔作用；"单桩"主要是承载轴向方向的荷载。古代温州人在软土上广泛使用不同组合的桩，这在现代力学上似乎有点不可思议。同时在其上施枕柁、加横木、施箕芒（蕨类植物），增加地耐力。黄溍在《永嘉县重修海堤记》这么介绍："列巨木为柱，而施枕柁其上，内攒众木，围之三周，外施箕芒以拨浪，次填以石，次积以瓦砾，而实土其中，加横木，备其欹侧，而帖石其背以便行者。堤若路暨亭之址悉如之，而亭亦复其故。故事于三年之春二月，迄役于冬十一月，费不益于旧而功倍焉。"

在朔门古港发掘现场，除发现大量木桩外，还发现大量的石丁群桩、石丁排桩和铺厚木板增强地耐力的营造技艺。其中更为惊讶的是看到了打维护木桩，设竹篱透析水，降低含水量、孔隙比，固化软土，提高地耐力的技术，这与现代处理软土的技术几乎没有两样。在现代处理软土固结技术中，有一种叫塑料排水板（桩）工艺，就是利用现代技术在工厂生产好塑料透水带，然后用桩技术将透水带打入软土，使其析出水，然后引导水至沟渠，将其排出，降低缩小了含水量、孔隙比的软土，地耐力有所提高，再在其上堆积施压，加速其固结，后实施工程建设。而古代温州人因地制宜，用了最简单的材料：木桩和竹篱。采用人们做豆腐干的工艺，似豆浆中放石灰变豆腐脑，又把豆腐脑放入布袋挤水，再施压进一步挤出水变豆腐干。温州朔门古港的码头，拟用了做"豆腐干"工艺来处理软土，是先在软土间施用隔离维护木桩，后插入竹篱，固定位置后，开出排水沟，并开始透析水，静待软土固结，或进一步施压透水固结，后视固结情况，在其上施工程。

施箕芒（蕨类植物）是软土地基处理的又一独创之作。在古港现场，我们看到大量历经数百年不腐的箕芒，发掘出土后仍保持完好，估计在当时除了防浪外，还有提高地耐力的作用。箕芒有较强的透水功能，对其施压透水，同样达到排水固结软土的作用。浙南深山老林到处是箕芒，采之不尽用之不竭，温州古人利用其良好的韧性、弹性和自身携带非常耐腐的功能，用于瓯江沿岸含盐水质的软土处理。施群桩、排桩处理软土，施竹篱透水固结软土，施箕芒防浪固土，若不是亲眼在现场看到，几乎是不可想象的。

温州三国时期就有高脚屋记载

温州浙南滨海小平原主要特点是地势低洼、土地松软，起伏不平。山区的特点则是丘陵起伏，土地贫瘠。高脚屋则非常适应这样的地理与环境。

高脚屋以悬空不落地为主要特征。高脚屋立于平地，高脚半边楼建于斜坡较大的坡地上，后半边靠坡着地，前半边以木柱支撑，楼屋用当地盛产的竹子、木材建成。高脚屋能避亚热带充足的阳光与雨水，能避炎热潮湿的气候。高脚屋用于饲养牲口、家禽，放置农具和其他生活、生产物品，此外还能避免蛇、虫甚至野兽的危害。也有不少人认为高脚屋是少数民族地区的产物，大部分人普遍认为高脚屋即吊脚楼，建筑术语叫"干栏式建筑"。

三国吴沈莹《临海水土异物志》对温州地区的高脚屋有一段明确的记载："安家之民悉依深山，架立屋舍于栈格上，似楼状，居处、饮食、衣服、被饰与夷州民相似……今安阳、罗江县民是其子孙也。"（三国吴始置罗阳县，属临海郡，后改曰安阳，今瑞安市）这一段话反映了古代温州地区居民普遍使用高脚屋的状况。

前不久发掘的温州朔门古港，在发掘现场我们即可以发现大量的高脚屋（干栏式建筑）遗迹，它们成行成列地立在古港一带，虽斑驳，虽腐朽，但仍可透过它想象当年景象。它在古港异常复杂的环境，把"脚"伸入泥潭，把自身高高撑起。它不仅撑起楼阁，还支撑起古港的生产与生活。朔门古港高脚屋遗址不仅证明了古代温州山区大量使用高脚屋，在濒海小平原同样大量使用高脚屋。

2022年12月国际古迹遗址理事会副主席姜波，在考察了古港发掘工程后说："这里可以看到古人创造性地在海相、河相软质地基上建筑施工的做法。""凡此种种，都是中国古代城市、建筑、工程技术史上难得一见的考古实例，可大大补强相关研究中考古证据不足之短板，值得重视。"他还说："朔门古港遗址堪称中国古代海洋工程建筑技术的杰出范例。"

姜波主席的这一段话，证明了他在温州至少已经看到温州朔门古港的软土处理技术与高脚屋（干栏式建筑）建设的情况，而且还可能有其他更多的发现。

古城墙砌筑技术较国内早近千年

东南大学教授尹文研究说："明代是我国建筑城墙的顶峰时期，虽然用城砖砌墙汉代就有，但不普及，直到唐代也只有在城门、水关等处夯土外包砖石。""整个城墙全部用青砖包砌绝不露土，城砖砌筑用石灰浆勾缝，显得坚韧无比，我国的砖砌城墙基本上都是明代的遗迹。"

弘治《温州府志·城池》反映了东晋太宁元间兴建白鹿古城墙的状况："郡城悉用石甃，巩坚峭峻，东西负山，北临大江，其南环于会昌湖，雉堞星罗，棚楼岩立，势形险壮，屏蔽周完，而雄视于东南，故脱值变故，可以策守而奏功也。贯城内外，联为河渠，凡万姓往来，百须输运，巨舟细艘转载而无不达焉，则是承平又可安居而食其乐利也。"

这一段文字记载虽简短，但内涵丰富，把永嘉郡城建设所用的材料、制式、防御功能都作了全面的介绍，如建城墙悉用石、砖砌；城墙陡直峭峻，坡度很大，近乎直上直下；城墙上城垛星罗，每隔一段还有敌楼，设计周全，能适应战时千变万化的需要，稳固易守而能完胜入侵的敌人。依靠古城墙，连贯城内外，还可以有效组织生产，人民亦可安居乐业。

2004年11月19日，温州考古部门对朔门遗址发掘研究后有一段结论："朔门遗址确认为晚唐北城门""城墙牢固，厚近8米"。椐检测该城门面朝正北方向，城门洞宽3.9米，为抵御攻击，城墙十分宽厚，始建时墙址宽5.93米，后经

1877年温州古城海坛山段城墙（阿查理／摄　黄瑞庚／提供）

过了 3 次增筑，现存的城墙遗址厚度竟然有 7.85 米。墙体的中间有一段青泥筑城，两边再用青砖夹筑，青砖叠放整齐，有些砖面上还凸有"四""日""十"等字样。

2015 年温州市考古部门对鹿城区华盖山古城墙

遗址发掘揭露认定"为宋代温州罗城砖墙""墙体用青砖三顺一丁样式错缝平砌，逐层收分，砌筑规整。城砖端面有'一''二''三''七'等模印阳文数字或符号，砖墙内填充红褐色纯净山土""罗城墙基厚约 6 米"。

温州古城有外城，也叫罗城，还有一道内城，人们称之为钱氏子城，建造于后梁开平元年（907），据温州考古部门 2013 年对钱氏子城谯楼、2021 年对钱氏子城康宁段遗址的分别发掘情况来看，城墙厚度及包砖墙体，青泥、黄泥层层相间夯土结构，与 2004 年发掘的朔门遗址一致，外城与内城始建年代分别为东晋太宁元年和五代梁开平初。

温州考古部门对温州古城墙的多次发掘与研究证明了文献记载的事实，"晋明帝太宁元年置郡始城，悉用石砌"。从温州古城东晋太宁元年建城始用砖石，到其他城市或疆域城墙到明代才始用砖，简单的计算一下至少早了近千年。

这说明什么呢？是温州独特的地理环境、气候环境及其外部环境的关系，还有就是温州古人的聪明与才智。

（本文原刊于 2023 年 8 月 22 日温州文史馆公众号，有删节）

参阅文献：《温州古代史》（胡珠生 / 著），《温州历代碑刻集》（金柏东 / 主编），《温州古代经济史料汇编》（俞光 / 编），《弘治温州府志》（胡珠生 / 校注），《温州记事》（冯坚 / 辑），《温州市志》（章志诚 / 主编），《温州市鹿城区地名志》（金文平等 / 编辑），《温州族群与区域文化研究》（林亦修 / 著）

港区往事

温州港简史

◉ 傅祝华

温州拥有 5000 多年文明史，2200 多年行政建制史，1700 多年筑建港城史。

朔门古港遗址的挖掘，实证了温州港城一体的悠久历史，我们要以"千年商港"、海丝节点的历史定位，全面展开温州港口史的发掘和研究，把握"港、城、商"兴衰的脉络和规律，探寻出温州港发展的内在动力和必然逻辑。

以史为鉴，可知兴替，盛衰有道，成败有数，当下我市正在思考和谋划新时期港口发展新格局，推动温州港现代化建设，因此梳理温州港的历史，总结其经验和教训，将能给今人启迪和明鉴。

秦汉六朝：从原始寄泊点到港城

沧海桑田，大约距今 8 亿年前后，浅海抬升为陆地后，经历四次从浅海到陆地的交替变迁，地质界称之为"海侵"和"海退"。2000 年前，温州这块土地大部分还在海中，一片浅海。《山海经·海内南经》记载："海内东南陬以西者，瓯居海中。"寥寥几笔，是见诸现存古籍中最早的温州古代地理记载。经过先人积极对大自然的利用和改造，逐渐成了现今人们熟悉的模样。

春秋时期，舟已成为瓯越先人日常的交通运输工具，正如越王勾践所说，越人"水行而山处，以船为车，以楫为马，往若飘风，去则难从"。原始先人有的生活在瓯江沿岸一带的小山坪上，有的生活在浅海之间的各个岛屿上。先人以渔猎为生，惯于水上生活。舟楫是越人唯一的交通工具，海上交通的舟楫只能停泊在自然形成的寄泊点，因此当时的瓯越人是分散和自给的家庭生产劳动。

今瓯北平原、柳市平原、上河乡平原、永嘉平原等地仍是一片汪洋海域，古称"岐海"。此时河口入海水道有南北两支。北支大致从今瓯江河道入海；南支从下河乡平原经帆游与头陀山之间的"帆海"，在今瑞安塘下以南入海。《永嘉郡记》记载帆游山"地昔为海，多过舟，故山以帆名"。

春秋战国时期经济处在自给自足的自然经济形态，"以物易物"形式进行商品交换活动，不是完全意义的商业行为，东瓯当时未建成先民集聚的城市，仍分散浅海之间的各个岛屿生活。至战国中叶后铁器具在农业和手工业中逐渐应用普及，推动社会生产力的发展，社会分工更细，各行各业的兴起，促进了商品生产和流通，逐渐形成了原始港口的雏形。据历史学家章巽《我国古代的海上交通》记载：战国出现东方的9个港口，其中有东瓯都邑（现温州）。

秦汉时期，因战争与海外丝绸之路的需要，船舶需求日益增加，这一时期的船只不仅数量庞大而且类型众多，甚至可以建造高技术的楼船。

三国时期，东吴地处江南，江河纵横，船只甚为重要。吴赤乌二年（239）孙吴政权在罗阳县境南地（现平阳仙口）设建横屿船屯，委派典船校尉监督造船。《民国平阳县志》记载万全乡"相传乡故海也，可泊万船，后渐淤，筑塘成田，曰万全乡"。横屿船屯是当时江南三大造船基地之一，另有温麻船屯（现福州）、番禺船屯（现广州）。

西晋周处《风土记》记载东瓯舟船"越腾百川，济江泛海……航疾乘风，帆轻驱电"。西晋末黄河流域政治混乱，战争频繁，而南方社会相对安定，商业和手工业发达，货物集散与水陆交通繁荣。大批中原汉人衣冠南渡移民南方，其中有部分人移民到瓯越（现温州），并带来了先进生产工具和熟练技术，充实了浙南劳动人口，促进商品贸易和货物流通。

东晋太宁元年（323）为了适应浙南一带人口增长和商品经济的发展，临海设置永嘉郡，郡治原拟在瓯江北岸贤宰乡（现永嘉瓯北），相传著名风水大师、文学家郭璞相郡城。明《弘治温州府志》记载"郭璞初谋城于江北，取土称之，江北土轻"，乃过江登西北山，见数峰错立，状如北斗，为此以华盖、海坛、郭公、松台、积谷、黄土、巽吉（巽山）、仁王、灵官九座山错列象形北斗，形成周长18里的城墙，均用砖石砌筑而成，凿二十八井对应二十八星宿，挖五潭以象征五行之水，挖建"一坊一渠，舟楫毕达"的城内水网。城墙利用瓯江作为城防的天然屏障，城墙外侧筑建港口、码头和瓮城，营造了"城在山中，山在城中，城依水边，水穿城过"的山水和港城一体，功能齐备，环境优越的古城，成为瓯越区域的政治、经济、文化中心。港城一体加快了永嘉郡城手工业和商业繁荣，至今已达1700多年之久。

太宁年间，安固县（今瑞安）城从原来的鲁岙迁至邵公屿。两城之间塘河距离 70 里，可以互相呼应，共同开发塘河水运，永嘉郡城内"一坊一渠，舟楫毕达，居者有澡洁之利，行者无负戴之劳"，安固舟楫可直抵永嘉郡城内，也可经瓯江朔门古港出海，港口为两城商品贸物集散提供水路交通的便利。

东晋时建永嘉郡港城，自然地理赋予温州的海洋属性是内在动力，瓯越人凭依自然生态环境伴海而居，依赖海上交通维持生计，筑建港口是必然逻辑。港城建成后，南朝永嘉郡太守、文学家丘迟《永嘉郡教》描述"控带山海，利兼水陆，实东南之沃壤，一都之巨会"。港城一体的筑建，支撑了温州社会和商品经济发展，也促进海上贸易的发展。

唐宋元：繁华海上贸易港

唐高宗上元二年（675），因气候温暖，"虽隆冬而恒燠"改名为温州。唐朝温州经济十分繁荣，温州港已成为中国东南沿海贸易港之一。当时温州手工业十分发达。西山窑烧制瓷器，温州制造蠲纸（皮纸）闻名中国，所织之布列为贡品。温州港城为商品流通集散地。温州独特的手工业和活跃的商品经济，极大促进了海上贸易和港口发展。同时温州是唐代中国船舶制造基地之一，瓯江上游一带地处深山密林盛产木材，为造船业、海上运输提供了极为有利的条件。当时造船设在瓯江下游沿江一带。造船业带动海上贸易。唐朝时开辟了由日本值嘉岛（现日本长崎）直达温州港的新航线。温州海上贸易远航印度和新罗（现朝鲜半岛）。

北宋时期，温州港的海上交通贸易往来十分活跃。北宋时温州官营造船场所造的船舶通过温州港不断驶往沿海各地港口，作为运粮船给其他州郡使用。温州的漆器、丝织品、茶叶、柑橘、瓷器、木材等商品通过温州港运往国内外港口，城区沿江朔门一带停泊和往来的船只众多，北宋杨蟠任温州知州时作诗赞吟："一片繁华海上头，从来唤作小杭州。"

南宋元时，温州是一个经济充满生机、繁华活跃的社会，也是温州港进入最繁盛的时代，既离不开独特的港城优势，也离不开当时工商业的繁荣。南宋时，国内各地移民聚集温州，人口骤增，北宋 980 年人口 22.6 万人，1078 年人口达 67.8 万人，至南宋 1189 年人口增至 91 万人，温州成为独特的移民城市。人口增加成为促进经济开发与商品经济发展的动力。不同地域文化的交融与手工技艺推广和交流，使温州的工商业得到快速发展，形成多种多样的行业。

南宋建炎四年（1130）正月二十一日，宋高宗航海避敌进入温州港，二月初驻跸江心屿，半月后迁入温州城区，成为历史上唯一的在任帝王来过温州，并下令鼓励海上贸易采取措置政策，在温州设立市舶务，管理和发展海外贸易，促进了温州港的国内商贸和国外海上贸易，成为继广州、杭州、宁波、泉州等之后全国沿海设立市舶务（司）十大港口之一。

当时，南宋永嘉学派代表叶适坚持唯物主义，反对空谈，提倡"事功之学"，重视商业，通商惠工，提倡以国家之力扶持商贾，流通货币，反对传统"重本抑末"。叶适的通商惠工思想支撑当时商品经济的发展，使其成为影响温州人重商的"基因"。宋代方志《方舆胜览》称温州民生状况为"土狭民贫，富贵不务本"，即温州也有农业，但有钱的人不从事农业；"商舶贸迁，海育多于地产""土俗颇沦于奢侈，民生多务于贸迁"，即百姓多经营海上商业。绍兴年间中书舍人程俱不由发出"其货纤靡，其人多贾"的感叹[1]，深刻反映出温州商品经济的发达。尤其是瓯江沿岸瓷器窑址 200 多处，形成龙泉系产瓷集聚区，因龙泉处于深山区，交通受阻，为降低成本，满足市场需求，一些匠师便在温州港附近的瓯江下游烧制瓷器，扩大了龙泉窑瓷器生产的规模和范围。元代瓷器成为世界性大宗贸易商品，温州港成为陶瓷贸易的集散地和起始港。元代温州海船可直达高丽、日本、南亚和东南亚及国内沿海重要港口。元贞二年（1296）温州人周达观就从温州港海船启帆出使真腊（今柬埔寨），他所著《真腊风土记》描述停留当地一年的见闻。

温州港从东晋古港古城筑建后，唐宋元 700 多年是最为繁华兴盛时期，正如考古专家刘庆柱（中国社科院学部委员、考古研究所原所长）在温州朔门古港专家论证会所说："温州朔门古港遗址是海上丝绸之路在宋元时期进入鼎盛的充分证据，真实全面地反映这一时期商贸活动，实证了温州千年商港、海丝节点的历史定位。"温州港依托瓯江和海洋的天然资源，经过先人利用并改造自然资源的拼搏，"天人合一"筑建"千年商港"，有着重商惠工和航海"基因"的温州先人将"港口、城市、商业"融合一体。"港为城用，城以港兴"，港口的存在，使温州城市成为商品贸易的集散地，温州与海内外构建起海洋贸易体系，与世界联系在一起。

---

[1] 编者注：此出自程俱《北山小集》卷二十二《席益差知温州》："敕永嘉闽粤之交，其俗剽悍以啬，其货纤靡，其人多贾，其士风任气而矜节。为之守者，非达于政理，未有能成治。"

明代：因"海禁"走向衰败

温州港经历唐宋元的繁荣局面之后，到了明代实施"海禁"政策便开始走向衰落，海上贸易处在衰落和停顿的状态。"海禁"的外因是倭寇对中国沿海地区的侵犯和骚扰，社会原因是官方抑商重农，大力提倡农业，抑制商业发展。

洪武二年（1369）温州开始遭到了倭寇的侵犯。为了防备沿海奸民与倭寇勾结，朱元璋下令"片板不得下海"，禁止百姓私自出海，使繁荣温州港遭到沉重打击。明陈子龙辑《皇明经世文编》记载："我朝立法垂训，尤严夷夏之防，至今海滨父老相传，国初寸板不许下海。"

洪武四年（1371），朱元璋诏靖海侯吴祯"籍方国珍所部温、台、庆元三府军士及兰秀山（舟山）无田粮之民尝充船户者，凡十一万一千七百三十人，隶各卫为军，仍禁滨海民不得私出海"[1]。诏令中把浙江大批曾充船户之民编为军人，以防止他们重操旧业、私自出海。《问刑条例》规定"擅造二桅以上大船，将带违禁货物下海往番国买卖……处以极刑"。

朱元璋废弃了宋元时期的市舶务、市舶司制度。洪武七年（1374），明代政府下令撤销宋元以来就存在的负责海外贸易的福建泉州、浙江杭州、广东广州的市舶司机构。中国的对外贸易遂告断绝。

洪武二十六年（1393）为彻底取缔海外贸易，一律禁止民间使用及买卖舶来的番香、番货等，诏令严申"敢有私下诸番互市者，必置之重法"。

明朝政府还实行"勘合"制度，凡是没有"勘合"的外国商船，则不允许进入"朝贡"。当时的日本是温州港的主要贸易对象，从永乐二年（1404）实行"勘合"贸易到嘉靖二十六年（1547）止143年间，日本"勘合"贸易船没有一次进入温州港。

洪武到嘉靖，温州港经历198年间的"海禁"，永乐至宣德"海禁"有所放宽，恢复了一些港口的市舶司机构，但始终未在温州港恢复设立市舶机构，温州港也没有外国"朝贡"船舶进港进行互市贸易活动，完全中断海外的交通贸易往来。

由于"海禁"，导致了海上走私贸易的兴起与影响。为了生计与牟利，温州港船只驶往双屿港（舟山六横岛）与日本等国进行走私交易，国外的商船也驶来温州港从事走私贸易。洪武二十年（1387）有一艘暹罗（泰国）贡船违反规定驶进温州港进行互市贸易，货物为"沉香诸物"，按通番罪可处以死刑，但明太

---

[1] 编者注：此出自清谷应泰撰《明史纪事本末》卷五十五《沿海倭乱》。

祖以为"温州乃暹罗必经之地，因其往来而市之，非通番也"，方才获宥。万历三十九年（1611）安南国（越南）120 名商人分乘船舶 3 只，前来温州港进行走私活动，被磐石卫查获，人员被遣送回国。

明朝中叶，温州及东南沿海各地货币（铜钱）广泛使用和发展。其他国家的开采和铸币技术远远落后于明朝，因此对铜钱需求日益增加，日本、韩国、越南、缅甸、泰国、印尼、马来西亚、菲律宾等国将铜钱作为本国货币或辅助货币使用。因国外对铜钱奇高无比的购买力，商人和船只冒着巨大风险去走私贩买铜钱。嘉靖年间温州与东南各港口驶往日本和各国的铜钱走私船"络绎不绝"。

清代：闭关政策与"迁界令"

清代实行"闭关政策"是一项基本国策，是明朝"海禁"政策的延续和发展。以乾隆二十二年（1757）为界，大体分为前后两个不同时期。前期以禁海为目的，主要在于隔绝大陆与台湾郑成功的交通，打击郑氏的反清势力；后期则针对外国商人，严格限制对外贸易。

顺治初年，清政府对来华的外国商船沿袭了明朝的规定：不许进入广州，只准在澳门进行交易。而在东南沿海，郑成功的反清力量依然存在，所以，清政府就更加严令禁止出海。顺治十二年（1655），清政府下令禁止官民等擅自出海贸易。次年下达"禁海令"，严禁商人、百姓私自出海，违反者不论官民，一律正法。货物入官还要重治相关官员的失察之罪。保首如不及时举报，立即处死。沿海等地可以泊船的港口码头都有兵士把守严防，若有登岸者，守官就要被军法处置，连督抚都会被牵连治罪。可见当时"禁海"之严，力度之大。

但"海禁"没有取到预期的效果，沿海百姓仍继续以物资支援郑成功。顺治十八年（1661），清政府又下"迁界令"，设置界限，不予逾越，以保证"禁海令"的实施。温州沿海居民被迫内迁，同时还规定"寸板毋下海，粒米毋越疆，犯者磔死连坐"。

浙江省应行迁界的地区为温、台、宁三府。永嘉一都至五都居民内迁 30 里，以茅竹岭山为界；平阳内迁 10 里；瑞安迁 5 里；乐清"弃地九十，存里四十二"。迁界后，界外的村庄船只等一律烧毁，成为一片废墟。"禁海令"和"迁界令"带来的直接后果是温州港海外贸易正常运输完全停顿，沿海居民流离失所，苦不堪言，严重地影响温州沿海地区经济生存。

乾隆时期，清政府再度限制对外贸易，乾隆二十二年（1757）下令：外国商船只允许在广州港停靠贸易，不得进入宁波，不准进入浙江海口，这是清政府对外贸易政策重大转折，即针对外国贸易实行闭关政策，只开广州一口通商。当时，温州港虽有驶向日本商船，但日本正值江户时代采取锁国政策，严禁本国商船出国，故日本商船均未前来温州港。温州港也停止了对西方国家商船的开放，一直持续至1842年前。

康熙二十二年（1683），清朝收复台湾，康熙二十三年（1684）下令开放海上贸易，同时指定广州、漳州、宁波、云台山（连云港）四个口岸为对外通商口岸。其时温州港也恢复正常的国内航线，主要有宁波、上海、福州和辽宁各港航线。

清朝政府实行"闭关"政策的原因：首先是统治者期望维护极权统治，追求稳定而闭关锁国；其次，清朝前期封建的自然经济比较稳定，自给自足的小农经济对外来商品需求量很少。这种自然状况使得统治者故步自封，骄傲自大，闭关自守；再次，从18世纪下半期开始，中国的封建社会已经处于"衰弊陵夷之际"，清朝政府害怕沿海人民与外国商人接触而"滋扰生事"以及推翻其统治。

近现代：被迫开埠与短暂繁荣

明清500多年历史，温州港一直处于衰落状态，温州从商品经济退化到自然经济状态，遏制了社会与经济，给沿海百姓带来无穷的苦难，使中国失去了对外贸易的主动权，更使温州港失去了海上对外贸易航运市场，长期与世界隔绝，对世界航运业一无所知，严重阻碍温州港与中外经济往来，影响了温州港口的发展，导致中国与世界脱轨，远远落伍。

道光二十年（1840），英国发动鸦片战争，后迫使清政府签订中国近代史上第一个不平等条约《南京条约》。1843年英国派遣军舰对温州港的南北水道进行水文测量，掌握温州港口外水道测量数据。此举目的是为了日后英国货船能进入温州港。1876年，英国和清政府签订《烟台条约》，将湖北宜昌、安徽芜湖、浙江温州、广东北海辟为通商口岸，从此温州的港口大门被英国殖民者打开。同时，温州也结束原来的帆船加码道的古朴传统状态，进入轮船时代，温州成为半殖民地化港口城市，走进近代化。

1877 年《瓯海关贸易报告》温州府城图里的晚清温州港

　　开埠之后，洋货大批进入本地，同时国货也不断出口外销，刺激了温州商品经济发展，开始出现资本主义近代工业的雏形。随着温州城乡商品经济的活跃和工商业资本积累的加快，温州民族资本工业得到了一定发展，进出口贸易的兴旺对温州港起到了推动作用。1930 年，进口洋货值为 1919 年 3.1 倍，年平均递增10.8%。从 1923 年开始，出口土货的绝对值出现多于进口洋货的局面。

　　1937 年抗战爆发，中国大片领土被日本侵略军占领，许多重要港口沦陷。温州三面环山一面靠海，而且山高壑深，公路交通落后，又未建铁路，不是侵略军的战略重点，温州港有了暂时的安定，受到外轮的青睐，纷纷驶来贸易。

　　1938 年初，温州港形成畸形繁荣，凭借海陆联运，成为国外与内地大后方货运的中转地，客商云集，市场旺盛，代理行（船务行）达到五六十家，报关行与转运行仅西门与东门就达到 100 家以上，进出口货物价值、港口吞吐量、瓯海关税收、直接对外贸易值都达到 1949 年前最高纪录，时称"小上海"。但这只是昙花一现，到 1939 年 4 月，日本侵略军频繁空袭温州港口区，6 月对瓯江口航道设置障碍予以封锁，1941 年至 1945 年更造成温州三次沦陷，温州港口全面停航。

　　抗战胜利后，温州航线畅通，航运业恢复较快。但由于随后陷入国共内战，通货膨胀、物价飞涨，民族工业濒临绝境，温州港又出现衰退，货源不足、运力过剩，外港籍轮汽船纷纷返航原籍港。温州港与国外直接贸易完全处于停顿状态。

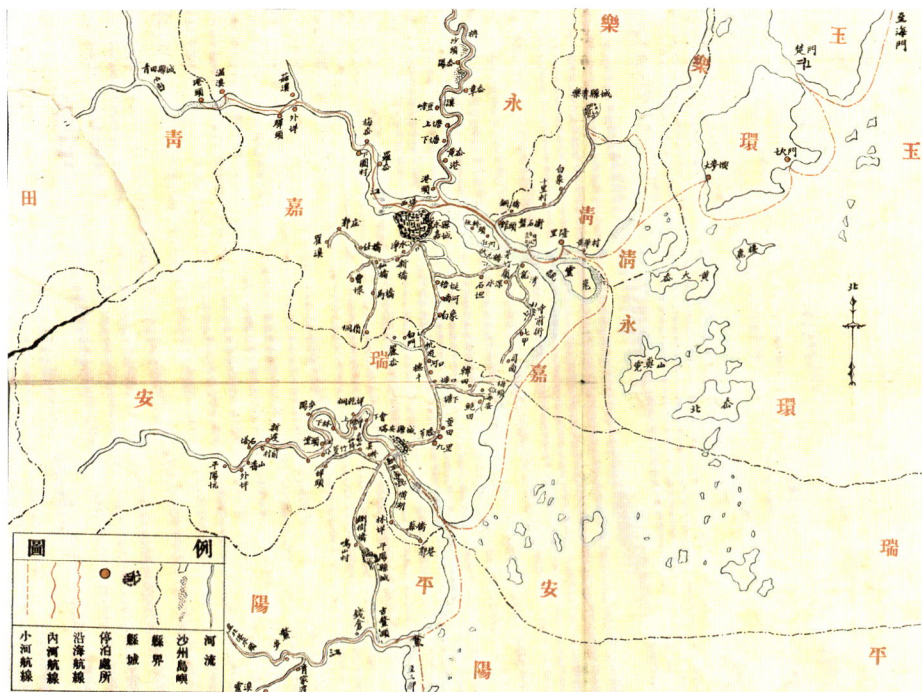

1944 年温州港小轮航线图，交通部上海航政局温州办事处绘制

1949 年后：迎来近亿吨大港

新中国成立初期，国民党残军据守东南沿海诸岛，海上航线被封锁，严重阻碍温州港正常运输和发展。1955 年，浙江沿海岛相继解放，港口运输迅速恢复和初步发展，同时建成历史上第一个完整的朔门港区。1957 年国务院批准温州等18 个沿海港口准许外国籍船舶进出口，使温州成为浙江省唯一对外开放的港口[1]。

由于中国社会主义建设道路是一种探索，当时提出"以阶级斗争为纲"作为制定和实施各种政策的指导思想，从而产生计划经济。计划经济的本质是政府计划调节经济活动的高度集中的经济体制（命令经济），导致政企职责不明，国家对企业统得过死，忽视商品生产的价值规律和市场作用，平均主义严重，企业缺乏自主权，吃"大锅饭"严重压抑企业和职工的主动性和创造性，使本来应该生机盎然的社会主义经济在很大程度上失去了动力。

---

[1] 编者注：分别是大连、秦皇岛、天津、烟台、青岛、连云港、上海、温州、福州、厦门、汕头、汕尾、黄埔、广州、湛江、海口、北海、榆林。

1978 年十一届三中全会提出实行对内改革，对外开放，1991 年邓小平南方视察提出"要搞好社会主义市场经济"，1992 年第十四次全国党代会提出我国经济体制改革的目标是建立社会主义市场经济体制，改变一切不适应的管理方式、活动方式和思想方式。

温州 50 年代是对台前线，60 年代是"文革"火线，70 年代是建设短线。在计划经济制度制约下，港口建设局限于朔门老港区，温州港没有万吨级泊位，港口吞吐量徘徊在 150 万吨左右，即使 1960 年在"大跃进狂飙运动浮夸风"泛滥下，年吞吐量也只有 285 万吨。

改革开放后，1984 年温州成为全国首批 14 个沿海开放港口城市之一[1]，90 年代初交通部确定温州港为全国沿海 20 个主枢纽港口之一[2]。由于温州人重商善贾"基因"的影响，率先实行市场取向改革，大力发展民营经济，被誉为"温州模式"。据统计：1979—2000 年温州国内生产总值平均递增 15% 以上。特定的历史传统加上特定地理环境，形成温州人特定人文环境，从而成为温州市场经济与民营经济的内在动力。

全国人大常委会副委员长，著名社会学家、人类学家费孝通先生曾三次来温视察。第一次 1986 年 2 月来温，当时温州商潮涌动，处在一个未知的未来，他视察后写下第一篇《小商品，大市场》文章，充分肯定和认可了"温州模式"。1994 年 11 月费老视察温州后，又写下了第二篇《家底实，创新业》，文中说"温州实践再次告诉我们，市场经济并不是舶来的搬来的，也有中国土生土长的"。1998 年 10 月费老第三次来温，来前拟题为《筑码头，闯天下》，由我陪同视察温州港龙湾港区，在港区码头现场明确指示"筑码头，闯天下"，该文后发表在新华社《瞭望》周刊上，阐述了发展和建设港口才

本文作者（右）陪同费孝通（中）视察温州港龙湾港区

---

[1] 编者注：分别是辽宁大连、河北秦皇岛、天津、山东烟台、山东青岛、江苏连云港、江苏南通、上海、浙江宁波、浙江温州、福建福州、广东广州、广东湛江、广西北海。

[2] 编者注：分别是辽宁营口港、河北秦皇岛港、天津港、山东烟台港、山东日照港、江苏连云港港、江苏镇江港、江苏南京港、江苏南通港、江苏江阴港、上海港、浙江宁波港、浙江温州港、福建福州港、广东汕头港、广东广州港、广东珠海高栏港、广东湛江港、海南海口港、海南洋浦港。

能促进对外贸易，与国际经济接轨。改革开放后温州三个关键历史阶段，费老"走一趟，写一篇"所总结的"温州精神"对温州民营经济与市场经济予以肯定，并疾呼支持及加快温州港建设，与国际经济接轨的呼声，至今依然在温州现代化建设实践中闪耀着光芒。

改革开放极大调动了港口企业积极性，促进港口建设和发展。1993年至2002年是温州港的"黄金年"，港口吞吐量从1993年532万吨剧增至2002年的1676万吨，平均增幅13.6%。如今，经过几代温州港人的努力，温州港从浅水河口港迈入深水海港时代，从千万吨港口达到近亿吨大港，具有跨时代的里程碑意义。但必须清醒地看到温州港的吞吐能力、港口技术、港口组织还不能适应温州社会与经济发展的要求，港城一体互相依存，相互制约不尽融合。

2022年，温州市第13次党代会提出建设"千年商港，幸福温州"的城市定位，这不仅是对温州港城历史的传承，更是对未来温州和港口发展确定战略方向。

千年商港，未来可期。

（本文部分章节刊登于2024年3月9日《温州日报》风土版"千年古港，宋韵瓯风"专栏）

千年商港的近代化历程

⊙ 温州文史馆

　　康熙二十三年（1684），清政府诏开"海禁"，允许浙江等沿海从事渔业贸易等海上活动，并在浙江设"浙海关"，温州是其下辖的 15 个关口之一。此后港口经济在顺治"海禁"萧条后得以复苏和发展。随着鸦片战争的爆发，以及不平等条约《中英烟台条约》的签订，温州被列入贸易港口，设置海关加以把控。

觊觎温州港城，海外资本寻求商品市场

　　清光绪二年（1876）《中英烟台条约》签订，温州被列入开放港口。第二年二月十八日，温州海关建立，先称温海关，半年后改名为瓯海关（新关），选址在城区朔门外、大码道附近的沿江岸边。英人好博逊为首任税务司。瓯海关内设邮政处，兼办内部邮递业务。

　　而在此之前，温州已一再受到英美等国的觊觎和窥探：

　　道光二十年（1840），英国发动鸦片战争。两年后，长驱直入的英军与清廷签订《南京条约》提出"五口通商"（广州、福州、厦门、宁波、上海），在时任英国驻华公使 J.F.Daris（德瑞时）眼里，东南沿海的港口贸易情况并未达到他的目标。为寻求更好的贸易商港，他试着通过谈判，再获得福州和宁波之外的其他沿海港口。

　　道光二十三年（1843），英国海军在瓯江口对进温州港的航道进行测量。咸丰三年（1853），又有三艘军舰驶入温州港进行窥探。英国海军经过勘测，发现温州港"潮水涨至海岸时，一大批小船和许多中国人躲进了一个安全而又方便的避风港。我们的商船容易驶进贸易现场，早被认作是我们同中国通商最重要的贸易条件"。J.F.Daris 也认为："我们同中国的四个沿海省份进行贸易，实际上看来四省中的每个省都是要有一个好港口。广州港口和香港很近，位于其本省；厦门港口（福州港口除外）在福建；上海港口在江苏，四个省中三个有了。剩下的唯一缺陷是在浙江省沿海少一个位于江苏的上海和福建的厦门中点处左右的良

1877 年瓯海关税务司公署，原址在今望江路

清光绪二十九年（1903）外国轮船停泊瓯江，后景为江心屿

港。浙江省的温州府城正好适合这条件……"咸丰四年（1854），英美两国提出至少要开放温州港等要求，被拒；七年后，普鲁士政府也要求开放温州为通商口岸，仍被清廷拒绝。

尽管一再被拒开放，但晚清时期的温州港，因为物产丰富、良港天成及潜在的商品市场，在外国资本家眼里如"宝珠"闪亮，无法忘怀。到同治七年（1868），《中英天津条约》十年期满依规修约，英美又提出增开温州为口岸，后因故搁浅。光绪元年（1875），因云南边境发生"马嘉理事件"，被要挟的清廷于第二年签下《烟台条约》，温州成为新开辟的四个通商口岸之一。

外轮进港，洋行洋货渗透温州城乡

光绪三年（1877）四月一日，温州海关正式运行，制定管理章程，此后又在引水管理、航道测量、航线开辟、卫生检疫等方面作了规范，从而结束古老港口帆船加码道的状态，温州港城开始走向近代化发展。

英国怡和洋行的"康克斯特轮"是第一艘驶入温州港口的外国轮船，满载棉布等洋货从上海抵温，打响倾销商品第一枪。此后外轮频频载货进入温州港。次年四月，中国招商局永宁轮也自沪首航抵温。海上航运业日益兴盛，温州港陆续开通与宁波、福州、厦门、汕头等沿海港口，南通、镇江等长江沿岸港口，以及日本、新加坡、马来西亚、印尼等国家和中国香港、台湾地区的航线等。

于是各地洋行纷纷来温设立机构，数量多达 35 家。其中英国 13 家，美国 10

家，日本9家，德国2家，法国1家，当时的温州城已是"瓯为海国，市半洋商"，知名的有美孚火油公司、亚细亚火油公司、英美烟草公司、英瑞炼乳公司、太古白糖公司及日本广贯堂、东洋堂等。

随着轮船参与运输、洋行机构的设立，外国倾销温州的商品越来越多，从城区逐步向乡村、山区扩散。在进口洋货中，价值位列第一的是棉布（洋布），其次洋纱（棉纱）、洋油（煤油）、洋糖（白糖）、洋烟（卷烟）、洋火（火柴）以及洋钉、洋针等渗透百姓生活。被打开大门的温州社会发生巨大变迁，本土剧作家洪炳文为此写下《东嘉新竹枝词》，摘录三首如下：

> 和议初成海禁开，美欧互市擅雄财。自从瓯埠通商后，屡见洋轮鼓浪来。
> 沪上航通甬与瓯，椒江更复驶轮舟。双门早已开商埠，更见东门筑码头。
> 汽笛呜呜晓色寒，寒烟一缕向空盘。永宁门外莲桥畔，又有湖轮到瑞安。

轮船往来频繁，内河外海俱相连通，温州港的经济腹地逐步扩大，物资运送也更加便捷，百姓充分体会到"邮路于今世界通"（芙蓉吟馆主人《新竹枝词》）的新气象。"鹅眼青蚨错杂行，利权从此判虚盈。无端番饼分三品，圜法何由适重轻"，这首竹枝词道出当时洋钱流通温州的状况，其中"番饼"指的就是洋钱，坊间也称为"银番钿"，有印洋、糙洋、光洋之分，这显然是海外贸易背景下出现的社会现象。不仅是钱币流通的改变，随着西风渐盛，人们的服饰开始西化、色彩变得多样、洋酒西餐受青睐；新式报章杂志广泛刊行，在传播文明、启迪民智方面发挥巨大作用。女性开始接受新教育，迈出闺阁走向社会，甚至出洋留学；西方卫生观念、新式礼仪等方面也被广泛接受——温州人的衣食住行及观念各方面都发生了较大变化。

自然经济瓦解，百工之城重新洗牌

从温州开埠（1877）到1919年的40多年间，温州进出口总额从263526海关两(清代中晚期海关使用的记账货币单位)增至4062117海关两，翻了将近16倍。温州出口商品中，土特产主要有茶叶、纸伞、柑橘、烟叶、原木、明矾、猪油等。1920年到1930年，温州港出口货物除了茶叶、纸伞、柑橘、烟叶、木板、原木（木段）、明矾、猪油外，还有鲜蛋、草席、菜籽、桐油、屏纸等。开埠以来，茶叶一直是温州最主要的出口商品，大部分通过上海远销欧美各国。纸伞则销往日本、南洋等地；产于平阳矾山（今属苍南）的明矾，销往全国各地。

据《1877—1919年瓯海关贸易册》载，1878年净进口额为20.3万海关两，此后快速增长，至1888年达60.5万海关两，各类进口商品均有大幅增长。在1888年到1893年之间，进口量有较大幅度下降。此后十年除火柴外，其他进口商品均有大幅增长，进口额达145.9万海关两。1903—1908年，棉布、棉纱、金属、糖类等进口量有所下降，煤油、火柴呈强劲增长态势，进口额达158.4万海关两。

洋货的大量倾销，使得温州手工业受到严重影响。如每年几万到十多万匹进口的洋布，虽不如温州手造土布经久耐用，但胜在价格便宜，使得大部分贫穷百姓乐于接受。洋布之后，温州的土纱（棉纱）生产也受到廉价洋纱的强烈冲击，温州城乡家庭手织业和手工纺纱业逐渐走向衰落。此外，温州城乡其他手工业也遭到摧枯拉朽般的瓦解。如传统的蓝夹缬布染、红花染，这些以植物靛青、红花为染料的土染业，一直是城乡百姓喜爱的土布染色主流方式，有众多的染坊进行来料加工或成品出售。在外国进口染料的冲击下，传统染布业快速失去优势，大量劳力被迫失业，不少人背井离乡漂洋过海到国外谋生。

除纺织、布染行业，廉价的洋钉、洋针也大量流通，使温州传统行业中的优势冶铁行业逐渐走向衰落；洋油取代榨油业，洋火取代打火石和铁片，肥皂取代皂荚……温州自产自销的自然经济被迅速瓦解，城乡商品经济有了较快发展。

一方面，传统优势手工行业慢慢失去优势甚至销声匿迹，另一方面其他手工行业却受到欢迎。如石雕、木雕、纸伞、花席、锡器、刺绣、皮箱、木器制品等纷纷走出国门，成为创汇糊口的行业。此外，温州本土民族企业也在与洋货竞争中兴起，织布业如西门泰布，机器制造如毓蒙铁厂，还有肥皂厂、火柴厂、纺织厂、锯板厂、电力公司、电话公司、邮政局等相继成立，

纸伞制作（孙毅／摄）

进一步加快了温州城乡商品生产流通，以及电力通讯等行业的发展。

码头腹地扩大，温州港进入长足发展

20 世纪二三十年代，温州本土经济开始兴盛。温州港进出的船只日益增多，为方便停靠，出海口沿岸先后建起多座码头。

温州港的到港轮船，以前大都锚泊江中，依靠舢板船接送旅客或过驳货物到岸，条件比较简陋。光绪十年（1884），轮船招商局温州分局在朔门建造温州港历史上第一座浮式码头，并安装钢制趸船，即招商局码头，也就是后来的朔门一号码头。从此温州港才有了可供大型轮船停靠、装卸货物的码头。

随着码头业务量的扩大，永川轮船局、永宁轮船局等民办的轮船局也在温州设立了机构，建起一座座中西合璧、规模宏大的办公楼，成为近代温州代表性建筑。为使他们所属的轮船有固定码头停靠，1916 年宝华轮船局在新码道岸边建了宝华码头，也就是后来的安澜码头。1917 年永川轮船局和永宁轮船局联合在化鱼巷江边设立永川码头。之后还有 1933 年建造的平安码头、1936 年建造的株柏码头、1938 年建造的振华码头等。

温州近代最早的民办航运企业是永川轮船局，旧址位于今鹿城区永川路 9 号，现存一幢坐北朝南，由门廊、耳房、正楼、院墙组成的庭院式建筑。正楼系四间二层，南北两侧设外廊，廊柱间用连续券，由爱奥尼克柱承托。永川码头、永川路（原化鱼巷）皆因永川轮船局得名。

永川轮船局是 1903 年林希恒在宁波创办的轮船公司，拥有永川、定海、湖广、海宁 4 艘轮船。1914 年，开通甬（宁波）瓯（温州）水上邮路航线，由"永川"轮驶行，兼运

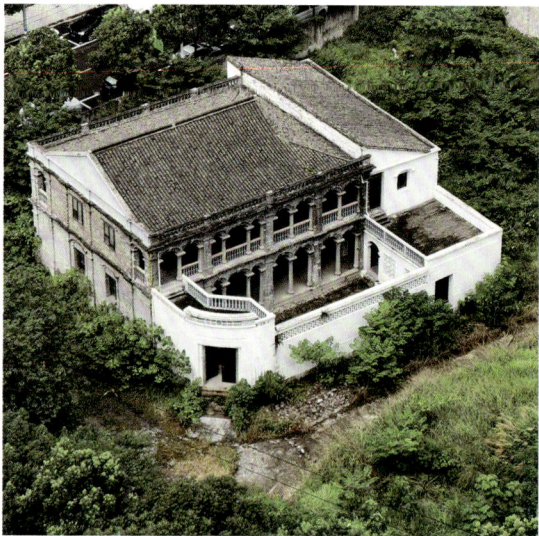

如今修复的永川轮船局（林鸿麟／摄）

坎门、海门、定海等地邮件。这条由水川轮船局开通的航线前后历时近 30 年，是温州近代最稳定的对外海运航线之一，标志着近代温州已经从一个中途靠泊的港口，成为运输目的地港。

20 世纪 20 年代以后，由于民族工业的兴起，火柴、肥皂、棉纱等被国货所取代，基本停止进口。在进出口货物上，土货出口比重甚至超过洋货进口。而在抗战初期的 1938 年，战火硝烟的夹缝中，偏处东南一隅的温州与抗战后方联系密切，路线上连通公路、瓯江水道，经金华衔接浙赣铁路，增强了温州港辐射能力。而随着腹地经济扩大、流通速度加快，温州港获得短暂辉煌时光：东门一带人货通行川流不息，呈现一派繁荣气象；温州城内也是商业兴旺、人才荟集，人称"小上海"。然而好景不长，随着战争推进，温州三次沦陷，多数码头遭到严重破坏。

结语

1957 年 2 月 21 日，国务院批准温州港为准许外国籍船舶进出的 18 个沿海港口之一，是当时浙江省唯一对外开放的港口。1984 年 5 月 4 日，温州市被国务院列为中国进一步开放的 14 个沿海港口城市之一。今天的温州港是我国沿海 25 个主要港口之一，在全国综合运输网中居于重要地位。港阔水深，风平浪静，平阳鳌江、瑞安飞云渡、龙湾状元、永嘉清水埠、乐清磐石等港口依次排布。特别是位于瓯江入海处的七里港为不规则半日潮，平均潮差四五米，一般风力在六级以下，常年候潮可通航万吨客货轮，是东南沿海屈指可数的天然深水良港。2016 年，温州港被纳入全省海港一体化发展，温州作为"南翼"重点布局，有了不少历史性突破。

未来五年，温州将逐步建成集亿吨海港、国际空港、中欧陆港为一体的物流港、商贸港、金融港以及头部企业集聚、天下温商回归的总部港，数字制造、数字贸易、数字金融蓬勃发展的数字港。"港"通天下，"港"聚未来，期待温州更加美好幸福。

（本文原刊于 2022 年 3 月 8 日温州文史馆公众号）

参考书目：《一片繁华海上头：温州与海上丝绸之路》（金柏东　金丹霞 / 编著），《温州港史》（周厚才 / 编著）

古城北埠的近代风貌转化

◉ 黄培量

温州古城具有"东庙、西居、南市、北埠、中子城"的功能格局，其中北埠包括了城北沿瓯江的条状区块。西起郭公山，东至海坛山，北到瓯江，南大致到百里坊、康乐坊一线为界，其核心正是朔门古港遗址所处的范围。在这一区域内，以今天的眼光视之，无论城市道路、商业店铺还是民居都带有非常深刻的近代化烙印。这种形态也是伴随着北埠功能的历史演变而形成的。

2021年开始的温州朔门古港遗址的考古发掘极大地丰富了我们对北埠的认知。以往探究古代历史部分的时候，往往实物缺乏而更多依赖于文献，今天借助于考古成果的实物佐证作用，使朔门古港乃至于古城北埠的研究更为深入。

城门的近代变迁

古代的城市，城墙内外街区的交通组织是必须通过城门进行的。这种割裂状态的城市建成区受经济和贸易起落影响，反映到城门修建上，就是温州古城北段城门的兴废记录是四个方向城门中最多的。北段城墙古代开有拱宸门、永清门和奉恩水门。其中朔门坐落在古城的正北面，是温州古城存在时间最久的七处城门之一。据明《弘治温州府志》记载，此处旧名望京门。因望北为江，故名望江门。唐时有双门，因此俗名"双门"。明代称拱宸门，又因所处方位为北，别称"朔门"，历史上多次改造。

据有关文献记载，唐代时温州朔门可能是双门洞的形制，在这一时期，双门洞的构造形制在中国东南一带城市是比较普遍的，如分别始建于唐和五代福州鼓楼和双门楼都是双门洞形制。五代吴越国时，朔门进行了一次改建，形制变成了单一门洞的城门。宋代改建城楼为江山胜概楼，明清时又对瓮城进行了大改，将原先宋代时圆弧形的平面改为方形平面。究其原因，宋代时瓮城贴着瓯江边，洪水时江水冲击力很大，做成弧形平面有利于缓减洪水的冲力。而晚期瓯江江岸已北移，受洪水的危险已大大降低，修复时做成方形更为施工方便。而永清门因门外成陆场地纵深较小，仍有防洪之需，其瓮城平面仍沿用原有的弧形平面。这也是到了近代，温州北部两大城门呈现了不同形态的风貌。北段城墙设门后又填塞的有安定门、江山门。分析安定门、江山门的填塞，源起宋元后温州海外贸易衰落，北埠遭城墙割裂的两部分交通需求减弱。广开城门对优化北埠交通组织是有好处的，但对于城市军事防御能力和北段城墙防洪能力却是削弱的。所以到了明代实行海禁政策后，防范倭寇侵犯的城防压力使安定、江山两门被填塞，只保留拱宸和永清两门。这种城门布局自明代稳定后一定延续到近代。

到了近代开埠后，温州城市得到较大发展，各类城市建设造成了城墙消亡的危机。1935年对城中主干道北大街（时称中正路）进行拓宽。在朔门一带对原有路两侧店铺进行拆除，涉及店号有蔡德兴、蒋德盛、高恒升、新广昌、洪大兴、金源茂、黄顺兴、潘聚发、潘义记、新顺记等。在民国永嘉县政府建设科绘制的《温州北门（朔门）拆除及道路建设图》《北门（朔门）拆除测绘图》中，拆除前朔门的近代形态有较完整的体现，瓮城内除留出一条出城小路外，空间皆建为店铺。城外依附于墙体的仍然是大量店铺。而经过拆朔门城门的工程，标卖土地的收入可用于道路拓宽和拆城费用。拆城空出的甲、乙、丙、丁、戊五个地块，分别售于张寿眉、张永盛、曹百秋、黄祖民等四户。时间转到2023年底，当年张寿眉等购得拆朔门地块而建的店铺因朔门古港遗址主动性考古所需而拆除，这又是朔门的一个轮回。

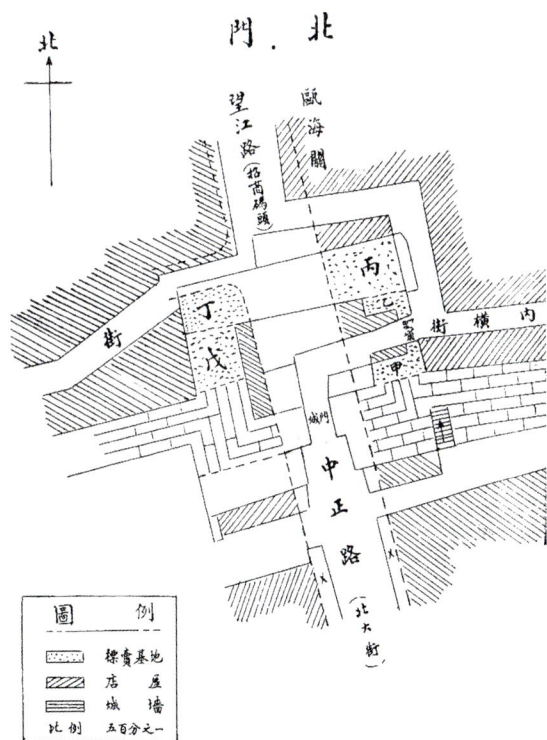

《温州北门（朔门）拆除及道路建设图》

永清门到了 1935 年因交通需求不大，没有为展宽道路大规模拆除城门标地出售的情况，但城门为附城住户部分侵占的现象还是存在的。如瓮城内的陈顺廷宅，东西两端均已侵入瓮城城墙，东侧的胡元姆、徐岩昌、徐阿岩等宅，向北侵入城墙，原先 9 米宽的城墙只剩下 4.5 米。填塞多年的安定门在 1935 年时已经扒开了一个 3.5 米左右的口子，南北向的象门街可以出门直达瓯江边。

从民国二十五年（1936）的地籍图看，朔门到奉恩水门的城墙在西侧尚保存较完整，城墙北侧到内横街（今朔门街）的距离在 7—8 米。南侧与北鹿巷的距离仅有 3.5—4 米。未标明住户名称的向北突出的可能会是城墙的敌台，宽度 8.8 米，突出 6.6 米。城墙到东侧已受住户侵争而变得轮廓支离破碎。

重要建筑的近代变迁

比较古代与近代温州地图中的信息是了解北埠区块重要建筑变迁的重要手段。但古代温州地图存在很大的问题是地图的绘制往往是示意性的，体现比例关系是失真的，而且图中反映多是山形水脉，绘制重要建筑又是寥寥几个。这不似近代后引入西方地图测绘技术而制作的地图，已经比较翔实地反映地物情况，比例误差较小，如现藏于南开大学图书馆的 1877 年瓯海关贸易报告内折页地图《温州府城图》有大量地物标注，其定位准确度已大有提高，已能反映开埠初期温州近代化的历程。

近代信息量最多的是民国二十五年五月测绘的地籍图，又称丘形图，这是一种测绘比较详尽的土地界址图。晚清至民国以后，西方测绘技术全面取代中国传统鱼鳞图册的测绘方法，成为近代地籍图测绘的基础，民政工作也取得了系统地籍测绘的成果。30 年代，国民政府决定就其核心统治区的江浙两省选择 5 县进行地籍整理登记试点，1934 年永嘉县被定为试点县。1935 年 4 月，成立永嘉县地籍整理处，主管户地的清丈、测量与土地登记工作。其成果就是 1936 年最终形成的 86 幅城厢户地图。

明代地方志地图中，北埠区块难得绘制了一个建筑是镇宁楼。镇宁楼建于万历二十五年（1597），可见于明万历三十三年（1605）刊本《温州府志》"永嘉县境图"中。此楼位于拱宸门外瓯江边，正对拱宸门，据万历年间的温州知府刘芳誉撰写的《镇宁楼记》载，系刘芳誉与王叔杲参谋后择址建造。镇宁楼"砌石基之，厚十有九尺，横倍厚之三，纵损横十有之二有奇"，按明代一尺合现在为32 厘米。则镇宁楼台基高度为 6.08 米，面阔为 18.24 米，进深为 14.6 米。与现在温州子城谯楼相比，高度略高，面阔略小，进深相近。镇宁楼"辟其下，而衢可通驷舆"，石台基开有门洞，可以车行。"楼其上……高几与城堞"。在镇宁楼的台基是要低于城墙高度近两米的前提下，说明镇宁楼的楼体高耸，高度与拱宸门上的城楼可以很相近。其形胜堪似南昌滕王阁，都位于古城门外江边，镇宁楼与拱宸门相对，滕王阁则正对南昌府章江门。"有地前瞰大江而踞绝胜，升高眺远，于楼为宜"，都是登高远眺的佳处。到了清代温州府县志图中，镇宁楼已不见标注，可能已毁于明末清初更替这一阶段。到了近代，镇宁楼的场地已更替为瓯海关。1877 年 1 月，好博逊奉命筹设温州海关。3 月 2 日，好博逊乘坐"凌风"号海关缉私艇来到温州。4 月 1 日，温州建立洋关，先称"温海关"，半年后改称"瓯海关"。1900 年，瓯海关税务司公署将原先场地内的建筑拆建，建成西式楼房两幢，瓯海关建筑的造型已完全是西方引入的外廊式。这也是温州第一批出现的西式风格建筑，其造型与 1894 年建成的江心屿英国驻温州领事馆有一定相似，都是建造在一个架空的台基上，三开间，中央为楼梯间，清水砖外墙，近代歇山式屋面，室内做有适合西方人生活习惯的壁炉。

清乾隆三十年（1765）刊本《永嘉县志》"县治图"是一幅较详细的城市地图，真实地反映了清代以来城市地图绘制的进步与康乾盛世时期温州城市的发展。在此图的北埠区块，标注了平水王庙、广惠庙、关帝庙等，说明这几处是区块内较有影响的宗教建筑，比对 1936 年地籍图，平水王庙、广惠庙、关帝庙等建筑依旧存在。

此外则新出现了一批近代公共性质的建筑，如宗教类的有天主堂、中国耶稣教自立会北门分会（打绳巷东端）；会馆类的有竹业公所、渔业公所（渔棚殿）、龙泉竹业工会、山货业公会、南货业公会、四明公所、闽汀靛业会馆、台州会馆；政府机构类的有盐饷总局、牙厘总局；银行钱庄类的有中国银行、厚康钱庄、宝康钱庄、鼎元钱庄、恒丰钱庄；商业公司店铺类有招商局、济瓯新记公司、义和洋行、华通、益康、协利、意丰、潘聚顺（指南针）；仓贮类的有招商局栈房、美孚油栈、亚细亚油栈、灵昆栈等；学校类的有艺文中学、海坛小学；大量小型的宗教庙宇如娘娘宫、将军庙、地主殿、海坛庙、土地庙、保太庙、五岳圣帝庙、

轮船招商局温州分局办公楼和货物栈房

财神庙、福佑庙、丽洋庙、五福庙、五岳庙等。

以本区内规模最大的近代建筑招商局温州分局为例。1878 年 4 月，轮船招商局在温州设立分局，位于朔门盐仓街东首。同时招商局温州分局也在码头建造了办公楼和货物的栈房。从当年的老照片看，办公楼是一幢两层五开间的砖木结构楼房，也呈现出外廊式的风格。各间的外廊做成券柱式，明间由一大券带左右两小券，室内也同英驻温领事馆、瓯海关税务司公署一样做有两个壁炉。另外在主楼西侧和南侧分别建有一幢两层的附属楼。办公楼前东侧在码头的岸边则建有栈房。栈房宽 28.7 米，进深 45.8 米，总占地面积 1314 平方米，为单层砖木结构，外墙严实，开窗很小，室内应该为木桁架承托屋面。

瓯江航运的近代变迁

温州古城北侧的瓯江因江中江心屿的存在，在流经古城段时分为南北两汊，南宋时有青了禅师奉诏填塞江心屿中川、变东西两屿为一屿的工程，乾道年间海溢事件等也造成瓯江水文在千年里有过多次巨变，反映到航运上，瓯江南岸古城段的水深条件有过多次变化。

通过朔门古港考古可以看到，如 3 号码头整体长 33 米，因江岸线的外移，分两期延续使用，南部确认北宋石砌江岸。整个遗址已发现台阶式码头、斜坡式码头、三级月台式码头、单级小码头、木栈桥式码头和近岸埠头，码头体系更加丰富，堪称宋元时期码头建筑的杰出范例，很多码头的兴废是出于水文变化的原因。到了近代，光绪十年（1884），轮船招商局温州分局在朔门建造温州港历史上第一座浮式码头，并安装钢制趸船，即招商局码头，也就是后来的朔门一号码头。从此温州港才有了可供大型轮船停靠、装卸货物的码头。从古代码头到近代码头的演变正印证了温州千年商港的历史变迁。

1877 年温州开埠后，温州港航道也发生了多次变迁。古城以东到七都涂以西的瓯江河床存在浅滩的摆动，但对进出港的船舶还没有带来很大的影响。朔门的招商局码头一带，还能保持较为优良的水深条件。如 1921 年西门至朔门一段江面水深达 5.5—6.7 米不等，作为船舶锚泊区是比较适合的。所以最初温州建造的近代码头——招商局码头即位于朔门江边。但 1922 年 9 月和 1926 年 8 月的两次大台风洪水的冲刷后，瓯江主流逐渐改变了流向，从原来的江心屿南边通过，改为从江心屿的北面通过。瓯北成了瓯江的冲刷面，南面朔门一带反而成了瓯江的淤积面。到了 1931 年，江心屿西北角到西门一带的瓯江中已形成了一条拦江沙，在大潮汛的低潮位，即使小舢板也不能通过，这造成朔门一带淤积日甚。到了 1935 年 3 月，朔门水深最好的招商局码头前沿水深仅 1.22 米。与此同时，瓯江主流经过江心屿北侧后受瓯北龟山对江流产生的挑流作用，改变了水流的动力轴线，龟山矶头所对的南岸下游常受江流冲击，这让东门株柏一带沿江的水深条件大大加深，经测量达到 5.5 米。在这个背景下，朔门的招商局码头趸船于 1936 年 4 月迁至东门株柏。

近代北埠一带的民营航运业也逐渐兴起。20 世纪 20 年代后，民族资本主义已大规模进入航运业，航行温沪线的私营轮汽船大量出现。比较有名的有戴经畴、陈百川、吴荣华、王荟芝等人。陈百川（1863—1941），字济源，永嘉中塘村人，光绪二十四年（1898）殿试中武进士，历任金乡卫、温州卫等地水师防务管带，曾代理过水师统领，升任统领、代总督。辛亥革命时，参加同盟会，任温州起义军水师统领，参加温州军政分府工作。后因不满军阀争权夺利，弃官经商，创办陈百川汽轮局，置办汽轮"金宝山"（347 吨）从事航海生意。后又在象门开办华通船务行，购置了"华东"轮（205 吨）。另如在瓜棚下有大量房产的吴荣华，先后开办吴聚顺船行、惠商汽轮局、华泰船务行、公信船务行，购置了"顺利"轮（95 吨）、"胜利"轮（143 吨）、"三利"轮（351 吨）、"通利"汽船（151吨）用于沿海航运。

结语

温州古城"东庙、南市、北埠、西居、中子城"格局中最受城墙制约的是北埠。相较于古城其他区块都是内生性的，北埠的功能其实是被温州古城北段城墙割裂的。宋代随着海运贸易的大发展，古城北城墙与瓯江间的潮间地逐渐被固化用于航运贸易的配套之用，古城北部瓯江岸线已出现外移现象。城墙外瓯江成陆的纵深已有数米至几十米不等。总体而言，成陆的纵深从东往西呈现一个递减的量值。在这狭长的区域内因海丝贸易的大发展，已呈现明显的城市化，江岸线也随着起一定防洪作用的城墙瓮城的改建、敌台的兴建而对瓯江水文环境产生了影响而不断向北后退，这是北埠地理特征变迁丰富的阶段。

考古发掘的朔门古港遗址已在此区域内揭示了系列建筑遗迹、码头、道路、陡门、桥等。到了元代，沿江数千尺的大石堤进一步外扩了陆地面积，宋代码头区也变成了城市建成区。明清两代沿袭了这一城市发展的结果，北埠城墙外的区块也归入望京厢的范畴。时至近代，温州开埠又一次加速了北埠区块的变迁，表现为自发地打破城墙的阻隔，景物在近代商贸需求的背景下焕然一变。

1942年，中国现代考古学奠基人夏鼐先生由重庆回温，站在船尾眺望温州城，"朔门的城垣也毁了一部分，以通马路，北大街几乎完全改了样，街道放宽，道旁植树，店铺多改为三层门面，表面上的温州市况比内地第一等的城市，如昆明、重庆、成都之类并无逊色"。从夏先生瓯江水路抵温的印象看，温州已然是一座近代化的城市。

朔门头、水门头记忆

⊙ 金 辉

生活、成长在朔门，我常自诩为"朔门人"，后即便成家搬离，依然如故。

朔门即温州古城七大门之一的拱辰门，又称"双门"。清人郭钟岳《瓯江竹枝词》："双门城外雁双双，双宿双飞共渡江。郎住江南妾江北，为郎终日望篷窗。"描述的是当时朔门的地理风情。如今朔门大约东至水门头，西至麻行，南至百里坊口一带，辖内有望江路、朔门街、北鹿巷、打绳巷、七枫巷、永宁巷、兵营巷、简巷、万岁里、李家村、四营堂巷、屯前街和解放北路等主要街巷。

2021 年秋天，朔门发掘千年古港遗址，引起海内外考古界的轰动。几次随市考古所梁岩华所长参观考古作业现场，不仅感到惊讶兴奋，而且特别亲切，好似家中的箱底翻到了陈年家珍，沾沾自喜，难以释怀，从古至今朔门的前尘往事如同身旁的瓯江潮水滚滚而来。

朔门头是码头的"经济圈"

解放街的北段又称朔门头。这里的繁荣是瓯江码头带来的，可谓"码头经济"。早在清末温州开埠，朔门头成了轮舟辐辏之处，又是管理口岸的瓯海关驻地。清光绪十年（1884），温州港建起了温州第一座码头——民国时称招商局码头，后来又叫朔门港 1 号码头，即大码道。在我的记忆中，20 世纪 60 年代，温州港务局就设在朔门头瓯江边，邻近大码道，岸边拥有一艘趸船，起驳着货物……大码道还停泊着温州至上海的客轮，最早的是"民主四号"，后来有"繁新""荣

20 世纪 60 年代温州港客运站

民主四号客货轮停靠温州港码头

新"等，是温州至上海唯一海上通道。每当客轮泊岸或启航，码头四周人山人海，提行李找人的，送行接人的，人声鼎沸，热闹非凡。

1964 年 8 月，首艘外轮日本"东宫丸"抵达温州，也是在这里装卸化肥，开启了新中国成立之后温州口岸的对外开放。沿江一带还有几处码头，汇集着众多的航船，有去乐清、洞头、沙头、玉环、龙湾、灵昆、七都等。大大小小的航船随着潮水的涨落，或扬帆启程，或抛锚停靠，营造了熙熙攘攘的繁忙码头景象。

正因为码头成为物流人流集散地的功能，从而拉动了朔门头商贸店铺的兴旺，成了温州城区最繁华的商贸区之一。我有好几位同学就居住在朔门头，他们的父辈有的开商铺，有的办作坊，家家户户经营得像模像样，都得益于码头的恩赐。多少年过去了，昔日的店铺有的拆迁改造，有的改头换面，面目全非，无法辨认，可是儿时的记忆依然在脑海中浮现，挥之不去。仿佛还可从这些繁荣中，发现朔门古港给城市带来的社会变革和财富。

在解放北路朔门头东侧，过了北鹿巷口向南，便有鱼咸行、豆腐作坊、长春酱园和纸号等店家，其中张顺盛纸号的印象清晰。这家纸号原先由张寿伍创办于朔门街，后由大儿子张秉中在这里开设分号。三开间的店面很洋派，是水泥涂抹的民国风建筑，挑出的飘窗格外引人注目。张秉中性格开朗，为人豪爽，喜欢喝两盅。老同学严慈恩是张秉中的外甥，说起舅舅的店号仍是一脸的佩服。

隔壁李顺发文具店，经营的是笔墨纸张文具，与张顺盛有别。这家拥有三层楼的店家，店主李利生，经营有方，养有七子二女，颇有口碑。

朱公益钉秤店开设在李顺发南首的巷弄口，主人姓朱名文进，龙湾人，11岁进城学艺钉秤。这是一间仅10来平方米的作坊，且还是租用的，而朱文进的技术可精湛了，是位名闻遐迩的大师傅。小时候见过钉秤师傅的制作，一手扬着手动旋转的钻子，一手握着细长的秤杆，轻轻地钻，细细地刻下秤杆星星……朱文进不仅手艺高明，其公益心也得到公认。他儿子朱震旺回忆说，父亲曾经在朔门和东门等处菜场摆放公平秤，让市民检测商贩的秤两，以示朱公益制秤的精确，博得好评。

过了朱公益便是严顺吉纸号，严家小女严筱景是我的同学，且有过往，对严家算是了解。严顺吉经营各类面向农村的纸品，如土纸、银纸等。由于守信道义，赢得声誉，生意兴隆，尤得七都、乌牛等地客户的信赖。七都人常把严顺吉看成是进城的落脚点，从朔门码头弃船上岸后，先到这里坐坐，或喝杯茶水再进城。他们还将国内外信件邮寄到店里中转，甚至有海外寄来的汇款单、挂号信、平信等，这里仿佛成了朔门码头的另外"码头"。中科院院士、著名声波专家李启虎年轻时居住在严顺吉店后面的庭院。他在一篇回忆文章中写道，读高中时，他经常到严家向店主严济浩要邮票。因严家有来自海内外各类邮票，成了他人生的一大乐趣。20世纪50年代活跃在温州话剧界的严筱雄和家喻户晓的温州电台温州话节目主持人严筱楣都是严顺吉后人。[1]

朔门头的南首就是打绳巷口，为朔门头的闹市区。弯角处便是广生和酱酒店，店面虽浅，场面甚大。店外是各类商贩的小摊，如锡增熟食、杨家的糖果杂和水果摊等，吆喝叫卖声此起彼伏……

如今解放北路朔门段西侧，老店号在城市改造中推倒改建，留给我们的也只有记忆了。原来的三联南北货店是朔门头最大的国有企业，不仅为三大开间的店面，而且店堂特别深广。记得店内还装有一台悬挂在墙壁上的电话机，在当时可谓是高档的奢侈品了。向北不远处有间面坊，记得老母常叫我去买鲜面，称面的

---

[1] 编者注：严筱楣播名顾大姐、白玲，温州第一位广播主持人，20世纪80年代主持热门节目《家庭顾问》。

营业员还是我同学的母亲。当年这里是唯一面坊，不像现在一个菜场就有好几家面食摊位。还有邵锦记饼儿店、烟丝店、豆腐店和吴长源商号的住家等。

吴长源商号老板吴闻香以经营菜油、桐油起家，因经营诚实守信，赢得口碑，民国初期成为美国美孚石油公司温州地区总代理。发家后曾拥有七枫巷、解放北路等几处房产，名扬一时。20世纪30年代，因经营失败，各处房子只得典当还债。仿巴洛克建筑的朔门头商号原是门市，后因破落成为住家。今年88岁的吴闻香四房长孙吴光思维清晰，声音洪亮，他回顾了颇有影响力的吴长源商号的兴衰，令人唏嘘。

朔门头"经济圈"向东便是望江路。望江路是朔门重要的道路之一，我在《温州朔门与东门的分界线——消失的"岭背"》里已述不赘。[1]

水门头与海坛岭的变迁

望江路东头，便是古港遗址挖掘的重要区域——水门头。水门头有水门，也就是朔门的另外一门的实物处。这里是古港遗址最早挖掘的现场。梁岩华说，他们在这里发现了7座宋代码头遗址，其中3座保存较完整，除水门头堤岸伸出的码头为北宋外，其他均为南宋时期。在现场发现，码头自南向北逐步延伸，且距离江水越远，码道历史越久远。码头也是随航道向北而移动的。

在水门头挖掘区域，我们看到了不同时期修建的水门基础石条和沟渠，还可听到水门闸口下的流水声。尽管岁月变迁，这里依然发挥着水利枢纽的功能。这里的水道与城区的塘河相连，自南向北，流经解放南路、解放北路后巷河道，直至水门头，流归瓯江，构成了温州古城区的内河水流走向。

小时候居住在朔门街，向东便是水门头。水门头有一棵浓阴如盖的大榕树，大榕树下有"岭背"石级，蜿蜒逶迤向东而上。榕树下，水闸上，好像是乡村的集市，规模不大，依然有五花八门的店铺，如南北货、铁镬、杂货、小吃店等等，最诱惑人的是水闸上的炒粉干小摊，那洋葱的香味飘得老远，叫人垂涎。如今"岭背"已夷为平地，建起了东瓯大厦，又称"十三层"。

"岭背"是民间的俗称，历史文献上称此岭为"海坛岭"。我在《消失的"岭背"》一文中提到"岭背"之上有一个小庙，但不知其名。后对照《弘治温州府志》"海坛平水庙，在拱辰门海坛岭斗门侧"，以此看来，这个小庙应是"平水王庙"

---

[1] 编者注：原刊2018年7月8日《温州日报》风土版。

了。平水王庙虽不大，却纪念温州历史上"大禹式"治水英雄周凯。周凯是今苍南人，西晋年间，温州先民在他推动和带领下，通过治水，对沿海平原进行了一场大范围的生存环境大改造。历史总不会忘记为民造福的人。平水王庙在当地老人记忆中，民国中晚期还存在海坛岭上。这次遗址发掘随同把这个庙也弄明白了。平水王庙算是朔门古港历史文化配套工程之一。

海坛山一带还有海神庙、杨府庙、大禹王庙、天宁寺、五灵庙、白鹿庵、悟真道院等。记得几位比我大的邻居，取来杨府庙祭祀的海船模型，在官桥头的河浃儿里随波逐流，造型与瓯江里的航船一模一样。那时没见过船模的我，真是开了眼界。

温州古城从古至今依然较好地保存着"东庙、南市、西居、北埠、中子城"的古代郡城历史格局。朔门古港以温州古城为依托，印证了温州历史上海上经贸与古代筑城风水规划的格局，经过千年历史变迁，其郡城格局至今没变，并延续至今。其蕴含的历史人文价值为国内仅有，世界罕见。正如一位北京文物专家考察了朔门古港之后说的，遗址的研究还可揭露码头与古城的关联。

今天我站在遗址上，读到了温州灿烂的文明和辉煌的历史。

（本文原刊于 2022 年 12 月 27 日温州文史馆公众号）

朔门港吹过的那些风儿

⊙ 瞿冬生

2023 年腊月初二上午 9 点半，我开车准时抵达朔门古港遗址，抬头看见比我年长许多的张思聪、金城濠先生站在坦里晒太阳，便赶紧招呼："你俫真早！"[1]"早，早，天气真好！"

"还小十二月走朔门，大人总会讲我'走朔门吹风啊'。"两位长者乐呵呵笑应："是的是的。"温州人经常讲反话，"吹风"实际上是"被风吹"的意思。朔，原义指北方。温州人说的"朔门"是指市区望江东路一带，临江朝北，冬天风吹来特别冷，"冇事干"，"阿伲人"走来吹风？

但是，今天即使"吹风"我也要来，难得有机会亲眼看看从小走到大的朔门镂出的宝贝是"訾那恁"的。

眼前的朔门，悄悄静静，听不到杂七杂八的汽笛。围栏内清清水水，几个挖掘坑里有码头台阶、沉船残骸、瓷器碎片等等。一眼过去，才晓得地下埋藏的也是人间烟火。眙眙这些上千年的码头遗迹，我觉得有些熟悉亲切。这还真应了一句谚语，不能把"朔门港只当阴沟渎"。

为解决拥堵问题，温州有关方面于 2021 年开挖望江路，准备建一条下沉式通道，施工中意外发现"千年古港"，"镂路镂出宝贝"引起轰动。说实话，老百姓对"镂路"并无好感，常以"水电轮休，道路长镂"讲趣笑。这次"镂路镂到宝，真是破天荒"，古港遗址现世，确实提高了温州的历史地位和地域文化影响力。但是，切莫把这当作"道路长镂"的借口。眙眙那些道路（就不点名了）一年之内数次"开膛破肚"，实在是毫无道理可言。

几千年的古代史，封存了多少秘密，谁也说不清楚。有缘发现古代遗迹并加以保护展示，对现实对历史都有意义。"国内仅见、世界罕见"的朔门古港遗址的发现，坐实了温州"千年商港"的地位，于温州、温州人无疑是一种荣耀和光彩。

看到原先自己的"地盘"挖到如此丰富的宝藏，一同参观的原温州港务管理局党委书记、局长傅祝华尤其兴奋，当场拿出一张大幅照片展示给众人："这张

---

[1] 编者注："俫"（们）与后文的"冇事干"（没事）、"阿伲"（什么）、"訾那恁"（怎么样）、"悄悄静静"（静悄悄）、"眙"（看）、"镂"（挖）、"爻"（了）、"勥"（不要）等都是温州方言用词。

照片是我 1997 年在办公室拍的，喏，该里就是我们的港区，为了旧城改造和向深水港发展的需要，我们的港区于 1999 年拆迁外移。"看着这张极有年代感的照片，我的思绪被带到了过去——

朔门港，是我记忆的码头。我阿大（父亲）是楠溪人，我出生时早已在市区定居，但娘娘还在老家，阿大一年总会"走上"几趟。如今开车仅 40 分钟的路程，那时得花一天时间呢。我脑子里最早一次回老家，还没读小学。那天，天没光就被阿大叫醒，跟着来到安澜亭。船埠头滥糟糟的，人挤人，轮船一大排，如果不留心很容易坐错爻。进入船舱，阿大再三吩咐"站好握牢坚"。随着"突突"声响起，轮船离开码头，摇摇摆摆前行。到了清水埠，坐上长途车，一路上不是山崖就是悬崖，吓得我不敢看窗外。上坡时汽车吃力地发出"咕咕"声，下坡时石头子儿弹到车上"啪啪"响。开到三角岩、九丈，乘客和汽车要分别上竹排过渡到对岸。到了站点下来，还要步行 10 多里山路才到老家。哎，从朔门头到下烘头，天都墨黑了，好在这样的经历不再有了。

朔门港，曾是苦难的见证。我阿大 16 岁离开楠溪谋生，先在七都教书，后被骗到南京当兵，辗转回永嘉参加地下工作。新中国成立后，组织上派他到温州

1996 年 8 月，上海喜鹊轮停泊温州港（郑高华／摄）

水木石小学（建设小学前身）任教导主任。1957年，在清卫小学（原市中小学）校长任上蒙冤成了"反革命"。坐牢五年回来，为了生计，阿大每天挑着六七十斤重的酱油担，从朔门港渡船到江北叫卖。后来，阿大学会修马达、修电瓶技术，在邻近朔门的上岸街一家街办工场当"老司头"。由于阿大个子高，经常有人讲"长人技术好"。前段时间还有一位老邻居跟我开玩笑说："阿生，市区有家长人电瓶店，店名应该是你阿大嘅。"阿大逝世多年，有人喜欢用"长人"就用吧，不挡别人财路。阿大生性豪爽，结识了好多江北、灵昆和永强等地渔民朋友。他们不仅照顾阿大修理"生意"，出海归来时常送带鱼、海蜇等水产改善生活，朔门是我们迎来送往必经之地。

朔门港，是我童年的港湾。我是"荒年"出生的，家里穷困潦倒，上不起幼儿园，成了父母的"跟班"。阿妳（阿妈）在龙泉巷人民化工厂工作，经常三班倒。我时常跟着阿大，看他和徒弟们拆马达、绕漆包线、削槽棒、浇"万里丝"（树脂漆），因此到中学才学到的"定子""转子"，我从小就知道了。其时，朔门比上岸街闹热许多，南北货、杂货铺、点心店、香烟摊、手工作坊一间接一间，船上用的缆绳渔网、屋里用的畚斗扫帚、读书用的铅笔簿儿、炊虾白鲞、红枣北枣、荔枝圆眼，吃的用的统统都有。这些对我这个穷孩子来说很有吸引力，经常溜到朔门头东看看西看看，也就仅此而已，因为兜里没有零花钱。阿大晓得了常怪我"又去朔门吹风"。当然，阿大也有带我从朔门坐船到罗浮、灵昆等地访友、做生活（修理马达）。印象比较深的是从朔门乘船到江北看"划龙船"，吃了东家吃西家，真爽。据说当地风俗是酒越摆多越好，客人越多越自豪。温州人常讲"酒好摆，客难请"，如此说来，我傢走去吃酒也是"捧场"吧。

朔门港，是我回归的航标。1981年我参军时，温州还是"死（水）路一条"，出远门大多要去上海中转。10月25日上午，我在朔门码头登上"繁新"轮离开温州，开始三年军旅生涯。那天，码头上人头攒动，有的不停抹泪，有的挥着手绢，有的抬头踮脚……站在船舷俯瞰离别场景，我也不禁泪眼模糊。尽管40多年过去，此情此景难以忘记。在入伍"临汾旅"40周年之际，我调寄《永遇乐》以表感怀，自然就想到——"瓯水东流，青春起锚，码头挥别。映月波光，扶舷遥想，北上西风烈……"朔门港，既是我离乡的起点，也是我回归的码头，是我心中不灭的航标。

朔门港，潮涨潮落，船来船往，不知送走多少离乡的游子，也不知迎来多少靠泊的人们，恐怕只有任凭江水拍打的码头和独自呢喃东去的瓯江晓得……

市考古所伍显军指着一根止水桩惋惜地说："为了找沉船，长臂挖掘机挖过了点，船板有点点破损，赶紧喊停了。哎，我不知道是功还是过。""说明白了就是功劳。"我接过话茬，为他的坦荡而点赞。

凝望静卧的沉船残骸，我不知道是怎样的劫难将其长埋于此。但有一点似乎可以肯定，民以食为天，若不是为了生活，何以至此？我不禁心生崇敬，因为生命的意义就在于：意外来临之前，不停止前行的脚步，不放弃希望和梦想。

我回头看见古港码头排列有序的精美条石，突然想起当年道后老邻居"卖柴婆"的口头禅："石板也有翻身之日，麴欺人太甚。"朔门港地底下的石板，被掩埋了上千年，今日真的翻了身。我相信：民间出高手，市井有哲人。

走过冬天，春天不远。朔门港吹过的风，不知去往了何处。随风而逝的都已成为过去，经历风雨留下的还有脉动。站在古港的风里，我感受着风的力量。但往事，并不随风。

东门外琐忆

⊙ 潘一钢

20世纪六七十年代，"东门外"通常指的是温州旧城的镇海门外那一大片的地宕，诸如上岸街、安澜亭、新码道、炮台外、行前街、七间前、江西栈、涨桥头、陡门头、浦口、浦边、株浦乃至灰桥浦一带。而今变化沧桑，几番的拆迁和建设，都叫上述不少地名随之消失，踪迹难觅。

那时候温州城小，方圆不过几里的地。人少，街面也冷落，寂静得几无什么声响。倒是东门外这一带十分喧嚣热闹，这里是瓯江的南岸，是这条江上下流域货物的集散地，也是温州与海内外来往的唯一水路。江上船只穿梭如流，一拢岸，皆会争先恐后抢占着码头，人们忙着装卸从各地运来的或往外输运的货物，沉重的车轮压在石头路上发出隆隆的响声，扛运货物的搬运工哼着"嘿哟——嘿哟"的号子，还有在此兜售食品卷烟小贩的吆喝，皆凝成一波波声浪，时不时地涌向小城的上空，虽是杂乱，可也充满着生机和活力。

居于此地的百姓多为苦力，或从永嘉楠溪山底来，或从青田、丽水一带来，所从事的都是在码头上拉板车、扛包、撑船等，此外也有补鞋、搓绳、打铁、养猪、做厨子、做木箍桶，甚至还有暗中卖笑的等等，倘若能在此开个小店，卖些五花八门物事的，就算是殷实人家了。那时来此谋生的，日子大都过得困苦，且子女一大帮，就靠当家的在码头上出苦力，能教一家老少吃饱就是万幸了。但就这样的苦日子，熬着，熬着，都能使儿子们个个长得熊腰虎背，铁塔般威武，女儿们个个勤劳朴实，秀丽可人。大家都是靠码道头生活，靠码道头吃饭，邻里之间遇到什么烦心事或是难事都能相靠相帮，即使有利益冲突，大不了相互打骂一顿后，也都能照旧和睦地生活在一块，这是一种难得的缘分。

那时我们家就住在东门外靠瓯江的边上，若是开了楼上的窗户，就能看到一片低低落落的棚屋，看到瓯江在窗前缓缓地流淌过，不时有几只海鸥追逐着在眼前飞过。家东边那头原先是新华造船厂，有造船，也有补船的，大大小小的木帆船时进时出，整天响着"咚咚"的锤击声。后来因这儿地宕小，搬到株柏浦边去了，这里又成了海军的一个船坞，挂了个修理所的牌子，来往的都是穿灰色军装的人。夏天乘凉，老人们摇着蒲扇讲古时都说，原先这里也驻扎军队，还有好几处朝江面的炮台呢。其实那都是很久之前的事了，从我们父辈这代起，早就不见了炮台的踪影，只空留下了"炮台外"一个地名，而今连这地名都没几人知晓了。

　　家门口的北头，有好几处泊船的码道，有的是用石块垒就的，皆呈斜坡状，水涨船能高，水落船能低，装与卸都不成问题，可见我们的祖先有多聪明。新码道，算是这里码道中最新最为宽敞的一座，故也成了地名。这里水深，后来发展成了水泥浇成的硬码头，成了过去温州港中最重要的装卸区，来往的都是大货轮，上海来的，福建来的，甚至广州来的都有。20世纪七八十年代是浙江省内主要对外的码头，时常有外轮靠在这里，最多的是运化肥的日本货船。外轮一来，就有警察把守，码头就不让人随便进了，那时作为小孩的我们特好奇，只因电影《地道战》《地雷战》看多了，都想目睹一下"日本鬼子"是怎么个模样，几个小孩就在大门口的树荫下等候着，一有外国海员出来，一班小孩就随尾跟着，一边还唱着老掉牙的温州方言童谣：

　　　　嘟嘟嘟，打倒矮颓哥；腾腾腾，打倒日本人！

　　弄得那些外国海员莫名其妙，只得"嘿嘿"地朝着我们扮笑脸。

　　家附近还有一座老码头，名为"煤炭码道"，顾名思义应是装卸煤炭或是木炭的地宕。这码头也是石头垒就的，可能形成历史较久，我们从记事起，就晓得这码道很沧桑，很破旧了，不少地方都凹凸不平，潮水褪去后，凹陷积水处都能看到小鱼小虾在游动。下半节的码道更呈惨状，不少石块都叫潮水冲没了。有回涨潮，我们一班小孩正在码道边玩水，一个小女孩玩着纸折的小船儿时，不料一脚踩空，就落到瓯江里头去了，眼看着离岸越来越远，将被汹涌的浪头所淹没，幸亏从一只行驶过来的舴艋舟上，跳下了一位船老大，一手就把她托到了船上。那以后，渐渐地靠这码道上的船只越来越少了。最终这码道头便成了邻居们抛弃生活垃圾的场所，若干年后，这码道头也就废弃消失了。

　　20世纪50年代初温州开通公路后，安澜亭一段成了公路轮渡码头，此处的码道为温州港有史以来最宽的石头斜坡码道，可供两辆卡车通过，来往于温州永嘉两地的港头、千石、清水埠、龙桥等航船也都停靠此地。汽车渡船速度慢，等候的车辆就排成了长长的队伍，那时节我们正读小学，学校就在码道的边上，上课时节常常都在汽车之间穿行着。此时也有不少的小贩在车辆中间行走着，他们提着满是油腻的篮子，有时为了让人清楚看到诱人的食物，把篮子举到了头顶，一边走着，

1960 年民主号客货轮靠泊朔门港区码头

一边叫卖着，卖油卵、油饼、油条，也有卖鸭卵、酱菜头什么的，那叫卖声此起彼伏，从不间断。这种生活味浓郁的市井吆喝，可惜现今失声了，再也听不到了。去瓯北各处的渡船，因载的人多，除了有叫卖零食的小贩外，不少说书儿笑话的、唱道情莲花的、变戏法卖膏药的民间艺人也在此轮流登场表演，一番番的节目看下来，时间也过得飞快，正在大家意犹未尽时，转眼间，船就靠在对岸的码头上了。

那时东门外热闹的地宕有好多。

一是涨桥头，这里刚好是好几条马路的交汇处，过去又是城门边上，有医院，有数不尽的杂货店，还有热闹的菜市场。每天的早市，这里菜市场的海鲜都会活蹦乱跳，有的鱼还会咕咕叫，为何？靠江靠海近，渔民一有捕捞上来的鱼鲜就往这边赶呢。这里还有个小广场，平时聚集了不少流动摊子，如挑剃头担的、补铅锅修镴的、摆小人书摊的、看西洋镜的等等。冬天时若天气晴好，这儿还有不少闲汉，双手插在袖口或裤兜里，背脊靠在长春酱园的墙上，眯着眼睛在晒着暖暖的太阳呢。

二是陡门头，是内河和瓯江的水运接连处，这里闸门的两厢地方，都歇满了船，是货物从内河转运到瓯江流域的集散地。

三是高殿下一带的上岸街，光是打铁铺就开了好几间，整天都能听到打铁的

"叮咚叮咚"的响声，这里铁铺生产的铁钉、铁锚、铁链，还有周边卖缆绳、渔网、蓑衣、箬笠、浮子、指南针等，都是航海时少不了的用具。还有用草绳一圈圈缠绕着的粗瓷海碗、桐油纸伞，来买的人都是成捆成捆地拿，这里人流量大，生意好，商业氛围浓。

除此外，可以说安澜亭的客运码头一带，是最火爆的热闹地宕。这里有通往上海的大客轮，也有通往海门、玉环等地的沿海小客轮。那时节，没有机场与铁路，温州各地外出谋生的人，都要坐船从这里出发，是温州人走向全国和世界的唯一水路。这里每天都是人流涌动，尤其是"民主"号、"工农兵"号或是"繁新"号、繁荣"号等大型客轮船到达或出发时，加上人力三轮车、运送货物的小板车也聚集于此，那种堵，真叫水泄不通，真叫无插针之地，远远望去都是乌黑乌黑的脑壳。即使是平时，就是到了半夜三更，这里也都是灯火通明，人来人往。那时为买一张去上海的船票，不少人得在此排好几天的队，熬夜挨冻不说，还不一定能买到票。过去开后门盛行，大量的船票都是通过熟人关系被买走，没有关系的，尤其乡下来的，为买一张船票，就得花高价从票贩子手中拿票。那些老老实实去排队的人，为防人中途插队，便自发在每个排队人的手心或在肩背写上或贴上序号。据说有某人在上了一趟厕所回来后，不小心将手心上的序号冲洗掉了，想再次挤进排队的队伍时，后边的人就不让进，不承认有过序号。

在东门外的浦边和浦口之间，有一个状如布袋似的港湾，这里是天然的避风港，浦湾虽大，但水浅，歇不了大船，故而成为瓯江流域内舴艋舟最为集中的地宕，每天停歇于此和进进出出的舴艋舟不知其数，那种船舶林立的气势，有一种"门泊东吴万里船"的感觉。因水浅靠岸近，在这里装卸货物也方便，只要将船只拴住了，顶多铺条上船的跳板，就可以搬运货物了。浦边一带的人家，多以拉板车和搬运为业，也有做牙郎的，帮助推销货物。有些老大与牙郎结识成了生意上的朋友，就放心将货物堆放在他们家中，不再为货物压舱而烦恼，让其处理，自己腾出时间再跑上另一单生意，而牙郎们也等待时机出货，赚个钵满盆满。他们互相靠的是地利和人和，把舴艋舟带来的生意做得风生水起。

舴艋舟，是过去瓯江流域内使用最为常见的运输船。其舟形也颇具特色，船头船尾尖尖，中间宽敞，状如织布用的梭子，划起来轻快方便，旧时走水路一趟来回要好多天，若到上游的青田、缙云、龙泉一带，就更远了。故平时船工吃睡生活都在船上，还有的是夫妻俩结伴一起撑船。虽是一条小船儿，却被安排得恰到好处，船中间被擦得油亮光滑，舱板下是载货的船舱，上面是休息用的睡榻，船尾放置一土陶灶，上放铁锅，用来烧煮。撑船老大整天风里浪里行，个个精瘦黝黑，身上有使不完的劲儿，他们将山区的柴爿、木炭、板栗、香菇、木耳等干果或龙泉的瓷碗盘碟运送于此，再从这里运去煤油、肥皂、火柴、布匹、草席、雨伞等山区的稀罕货物。为了生活，他们日夜奔波着，从未有过什么抱怨。永嘉靠温州城近，20 世纪五六十年代，永嘉一县就有 5 个舴艋舟运输合作社，仅登记的舴艋舟就达 900 余艘，船员达到千余人。这些年，舴艋舟逐渐退出历史舞台，现今在瓯江或楠溪江上真的是一帆难见。

旧时东门外那些热闹的画面，一直延续到 20 世纪末，这是温州作为千年商港的一种有力佐证。虽然现今无存，但留在人们记忆里头或是文字之中，相信这些记忆是不会被遗忘的。

曾经火爆的温沪轮船客运

◉ 陈 中

1958 年 4 月 17 日，"民主四号"客货轮从上海首航抵达温州港，这标志着新中国成立后温沪航线客运恢复，此后有"民主 18 号""民主 19 号"等投入营运，客运量不断大幅增长，至 1962 年达到 12.75 万人次，出现"一票难求"现象。"文革"十年里秩序混乱，但客运却畸形发展，客运量增加近三倍。

"文革"结束后，百废待兴。上海海运局第一艘浅吃水沿海客货船"繁新号"由上海求新船厂建造，1977 年竣工，随着 1978 年以后温沪线客运量迅速增长，该船 1982 年投入上海至宁波、上海至温州以及上海至福州航线的客货运输。

繁新轮长 106.67 米，型宽 15.8 米，型深 7.7 米，吃水 3.8 米，排水量 3650 吨，载重量 1110 吨，可载乘客 915 人、货物 140 吨。

上海海运局按照"繁荣昌盛"的顺序，在繁新号之后，又建造了"荣新、昌新、盛新"号客货船，后来又建造了"茂新、鸿新、展新、望新"号，共 8 艘客轮。繁新、荣新号等客轮被投运温沪航线，航班增至每日一班。后续"新"字系列轮船有 918 个客位，设有空调、餐厅、放映厅。1982 年运客 55.72 万人次，次年达 69.48 万人次。

1984 年温州被国务院批准为 14 个沿海开放城市之一。当年 7 月，由江西瑞金造船厂打造的"瑞新号"客轮投入温沪线航运。该轮为双体船，5000 吨，客位 1502 个，全船空调，设有大餐厅、放映厅，是当时全国最大的客轮。

1985 年 11 月底，国务院有关领导考察温州港时，乘坐港务局航测一号艇，陪同视察的是时任省长薛驹，还有市委书记袁芳烈、市长刘锡荣，正遇瑞新号双体船出港，他便问："这是去哪的船？"港口专家告诉他："去上海的客轮，新造的双体船。""双体船有哪些优点？""载客量大，内部设施完善，乘坐比较舒适。"港口专家还向他汇报温州水路一条，客货运基本靠港口，船票非常紧张，如果金温铁路开通，那就好了。

此时，温沪客运航线进入黄金时期。1985 年运客达 75.5 万人次。

1979 年江心渡轮码头，右上方为长松号停靠温州港五号码头（孙守庄 / 摄）

　　繁忙的客运需要更大更好的客轮。1986 年，天津新港船厂为上海海运局建造了"百灵号"客轮。该轮长 120 米，型宽 18.8 米，型深 9.6 米，吃水 5.2 米，总吨 7160 吨，可载客 1302 人，载货 500 吨。客舱分特、一、二、三、四等，全部装有空调，环境舒适。

　　1986 年 4 月 26 日，上海海运局派来百灵号轮船首航抵温，投入营运后主要航行在沪温线上，1987 年 11 月 12 日又派来"喜鹊号"抵温，喜鹊号也是 7100 多吨位，客位 1300 来个，全空调，设施先进齐全，深受温州乘客的喜爱，客流量再一次提升。1987 年运客 79.9 万人次，1988 年运客 91 万人次，温沪客运航线达到鼎盛时期。温沪航线成了全国最繁忙的海上黄金航线之一。

　　据一位原温州港引航站副站长、高级引航员回忆，他 1985 年刚刚参加工作时，上海海运局还把"长松、长柏、长柳"号轮投入温沪航线，最大吃水 5.6 米，要候潮进出温州港，受灰桥浅滩的影响，偶尔有的艘次会在杨府山码头甚至龙湾码头停靠。温州港务局急万千旅客之所急，1993 年 1 月灰桥浅滩航道整治主体工程通过验收，使浅滩水深从 1.5 米增至 2.5 米以上。温州至上海的大型客轮小潮汛时也能顺利进入市区麻行码头停靠，给广大旅客带来很大方便。

巨大的客运量导致温州到上海的客运船票非常吃香。

1993 年春运时，我在温州港务管理局机关大院里的宣传教育处上班，是跟船票八竿子打不着的处室，但由于当时春运繁忙，跟处长到温州港客运站里挽起红袖套维持秩序。据悉春运高峰期每天一条船，仍然客船不够，于是 3000～5000 吨散货船开统舱载客，也客满。

温州港客运站主体建筑为麻行客运大楼，建于 1988 年 7 月，高 10 层，总建筑面积 7659 平方米，一楼为售票大厅、候客大厅。候客大厅 1000 平方米，可同时接纳 2300 名旅客。

当时温州到上海多数人还是选择轮船，因此船票异常紧张。作为内部职工，我们都会提早跟亲朋好友吹风，可事到临头，还是有不少人找上门来。尤其春运那些天，我和局里不少同事一样，整天为船票耗费脑细胞。人最多的时候，为防止出现踩踏事件，客运广场不让进。站里维持秩序的同志很辛苦，但熬红了眼的旅客们仍然一票难求。

当时船票按船舱位置的高低与价位分为特等、一、二、三（A、B）、四、五等和散席，甲板以上为一至三等，甲板之下为四五等与散席。其中以三等船票最为紧俏，还分为三等 A 和三等 B，三等 A 更靠近船头。据当年温州港客运站售票员（后任温州港集团宣教处副处长、金洋集装箱公司书记）李虹回忆：三等票最紧俏的原因，是单位出差只能报销三等票，而二等票按照规定是不能报销的。二等舱船票需要一定的干部级别才能报销，位于船的第三层前部，四人一间舱，上下铺两张床，里面有桌椅、热水瓶等，视野开阔，与其他舱室有铁门隔开，可以拖张椅子到前甲板上观赏江景。此

20 世纪 80 年代上海客轮在温州港

外，四等票船舱是圆形小窗户，而三等票船舱是方形大窗户，视野较好。改革开放以后，做生意的人比较多，除了刚刚起步和买不到三等船票的，手里有点钱，一般都很容易接受三等船票。

三等票船舱也是上下铺，客运站售票员一般把下铺给年纪大的旅客，上铺给年纪轻的。三等舱外边走廊，散席乘客是可以走的。散席又称统铺，可以领到一张席子，然后找到栖身之处即可，但属于最底舱，很闷热，又靠近隆隆作响的发动机，噪声很大，但如果躺在甲板上，半夜里会被海风刮得瑟瑟发抖，夏天时由于舱底闷热，甲板海风大，散席乘客睡在走廊过道里是最多的，因此坐散席是最辛苦的，但是省下来的几元钱可是几天的开销啊！

那年春运，朋友李君托我搞3张后天的船票，他把介绍信、身份证送过来后，我立马跑去请局领导签字，不料局领导发话："今天早上已签出3张，再签要超出额度。"我站也不是，坐也不是，"噢，给您添麻烦了。"时间好像凝固了似的，还好，最后局领导总算大笔一挥签字，我又到局办盖章，然后风风火火赶到客运站，站里早已挂出免战牌——"明日票已售完"，大多数窗口都关闭了，但仍然挤得几乎让人晕厥。

作为内部职工，我们局机关大院同事都在指定12号的窗口排队，即便是近水楼台也得排队，轮到我了，客运主任只批了2张4等舱，还有1张要给散席，散席不好，我没要。由于自己昨天为买票刚来过，不难为人家了，4等舱就4等舱，别人眼馋还来不及呢。碰到刚求过的熟人最难为情，毕竟不止一次地请他搞票，而欠下的人情债总要还——这是一条朴素的却又颠扑不破的真理。

两张船票装在我的口袋里，我倚在办公室的沙发上，长长松了一口气，别人以为我们搞船票特容易，亲戚、朋友、同学、邻居把身份证和钱一递就等着伸手向你要票，这往往把我们坑苦了。

当年我在温州港务局宣传教育处跟处长学办《温州港报》，被派到上海东大名路610号《上海海港报》编辑部学习采编，于是乘繁新轮去上海，公差，坐三等B。船开了，故乡的城市、山川渐渐退到后面，在餐厅吃过两次盖浇饭，头枕着波涛，当晚也睡不安稳，经过了22个小时的航行，船过吴淞口，慢慢驶进黄浦江，朝霞照前胸，只见无数的高楼、无数的烟囱、无数的船舶和桅杆，"那是黄浦江""那是杨浦大桥"，旅客惊喜的叫唤时时听见。

1990 年 7 月，温州民航开通，虽有一部分人改乘飞机外出，但对温沪航线冲击不大。但 1998 年 6 月金温铁路的开通，使得温州"水（死）路一条"的交通封闭局面得到缓解，许多乘客改乘火车，温沪航线客流量急剧下滑，当年运客量即下降至 8.42 万人。同年 8 月 31 日，温沪航线最后一班客轮离港后停开。

1999 年初，因春运需要，温沪线再次增加了 20 个航班。同年 3 月，投资 1500 万元，由"展新"号改造的"新上海"号计划每个月开 6 个航班，有 498 个客位，三星级宾馆标准，全船中央空调，是相对豪华的旅游船，但首航之后，乘客最少的一班仅 20 多人。同年 5 月 17 日，这温沪航线的"末代客轮"伴随几声无奈的汽笛，慢慢地离港远去……

2000 年后，交通运输一下子迈入新纪元。高速公路纷纷建成，大量私家车风靡流行，特别是 2008 年 5 月杭州湾跨海大桥的建成，温沪间距离大大缩短，轮船客运终被淘汰，完成历史使命。

如今温州港，是一幅动人的画：以前出大力、流大汗的码头工人没有了，清波荡漾的海湾停靠了无数巨轮，巨大的桥吊轻松地操纵着几十吨的集装箱；忙碌的港口远方，却有无数只海鸥悠闲地翱翔。

时光流转，当年温州港客运站里，温州旅客肩挑背扛，乘船到上海排队买电视机、凤凰自行车、喜糖香烟，甚至酱油的日子融入城市记忆，成为历史。

回顾自 1958 年 4 月温沪航线恢复开航，至 1999 年 5 月停运，这条海上客运黄金航线从开航，逐步进入鼎盛时期，火爆三十多年，至最后几年衰落停航，历时 41 年，改革开放以后，无数温州推销员从温州港码头走向全国和世界各地，对温州与外界的交通、对温州经济的发展立下了不可磨灭的功勋。昔日繁忙的麻行客运码头，如今已是宽阔平坦的江滨路一部分。

安澜码头二十年的变迁

◉ 郑国秋

光阴似箭，岁月如梭，一转眼，2008 年的安澜轮渡站迎来了建站 20 周年。

曾几何时，"走遍天下路，最怕温州渡"这句话仿佛还在耳边徘徊。这是 20 世纪七八十年代广为流传的一句话。温州除了多山外，多水也是其出行难之一。在桥少水多的年代，渡船成了人们出行的重要工具，码头成了人们生活不可或缺的一部分。温州人出远门首选水路，尤其是位于望江东路的安澜码头。

安澜码头自民国时期就已建有简易的石砌码道，供通往楠溪等地的舢板、舴艋舟停泊，后来改建成汽车轮渡码道，为车渡和人渡两用，同时还承接着清水埠、港头、千石、龙桥、江北等 5 对穿插对开的渡轮，汇集着客班轮和 21 艘民间航船任务。由于码头设施简陋原始，旅客上下船要过跳板，落水事故常有发生，安全感极差，为此市人大多次提案，要求改变安澜渡口的落后面貌。

1986 年，温州港务局为了落实人大提案，把这个任务交给我们服务公司（今温州港集团物业管理服务分公司）。我们在一无资金，二无管理经验的情况下，勇敢地接受任务，艰苦创业，克服了重重困难，并得到上级单位的大力支持和社会各界的鼎力相助，投资 60 多万元，终于建成了两只 40 米趸船、三条钢质引桥的浮码头，于 1988 年 7 月 26 日竣工，同年 10 月 28 日投入使用，安澜轮渡站也从此建站。

轮渡码头的建成，承运着清水埠、港头、龙桥、江北 4 条航线，日客流量 4 万～5 万人次，新建的码头一时改善了渡口落后的交通面貌，为温州的经济腾飞起到过积极的作用，但随着市场经济的飞速发展，城乡经济交流日趋频繁，码头客流量、货运量的猛增，瓯北航线的增设势在必行。简陋的码头设施已不适应新形势的要求，码头又出现交通拥挤，旅客无处候船的局面。为了改变这种局面，站领导又四处奔波，积极向西扩建，由于资金不足，我们采取上级补助一点，兄弟单位借一点，职工筹一点的办法，进行扩建，增挂 50 米趸船一只、钢质引桥两条，并建设了 680 平方米的候船室，1996 年 6 月份扩建工程竣工。它的建成，成为永嘉瓯北南岸的配套码头，再次改变了安澜渡口的面貌。

扩建工程投产后，站领导不松气、不松劲，马上决策，着手改造老码头。为此我们又集资 250 万元，把老码头向外延伸 6 米，既解决了趸船搁浅问题，又增加了码头场地。1998 年上半年，老码头改建工程竣工投入使用，安澜轮渡码头通过三次建设，面貌大变样，候船室宽敞明亮，旅客出入方便，客流量鼎盛时期曾创下日接送旅客 10 万人次的纪录。

岁月变迁，随着 1998 年温州大桥飞跨瓯江，2003 年温州三桥的开通，公交车直达瓯北，还有随着人们生活水平的不断提高，自备车的增加，轮渡客流量也受到一定冲击，从鼎盛时期的日 4 万～5 万人次减少为日 2 万～3 万人次。

2006 年 5 月 10 日，为配合城区防洪堤工程建设，安澜快艇码头率先被搬迁至朔门 1 号码头。3 天后，安澜客渡码头也被搬迁至同一地方临时周转。彼时，搭乘快艇前往永嘉龙桥、千石、港头的市民或是搭乘渡轮前往永嘉瓯北和清水埠的市民，都需要到朔门 1 号码头乘坐。尽管临时码头存在着种种安全隐患，但我们还是尽最大努力克服困难，做好安全工作。[1]

至 2008 年的 20 年间，安澜轮渡共安全接送旅客 2 亿多人次，未发生一例责任事故，涌现了许许多多的好人好事，全国劳模李本春就是一个典型的代表。李本春老人从参加公安工作到 1990 年退休，在安澜码头共救起落水群众 31 人，退

1989 年温州港朔门一带（郑高华／摄）

---

[1] 编者注：历时 6 年 1 个月，安澜轮渡码头最终在 2012 年 6 月完成回迁工作。

休后又救起落水群众 11 人；还有轮渡站干部职工在 1995 年 10 月 11 日协助公安警察与罪犯生死搏斗的事迹等等。这些事迹都曾经被《温州日报》《浙江交通报》与温州电视台等新闻媒体报道过。

轮渡码头建成后，安澜轮渡站也将回迁，建成后的安澜轮渡码头将是一座公园式的码头，整个江滨岸线也是百年一遇的防洪堤，而轮渡码头无疑也将是江滨岸线的一道亮丽风景线。[1]

在温州人心中，轮渡码头是一座时间的码头，承载着一个个故事，见证着温州港的昨天和今天。

（本文原刊于 2009 年温州港集团编《港人风采录》自印本）

---

[1] 编者注：2019 年 7 月 30 日，市区安澜亭跨线桥下方的新安澜渡口正式投用。新安澜渡口在原安澜渡口的基础上进行新建，由城投集团投资建设，是瓯江沿线重点项目瓯江路道路及景观改造提升"一线四核"中的重要节点。

悠悠朔门街巷

◉ 宋俊英

毗邻千年古港，海坛山下水门头8号是百年老校温州市第二中学。

1999年，大学毕业后我到温州市第二中学任教语文。家里人都在平阳，只我一人在温州工作和生活，历经两年内三租房，三次不得已搬家，惶惶如孔子说的"丧家之犬"，父母就资助我在学校北门口的水门头买了套50来平方米的老商品房——成了朔门居民。

我家房子所在的居民楼，和水门底古刹白鹿禅寺（又称白鹿庵），仅隔一条小巷。站在家里的阳台上，寺院的里里外外，都可一一尽收眼底。据说白鹿庵香火鼎盛时期是在明清，占地面积达到四亩多，包括现温州二中的局部、之前朔门小学和温州港务管理局部分建筑。

关于白鹿禅寺的传说，最早是我家楼下邻居，一位70多岁的阿婆告诉我的。郭璞建造永嘉郡城时，一只口衔粉红色杏花的白鹿，出现在郡城西南郊，接着向东北方向奔跑，最后消失在海坛山麓。白鹿衔花是吉祥和幸福的象征，后人就把永嘉郡城称为"白鹿城"，为纪念这一事件而建造了白鹿庵，至今已1000多年了。

阿婆是土生土长的朔门人。她说自己和去世多年的丈夫两家祖上三代都住在这里，两人青梅竹马，小时候在家听到瓯江上响起汽笛声，常会一起去门口看瓯江上外国特大轮船缓缓开过来靠岸。每每说起码头，阿婆都会兴致盎然地提及自己的丈夫曾是温州港务局的职工，那是20世纪六七十年代，温州港务局就设在朔门一号码头旁，码头旁有趸船起驳货物，有通往上海的客轮泊岸或启航，有去乐清、洞头、玉环、龙湾、七都等近郊大大小小的航船随着潮水的涨落、或扬帆启航、或抛锚停靠。码头四周人山人海，拉货找人的，送行接人的，人声鼎沸，那真叫一个热闹非凡啊。[1]

1949年后，白鹿禅寺就被占用为工厂，僧人们全都被迫离开。1993年，白鹿禅寺经信众善款修复，占地面积一亩多，并在寺院里立郭璞与白鹿衔花的塑像，

---

[1] 编者注：2013年10月30日《温州日报》副刊文笔版金辉《朔门街纪事》记载码头带动了朔门街的热闹："朔门街的喧哗是与瓯江潮候相关的。这里是温州城区连接瓯江以北旅客码头的通道。涨潮时分，洞头、乌牛、龙湾的航船随着潮水靠岸，特别是永乐轮（温州—乐清）到达后，朔门街的人流顿时如同潮水般涌来，黑压压一片，嘈杂声如同江中的涛声。挑担的、提篮的、肩扛的，匆匆经过朔门街扑向温州城底；落潮时分，他们又带着各种心情走过朔门街，来到江边码头坐船回乡……"

现存明清时期石柱、石础等古物。

从白鹿禅寺大门出来，左转一二十米有一口古井，便是传说郭璞当年造城开凿的二十八宿井之一白鹿庵井。这井曾位于原白鹿庵内，故名。白鹿庵井为六角形，井栏用六块花岗岩石板合榫而成，北侧井栏内壁有楷体直刻"大清光绪岁次壬辰／新三和重建"等字样。这是一口活井。井水源自海坛山，水质透彻清冽，附近的老居民也经常用此水。犹记那些年，20多岁的我，每天有着班主任处理不完的琐事、语文老师批改不完的作业、青年教师自我提升没完没了的任务……忙累中病来如山倒，有很长的一段日子对气味特别敏感，就连用自来水清洗过的衣物和生活用品，漂白粉味常人根本闻不到，而我却不适得彻夜难眠。是白鹿庵井里的水，帮我度过了那段身心备受煎熬的岁月。

我常想：没有自来水年代，朔门古港旁的居民都依赖此井生活吧。汲水、淘米、饮用、沐浴、洗涤……井台上提水声、捣衣声、调笑声不绝于耳，弥漫着多少的祥和气息呀！井旁的白鹿庵香火曾如此旺盛，那是走江闯海的人祈求平安啊！

那些年担任班主任工作，少不了的便是家访。我的学生大多是朔门人，这也使得我对朔门一带的巷里巷外不仅了解，甚至是熟悉。从二中的北门出来，左转即打绳巷。巷子为东西走向，东起水门头，西至解放街。在历史上，因靠近瓯江边，多有船在此停泊，船舶所需的棕绳、麻绳用量大，于是巷内居民开始打绳为生，"打绳巷"的名字就这样流传开来，并得到了官方认可，成了正式的地名。

400多米长的打绳巷里有不少店铺，犹如大珠小珠落玉盘，集零食、蔬菜水果、中草药、文具、五金、日用品、玉石古玩等售卖为一体，以满足不同人群的多样需求。巷的南北两边已拔地而起一些高楼，但更多的是20世纪20至60年代建造的低矮老旧房，叶盖麟民居就是其中历史最悠久的老宅，门屋正立面为欧式风格，石英砂抹面，青石门框，上置英文门楣，再上为半圆形圆拱门套，里面却是中国传统的庭院格局，一中一西，结合得和谐又美好，透着一股难以言说的意境之美。

打绳巷左转便是永宁巷。陶渊明有诗云："孟夏草木长，绕屋树扶疏。众鸟欣有托，吾亦爱吾庐。"永宁巷里，我最爱驻足的，便是历经百年沧桑的爱吾庐了，或许是因了它的名儿太令人向往和浮想联翩吧。漫步永宁巷，每每看到一扇扇古朴泛黄的铜环大门，或敞开着，或紧闭着，我总想走进去看看。偶尔能跨进门内，触摸里面的一砖一瓦，赏看错落有致的厅堂、石板路铺陈的庭院、雕刻着的栩栩如生人物花卉飞禽走兽的门窗廊柱，还有墙角边屋檐上依然些许绿的惬意……感叹其厚重的历史文化底蕴之余，更是怀想着似乎古人早已悟透人生之道，逐渐将清心涵养看作是对自己生命的最大成全。

行经永宁巷深处，右转便是七枫巷。据说七枫巷在宋时为"问政坊"，清代时，由于巷内居民开设油漆作坊，故更名为"漆坊巷"，之后因谐音得名为"七枫巷"。我的一位家住七枫巷的学生，曾在作文里写道："小时，太奶奶说七枫巷里有一座七枫院，里面有七棵枫树。"而我在七枫巷里兜兜转转过很多次，在一座又一座晚清至民国年间所建的宅院前徘徊又徘徊，在一扇又一扇紧闭的门缝里极目又极目，连一棵枫树的踪迹也没发现。多希望，在不经意间，老院门"吱呀"的开门声，吵醒了门前的石狮子，吵醒了满院的花草，吵醒了岁月流逝的青瓦，吵醒了平仄对称的四合院，更是撇开了我身上的浮躁，容我进去探寻门里掩藏的很多的古老故事。

庭院深深，巷陌楚楚。巷里巷外都是旧时光的熏制。离我家最近的巷陌却叫"街"——朔门街。明代有记载温州人中秋夜"倾城男女往双门观潮"，朔门之外是观赏瓯江潮涌的好去处；至明清时期，朔门街就成了温州著名的商业街。朔门街两边几乎都是

朔门老街，封火墙上的"海市屏藩""固若金汤""金城巩固"匾额（林鸿麟／摄）

两层砖木老房子，墙檐相接，高低错落，没走个几步，远远可见"封火墙"的门洞。每次行经，仿若自己在通往历史时光的隧道里穿行，据说这是清代道光年间留下的。东边那道"封火墙"正面上书四个大字"紫气东来"，背面是"海市屏藩"；西边的"封火墙"正面与背面匾额分别是"金城巩固"与"固若金汤"。印象中住在朔门街的人大多年岁已高，生活却是悠然，搬张小板凳坐在门口晒着太阳或乘着凉，和街坊们家长里短地聊着天。街上有卖糕点的、卖元宝蜡烛的、卖文房四宝的、卖水果的、卖茶叶的、卖竹制器具的、卖 CD 碟片的，也有小吃店，还有弹棉花的，杂七杂八地开满了整条街。

而那些年我去朔门街更多的是，为了买我爱吃的有着儿时味道的九层糕和青草豆腐。但要论自己最爱吃的美食，还当数打绳巷口的煎饼——脆、酥、香，让人回味无穷。煎饼摊主是俩夫妻，朔门街人。听街坊们说，夫妻俩原是卖竹器的，都卖了 30 多年。

与朔门街毗邻的，是望江路，自古以来是青田、永嘉、乐清、洞头诸县老百姓坐船进温州城的一个"口岸"，水门头有码头，往东百来米还有安澜亭码头。城外的农夫、渔民、商贩们或提或挑或扛货物来来往往，竹制品也就成了望江路一大特色农副产品：它来自瓯江沿岸的崇山峻岭，随着轮船或航船进城。竹竿、竹椅、藤椅、扫帚、书架、长梯、婴孩站筐等五花八门的竹制品，在望江路巷弄里一溜排开，"守株"也能待到很多"兔子"。然而，随着时代日新月异的发展，传统码头经济的萧条，竹器生意没落了，夫妻俩也就改行了。

而今世事变迁，温州千年古港遗址在挖掘和保护中，朔门街巷也英姿勃发在时光里与时俱进，对于一些老旧残破的老宅院落等建筑和风物，智慧的温州人选择了保留其时代特色及民风民情，或重修或改造，传递温州城市特有的历史文化记忆，列入温州市历史文化保护区。

海丝寻踪

历代温州海丝诗文选注

◉ 南　航

作为浙南最重要港口，朔门古港往西上溯瓯江，可达丽水等内陆地区，往东出海可分为南北两线：

北线通过东海、黄海、渤海到达北方沿海省份，远至东亚各国，属于"东海丝路"；南线通过东海、南海到达南方沿海省份与台湾地区，远至东南亚、南亚、中东、非洲、欧洲各国，属于"南海丝路"。

悠悠千年里，上述海丝之路不断进行着货物运输、市场交易、人员往来、文化科技宗教艺术等各种交流。钩沉历代文献古籍温州海丝之路的记载，其作者多名家大咖，其内容不乏故事性与传奇色彩，而且常常采用诗歌形式，相当程度上，丝路也是诗路。

学界认为，严格意义上的中国海丝之路开始于公元前 111 年西汉汉武帝灭南越国后，结束于 1840 年鸦片战争爆发时。本文以这两个时间节点适当上溯下延，摘选兼具代表性与可读性的诗文，不限于纯贸易行为，既收录温州人与温州本土的海丝活动，也包括温州人与外地的海丝活动，按年代顺序排列，考虑篇幅，主要解说与海丝相关的史实。

西汉

浮海救东瓯

司马迁

吴王子子驹亡走闽越，怨东瓯杀其父，常劝闽越击东瓯。至建元三年，闽越发兵围东瓯。东瓯食尽，困，且降，乃使人告急天子。天子问太尉田蚡，蚡对曰："越人相攻击，固其常，又数反覆，不足以烦中国往救也。自秦时弃弗属。"于是中大夫庄助诘蚡曰："特患力弗能救，德弗能覆；诚能，何故弃之？且秦举咸阳而弃之，何乃越也！今小国以穷困来告急天子，天子弗振，当安所告诉？又何以子万国乎？"上曰："太尉未足与计。吾初即位，不欲出虎符发兵郡国。"乃遣庄助以节发兵会稽。会稽太守欲距不为发兵，助乃斩一司马，谕意指，遂发兵浮海救东瓯。未至，闽越引兵而去。

【注】录自北宋景祐监本《史记集解·东越列传》，亦见《汉书·严助传》，题为笔者所加。

西汉前元三年（前154）发生"七国之乱"，温州时属东瓯国，参与作乱，后反戈杀死为首谋逆的吴王刘濞。刘濞之子逃入闽越国，为报父仇，建元三年（前138）怂恿闽越攻打东瓯。东瓯向汉廷求救，汉武帝召集大臣讨论，最终派庄助（东汉时避讳明帝刘庄而改为"严助"，会稽郡人）从京城长安到离东瓯最近的会稽郡水军基地"发兵浮海救东瓯"。

据章巽《我国古代的海上交通》，战国时期中国有九大港口，长江口有吴（苏州），钱塘江口有会稽（绍兴）、句章（宁波），瓯江口有东瓯（温州）。吴是西汉会稽郡郡治，会稽、句章属于会稽郡。庄助带兵浮海相救，必须率水军楼船出长江口或钱塘江口，再沿海南下，过杭州湾，经舟山、宁波、台州，转入温州湾。这说明西汉时已存在沟通长江（钱塘江）与瓯江的海路。这应是温州最早的海路记载。

《汉书·地理志》记载汉武帝元鼎六年灭南越国后，海贸从广西北海市合浦县、广东湛江市徐闻县入海，过海南岛，最终到达南亚已程不国，这条南海丝路被视为中国海上丝路的发端。而庄助"发兵浮海救东瓯"相比还早了27年，所走的海路则是日后东海丝路的雏形。

磐石"镇瓯炮台"匾额

南朝

行田登海口盘屿山

谢灵运

　　齐景恋遄台，周穆厌紫宫。牛山空洒涕，瑶池实欢悰。年迫愿岂申，游远心能通。大宝不权□，况乃守畿封。羁苦孰云慰，观海藉潮风。莫辨洪波极，谁知大壑东？依稀采菱歌，仿佛含嚬容。遨游碧沙渚，坦荡丹山峰。

　　【注】 录自清刻本《乾隆温州府志·艺文》。

　　盘屿为今乐清磐石镇。晚清温州开埠后，瓯江北岸的乐清磐石炮台至南岸龙湾外口炮台的连线被瓯海关划为温州港港界，从东至西，过此界线即进入温州港。而在永嘉郡太守、中国山水诗鼻祖谢灵运时代，盘屿还是海口与海岸线，由此往东就是出海，所以谢诗"观海藉潮风"提到观海。

　　诗中"大壑"来自《庄子·天地》："夫大壑之为物也，注焉而不满，酌焉而不竭。"后为大海的别称。"莫辨洪波极，谁知大壑东"可证谢灵运在盘屿眺望，只能见到茫茫无涯的大海。

游赤石，进帆海

谢灵运

　　首夏犹清和，芳草亦未歇。水宿淹晨暮，阴霞屡兴没。周览倦瀛壖，况乃凌穷发。川后时安流，天吴静不发。扬帆采石华，挂席拾海月。溟涨无端倪，虚舟有超越。仲连轻齐组，子牟眷魏阙。矜名道不足，适己物可忽。请附任公言，终然谢天伐。

　　【注】 录自北宋天圣明道刊本《昭明文选·游览》。

　　南朝宋郑缉之《永嘉郡记》载今瓯海茶山的"帆游山，地昔为海，多过舟，故山以帆名"，当时帆海与东海相通。南朝宋景平元年（423）初夏，谢灵运从永嘉郡城出发，扬帆乘舟航行到帆海，目睹"溟涨无端倪，虚舟有超越"，再南下到仙岩，"弭棹向南郭，波波侵远天"（谢灵运《舟向仙岩，寻三皇井仙迹》），写下了温州最早的海路诗歌。

"挂席拾海月"里的"挂席"为谢灵运首创的词语，与扬帆同义，但神奇的是，后世"海神"妈祖传说里就有妈祖坐船渡海，没有帆，把草席挂在桅杆上当帆而顺利到达的故事。

　　南朝走过温州海路的还有"山中宰相"陶弘景。北宋贾嵩《华阳陶隐居内传》引陶弘景《登真隐诀》佚文记载梁天监十一年（512），陶弘景"便乘海还永嘉。木溜屿乃大有古旧田塘，孤立海中，都无人居，甚可营合""八月至木溜，见其可居，始上岸起屋"，木溜屿即今台州玉环岛，当时属于永嘉郡。

北亭与吏民别

谢灵运

　　刀笔愧张杜，弃繻惭终军。贵史寄子长，爱赋托子云。昔值休明初，以此预人群。常呼城旁道，更歌忧逸民。犹抱见素朴，兼勉拥来勤。定自惩伐檀，亦已验惟尘。晚末爱余荣，憩泊瓯海滨。时易速还周，德乏难济振。眷言徒矜伤，靡术谢经纶。矧乃卧沉疴，针石苦微身。行久怀丘窟，景昃感秋旻。旻秋有归棹，戾景无淹津。前期眇已往，后会邈未因。贫者阙所赠，风寒护尔身。

2020 年 10 月望江路，北亭原址在朔门外沿江一带（杨冰杰／摄）

【注】录自清《乾隆温州府志·古迹》，校以《太平寰宇记》《方舆胜览》。

北宋《太平寰宇记·温州》载："北亭在州北五里，枕永嘉江，灵运罢郡，于北亭与吏民别，诗云：前期眇已往，后会邈无因。"南宋戴栩《江山胜概楼记》载："谢康乐守永嘉垂七百年，郡人始即城北门为楼，以康乐泛中川，涉孤屿，历览倦乎江壖，因取北亭叙别之诗，借楼以表之。"综合以上古籍记载，推测温州建郡后就有北城门外、永嘉江（瓯江）畔的北亭，即州北的邮亭驿亭，用于送别，是郡城之外朔门古港已知最早的人工建筑。今朔门古港遗址发现北宋渡亭遗迹。

谢灵运告别郡里吏民，从朔门古港出发，沿瓯江逆流而上青田、丽水回乡，虽然不走海路，但瓯江是温州海丝之路的延伸段。

唐

永嘉别张子容

孟浩然

> 旧国余归楚，新年子北征。挂帆愁海路，分手恋朋情。日夕故园意，汀洲春草生。何时一杯酒，重与季鹰倾。

【注】录自清刻本《全唐诗》。

唐开元年间冬天，"诗星"孟浩然乘船来温寻访好友、乐清县尉张子容，两人在永嘉县上浦馆（今永嘉乌牛镇乌牛码道村）相会，再一起去乐清县治。孟浩然在温州期间写下六首诗，屡屡提到海，如"卧闻海潮至"（《宿永嘉江，寄山阴崔少府国辅》），"云海泛瓯闽"（《除夜乐城逢张少府作》），"孤帆海畔过……江海正无波"（《初年乐城馆中卧疾怀归作》），以及本诗里的"挂帆愁海路"。孟张两人在开春分别，孟浩然向西"归楚"（故乡襄阳），张子容"北征"，那么后者应该是从乐清县城坐船沿海而行，如此可归为海丝诗文[1]。

送王屋山人魏万还王屋并序

李白

> （王屋山人魏万，云自嵩宋沿吴相访，数千里不遇，乘兴游台越，经永嘉，观谢公石门。后于广陵相见，美其爱文好古，浪迹方外，因述其行，而赠是诗）

---

[1] 详见笔者《孤帆天一涯——孟浩然的温州之旅》，2020年6月文汇出版社《瓯风》第十九期。

仙人东方生，浩荡弄云海。沛然乘天游，独往失所在。魏侯继大名，本家聊摄城。卷舒入元化，迹与古贤并。十三弄文史，挥笔如振绮。辩折田巴生，心齐鲁连子。西涉清洛源，颇惊人世喧。采秀卧王屋，因窥洞天门。揭来游嵩峰，羽客何双双。朝携月光子，暮宿玉女窗。鬼谷上窈窕，龙潭下奔溑。东浮汴河水，访我三千里。逸兴满吴云，飘摇浙江汜。挥手杭越间，樟亭望潮还。涛卷海门石，云横天际山。白马走素车，雷奔骇心颜。遥闻会稽美，一弄耶溪水。万壑与千岩，峥嵘镜湖里。秀色不可名，清辉满江城。人游月边去，舟在空中行。此中久延伫，入剡寻王许。笑读曹娥碑，沉吟黄绢语。天台连四明，日入向国清。五峰转月色，百里行松声。灵溪恣沿越，华顶殊超忽。石梁横青天，侧足履半月。眷然思永嘉，不惮海路赊。挂席历海峤，回瞻赤城霞。赤城渐微没，孤屿前峣兀。水续万古流，亭空千霜月。缙云川谷难，石门最可观。瀑布挂北斗，莫穷此水端。喷壁洒素雪，空蒙生昼寒。却思恶溪去，宁惧恶溪恶。咆哮七十滩，水石相喷薄。路创李北海（李公邕昔为括州，开此岭路），岩开谢康乐（恶溪有谢康乐题诗处）。松风和猿声，搜索连洞壑。径出梅花桥，双溪纳归潮。落帆金华岸，赤松若可招。沈约八咏楼，城西孤岧峣。岧峣四荒外，旷望群川会。云卷天地开，波连浙西大。乱流新安口，北指严光濑。钓台碧云中，邈与苍岭对。稍稍来吴都，裴回上姑苏。烟绵横九疑，漭荡见五湖。目极心更远，悲歌但长吁。回桡楚江滨，挥策扬子津。身着日本裘（裘则朝卿所赠，日本布为之），昂藏出风尘。五月造我语，知非儓儗人。相逢乐无限，水石日在眼。徒干五诸侯，不致百金产。吾友扬子云，弦歌播清芬。虽为江宁宰，好与山公群。乘兴但一行，且知我爱君。君来几何时，仙台应有期。东窗绿玉树，定长三五枝。至今天坛人，当笑尔归迟。我苦惜远别，茫然使心悲。黄河若不断，白首长相思。

【注】录自宋刻本《李太白集》，此首异文较多，择一而从。

魏万是"诗仙"李白的超级粉丝。唐天宝十三年（754），魏万见李白不得而漫游台越。据李白如实记录的魏万行程，其到温州是"眷然思永嘉，不惮海路赊。挂席历海峤，回瞻赤城霞。赤城渐微没，孤屿前峣兀。水续万古流，亭空千霜月。缙云川谷难，石门最可观"，那么是从台州出海，乘船南下经过乐清湾，转入温州港，

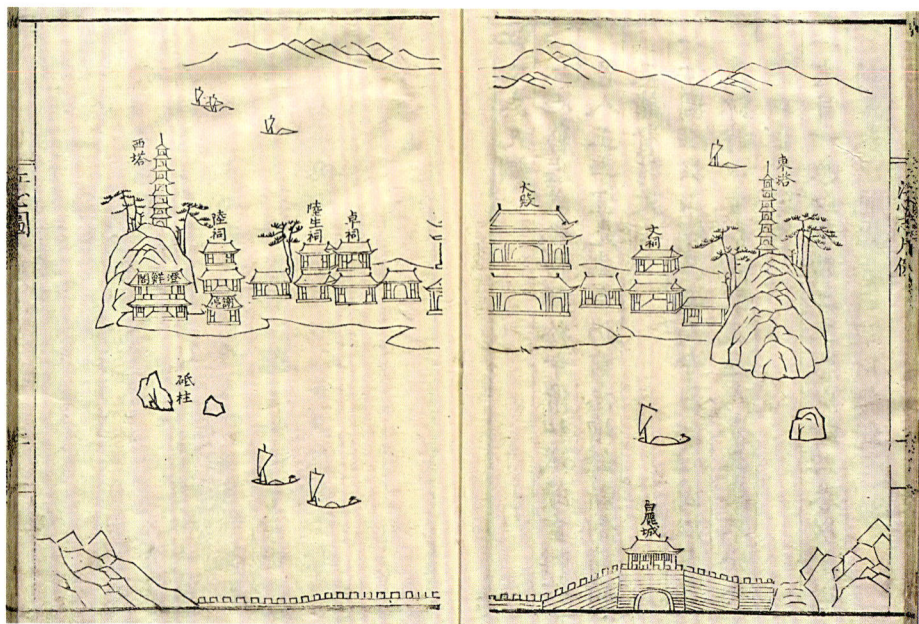

明天启《江心志》里的江心屿图，左侧西塔下有谢公亭

逆瓯江而上，过江心屿、青田石门洞到缙云，等于从东海丝路到瓯江诗路。

诗里的"挂席"来自谢灵运《游赤石，进帆海》里的"挂席拾海月"。作为中国家喻户晓的大诗人，李白在写温州的山水诗里用了另一位大诗人温州山水诗的词语，可谓一种极接地气的致敬。

流浪西亚，泛海归国

> 严怀志以泾原裨将，随浑瑊会吐蕃。背盟，怀志等陷没，居吐蕃中十余年。逃入以西诸国，为所掠卖。又脱走，经十余国至天竺、占波国，泛海而归，贞元十四年始至温州，征诣京师。德宗以怀志处蕃久，不欲令出外，囚之伏内。顺宗即位乃释之。初，怀志之陷，父母俱存。及归，父母皆殁，妻嫁他人。

【注】录自南宋刻本《册府元龟》，题为笔者所加。

温州跨国海丝之路据现存文献记载，北线交通以唐高宗显庆四年（659）日本使节漂流到永嘉县为早，南线交通当以严怀志为早。

文中"泾原"为唐方镇，今属甘肃宁夏。"浑瑊"为唐代抗击吐蕃的名将。唐德宗贞元三年（787），吐蕃假装与唐朝结盟于甘肃平凉，伏杀唐军，会盟使浑瑊单骑逃出重围，部下全部陷没。《旧唐书·顺宗本纪》记载唐顺宗永贞元年（805）二月"甲寅，释仗内囚严怀志、吕温等一十六人。平凉之盟陷蕃，久之得还，以习蕃中事，不欲令出外，故囚之仗内，至是方释之"。另据《册府元龟》记载，严怀志释放后被封为中郎将。

唐德宗时期是唐朝外贸兴盛时期。严怀志从青藏高原的吐蕃至西亚，趁着海贸热潮，历经十多个国家，沿着海丝之路过南亚天竺（印度）、东南亚占波（越南）回国，贞元十四年（798）从温州港上岸，万里归途，流浪了十多年，绕了一个大弯矢志归来，却见父母双亡，妻子改嫁，自己先囚后官，其艰险困苦，悲欢离合，简直可以拍电影。

《新唐书·地理志》记载贞元年间宰相贾耽记录唐朝通达四夷有七条要道，"七曰广州通海夷道"，即唐代中国海丝之路，从广州通往东南亚、南亚、阿拉伯海、波斯湾。严怀志很可能走的是这条道，或遭遇风浪而漂流至温州港。

空中飞舟回故乡

> 惠民庙在嘉屿乡三港。神陈氏，唐时人，居邑之洪口。幼时宅旁有大竹林，母令取竹，神以两指握之皆破，今有二竹林。及长，为大公行舟于海。当岁除，在南闽，乡人同舟者皆忆家。神谓曰："各宜闭目，来日可到家贺新正。"咸未之信，姑从其言，但闻舟戛林木有声，达旦则舟抵其乡矣。人始 [异之]。既殁，乡人商于海，值风，舟将覆，忽帆樯间有声泄其姓氏。及济还，为立祠于三港，俗称"三港大圣"。

【注】录自明《弘治温州府志·祠庙·瑞安县》，题为编者所加。

温州的海神不是一个，而是一群；不但有外地空降的李德裕、妈祖、晏公（平浪侯晏戍仔），也有本地出产的；不仅唐代已有被祭祀的，而且历代还不断涌现新的。

文中"洪口"旧属瑞安，今属泰顺县。"三港大圣"，民间又称"三港爷""庄济侯王"，明《嘉靖瑞安县志》记载"宋宣和敕封赐额，后以三港地远，不便祈祷，故于西门外岘山下及月井、九里、安禄岩、凤村、中埭俱建行祠。以其每著灵于海上，故沿海之民，事之惟谨"，北宋宣和年间温州市区有其行祠，今浙南常见三港殿、三港庙。清《乾隆瑞安县志》记载"宋端拱二年诏封惠民侯，宣和二年诏封护国惠民侯，宋德祐元年诏封护国惠民福善圣王，元至正二十二年加封'庄济'二字"，《嘉庆瑞安县志》记载"神姓陈，名逸，字子良"。无独有偶，同是唐代瑞安县人，还有杨精义（杨府爷）也同样具有庇护海商功能。

北宋

高丽尚书的传奇人生

（朝鲜）郑麟趾

周伫，宋温州人，穆宗时随商舶来。学士蔡忠顺知其有才，密奏留之。初授礼宾省注簿，不数月，除拾遗，遂掌制诰。显宗避契丹南幸，伫扈从有功，由是大显，骤迁礼部侍郎、中枢院直学士，历内史舍人、秘书监、右常侍，拜翰林学士承旨、崇文辅国功臣、左散骑常侍、上柱国、海南县开国男，食邑三百户，寻进礼部尚书。十五年卒。性谦恭，工文翰，交聘辞命多出其手，恩遇无比。

【注】录自明景泰二年朝鲜活字本《高丽史·列传》，题为编者所加。

沿着海丝路"随商舶来"高丽并定居终老的周伫，乃温州移居海外的华侨先驱。

穆宗，高丽王朝王诵，公元997—1009年在位，继任者为显宗王询，1009—1031年在位，后者被视为高丽中兴之主。

据《高丽史·世家》，周伫为1005年（北宋真宗景德二年）投高丽国，被授礼宾省注簿，1011年辽国攻入高丽京城，"扈从诸臣闻拱辰等被执，皆惊惧散走，惟侍郎忠肃、张廷祐、蔡忠顺，周伫、柳宗、金应仁不去"。由此有功，当年契丹兵退后，升为礼部侍郎，1013年为内史舍人，参与修撰高丽国史，1014年为秘书监，知贡举取进士，1018年为右常侍，1021年为翰林学士承旨，撰京畿道开城府《有宋高丽国灵鹫山新创大慈恩玄化寺碑铭并序》，显宗篆额，蔡忠顺书。据2007年延边大学出版社《中国二十六史及明清实录东亚三国关系史料全辑》第5辑，周伫该文落款为"崇文辅德功臣、翰林学士承旨、金紫兴禄大夫、左散骑常侍、知制诰、判史馆事、上柱国、汝南县开国子，食邑五百户"，其封爵为子爵，食邑五百户，显然比本传里的男爵、食邑三百户晋级了，1022 年为礼部尚书，1024 年（北宋仁宗天圣二年暨高丽显宗十五年）五月庚戌去世。明慎懋赏《四夷广记·东夷广记》记载穆宗、显宗"两朝辞命，仁实主之"。

自温将还衢郡，题谢公楼

赵抃

　　雁荡周游遂此过，永嘉人物竟如何。三贤籍籍风流守（孙兴公、谢康乐、颜延之皆古之贤守也），一宿匆匆证道歌（予登无相禅师阁，亦尝撰赞留于塔下）。城脚千家具舟楫（郡里外通江海，民间悉置船舫，尤便出入），江心双塔压涛波。因留子舍欣逾月，归去吾知所得多。

　　【注】录自明嘉靖刻本《赵清献公文集》。
　　这是温州史上第一首正面写到朔门古港的诗歌。北宋元丰二年（1079），因儿子赵屼为温州通判，"铁面御史"、参知政事赵抃致仕后，来温州游雁荡，再回家乡衢州。在温州古城北城门外的瓯江乘船上溯至丽水离去前，他登上城门上的谢公楼，赋诗描述眼前温州港"城脚千家具舟楫，江心双塔压涛波"的繁忙景象，并自注"郡里外通江海，民间悉置船舫，尤便出入"。

海神庙碑记

赵屼

　　温人自夏徂秋，常观云以候风。苟一二日间，其云气或黑或赤，低重凝澄，密而不散，则居民、海贾咸以为忧。方未风时，蒸溽特甚，而波涛山涌，若有物驱之，此邦谓之"海动"。既而暴风大起，其色如烟，其声如潮，振动天地，拔木飘瓦，甚惊畏者不敢屋居以惧覆压。风稍息则雨大倾，雨稍霁则风复作，一日之间，或晴或雨者无虑百数，此邦谓之"风痴"。其始发于东北，微者一昼夜，甚者三数日；已而复有西南之风，随其一昼夜或三数日以报之，此邦谓之"风报"。
　　风痴已可惧，然比岁常有；而风报或无，果有则势尤恶。熙宁九年，大云寺庐舍那阁成，费钱千有余万，其高广闳伟甲于城中间。是年七月，所谓风报者起，此阁辄屡浮动，寺僧皆大呼佛。风定而视之，则柱离于础尺余矣。推此以知力之大，何千万人足拟哉！至于官宇民庐往往摧圮，迄今修复尚未如故。稽诸郡人，乃云："数十年来未见此风之比也！"

每五六月以往，邦人率以为虑。凡风雨作则无雷，唯得雷而后测霁止之期。迨秋冬之交，莫不相庆，谓可无虑矣。其风之来，狂暴而喧豗不止，故谓之"痴"，二广则谓之"飓"，大率海滨多有之。韩退之《问泷吏》诗云"飓风有时作，掀簸真差事"者此也。

幸而有海神庙者，在郡城东北隅海坛山之上。风之兴，长吏或躬往，或遣僚属祷之，或验或不验，岂非情至与不至耶？不唯风尔，至于水火之灾，旱蝗之虐，祷之多应，诚有德于斯民者，列之祀典，宜哉！

前日风，余从太守石公祷于庙下，翌日风遂定。今晨来致谢，民皆欢喜。余以谓诚之至者，尤可以动无情之金石，况有德于民之神乎。孔子曰："丘之祷久矣。"则至诚之心，贵行之于平居无事之时，非特措之于仓卒之变而已也。

温州频年水，而又常苦风，虽莫不有数，意其为吏者，莫知兹神之灵而不知来祷，借有祷之，或措诚于仓卒，而责应于必然，皆未可也。因笔以告来者。

元丰三年八月十七日记。

判温州军州兼管内劝农事借绯赵岊记
朝请大夫知温州军州兼管内劝农事护军借紫石牧之

【注】录自温州文献丛书《温州历代碑刻集》。

据《宋会要辑稿》《弘治温州府志·祠庙》《万历温州府志·祠祀》《光绪永嘉县志·坛庙》，唐咸通二年（861）温州市区海坛山上始建海神显相庙，为镇伏台风而祷告，其神传为唐大中四年（850）在崖州（今海南省海口市）去世的名相李德裕，海坛山也因有海神祭坛而名。

李德裕《祥瑞论》自称"贞元中，余在瓯越"，《旧唐书·李德裕传》记载他"贞元中以父谴逐蛮方，随侍左右，不求仕进"。温州祭祀李德裕，除了本书《温州独尊的海神李卫公》引述北宋温州知州范峋感梦，不知是否与他年轻时寓居瓯越有关？

此文撰于北宋元丰三年（1080）。落款的温州通判赵岐为赵抃之子，石牧之为温州知州。"居民、海贾咸以为忧"，可见北宋时温州不乏出海经商者，而温州地方第一第二把手都对海神庙如此重视，台风前祈祷，台风后致谢，并立碑"以告来者"，实在是因为关系到海丝之路的平安。

永嘉百咏
杨蟠

《海神显相庙》
州守一区宅，四山为四邻。二年知我者，唯有此山神。

《江心寺》
孤屿今才见，原来是两峰。塔灯相对影，夜夜照鱼龙。

【注】录自明刻本《弘治温州府志·词翰》。

北宋绍圣二年（1095），杨蟠任温州知州。在任上，他游历温州各地名胜景观而成《永嘉百咏》，据题，原当为组诗约百首，但现存完整 30 来首，仅剩佚句 2 首，仅剩诗题 10 首，其中有《谢公楼》写拱辰门上的城门楼。

第一首写海神庙，延续了石牧之、赵岐等地方长官对海神庙的重视。

第二首"塔灯相对影"是最早提到江心屿双塔每夜燃灯照明，给来往船只提供导航功能的文字记载。自北宋之后，江心屿双塔灯长明不熄，一直发挥作用。南宋吴驷《江心寺》有"满江星火东西塔，大地雷声上下潮"，其中"满江星火"当指双塔灯火倒映瓯江波浪上，被搅碎而成星星点点。元代陈孚《江心寺》有"谁把浮屠插天上，宵灯耿耿明瑶空。灯影交加落波底，恰若一天星斗同"。明代陈斌《江心寺》有"灯摇波影东西塔，橹送潮声上下舟"，金锡敦《立秋日车别驾招饮江心，观塔灯至夜尽，得"楼"字》有"潮势怒联双塔起，灯光寒迸乱星流"，黄采《江心寺》有"地接诸天朝梵静，波涵双塔夜灯沉"。清代林元桂《江心观塔灯》

有"浮屠高插寺西东，永夜层层宝炬红。万点星球悬海上，两枝火树落天中。烟凝岛屿看如蜃，光照楼台望若虹。果是老蛟不成寐，几回惊起满江风"，项霁《暮登江心西浮图》有"天河影落三千水，灯火星流十万家"，梅庚《江心寺》有"衔尾楼船原海国，江心塔火自朝昏"等，这些诗句皆对塔灯进行精彩描绘。明王光蕴甚至专门写了一篇《江心塔灯赋》，被清康熙《历代赋汇》收录。

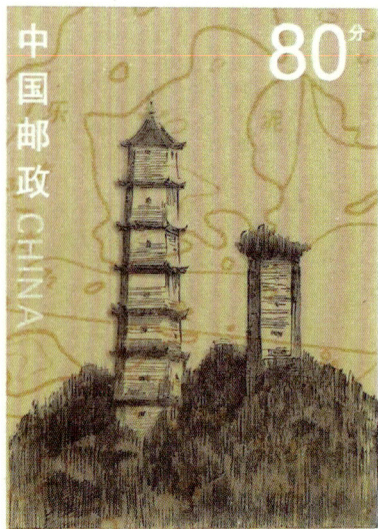

2002 年特种邮票《历史文物灯塔》一套五枚，第二枚为江心屿双塔

永嘉即事

杨蟠

　　一片繁华海上头，从来唤作小杭州。水如棋局分香陌[1]，山似屏风绕画楼[2]。是处有花迎我笑，何时无月逐人游。西湖宴赏争标日，多少珠帘不下钩。

　　【注】录自明景泰年间刻本《寰宇通志·浙江等处承宣布政使司》。

　　此诗开篇综述温州地理形势与城市格局，再切换不同镜头展开山水景观与习俗民风，视角灵活多变，先有远景航拍，后有近景聚焦，"一片繁华海上头，从来唤作小杭州"是朔门古港所依托的温州这座海丝古城的最佳宣传语。

广济庙记

曹睿[3]

　　古之人生而有功于民，殁则致祭于社。至于英灵昭著，能御灾捍大患，有司必请于朝，以褒封之，庙食百世，以扬神休，其来尚矣。

　　瑞安东郭庙神姓林氏，名三益，字友直，生于宋熙宁戊申五月初四日，

---

[1] 香陌，明《弘治温州府志》引此诗作"街陌"，不符七律工对要求。早于《弘治府志》的南宋《锦绣万花谷》《记纂渊海》《方舆胜览》与元《翰墨全书》引此诗均为"香陌"。

[2] 屏风，原作"屏纬"，《锦绣万花谷》《记纂渊海》《方舆胜览》《翰墨全书》引此诗皆作"屏风"。

[3] 曹睿，元末明初温州永嘉人，明松江府学训导，诗文皆清新，著有《独叟集》。

幼时岐嶷，长而聪明，沉毅勇挚，才器过人，遇乡里有不平事，直词剖决，闻者靡不信服。

崇宁间，闽人吴必大、秦胜职贡方物，及昆阳白沙民陈光转粟于海，遇贼艘，引避岘江。贼顺流而下，将乘便寇城邑。吏民惊骇，莫知所措。神踊跃奋呼于众曰："今狂寇凶逆敢夺上供之物，且虐及吾土。不殄此寇，何以生为！"乃归白其母，仗剑率猛士张伯殷、沈大有，驾船往击之。神中流矢不顾，与之搏战数合，殪厥渠魁，余党败溺。其义出于天性，盖如此。

尝憩永丰桥亭，面发赤，汗流浃背。人问其故，乃曰："吾方在海中捍舶船，劳甚。"数日后，榕城舶商踵门以谢之。人益信其神。一日忽语人曰："可于许右丞阁上取团花金袍、白玉带、皂花帽来，翌日吾其逝矣。"及期，沐浴更衣，端拱而化。乡人异之，告于长吏，具实迹上闻，立庙于东郭丰湖之南，凡水旱疾疫，随祷辄应。咸淳初，封"广济侯"。

宋革命后，至元丁丑，邻寇剽掠，势张甚。俄而神威耀灵，有大旗现于云端，居民鼓勇力战，贼党震詟奔命，邑赖以宁。至大戊申，朔方流民假道入闽，疠气传染，死者相枕藉。乡人忧惧，祷于神，独吾邑获免疾疫。未几，海寇近境，同知州事张成谒款祠下，而贼锋卒不敢犯。后州倅李恺漕运出海，遇风涛恶甚，怆惶呼号，舟人仰瞻樯末，神火炜燿，遂得善达。朝廷闻之，乃锡封"昭惠广济公"。癸卯冬，有虎入市搏人，众莫敢近。顷间至庙侧，乃贴服受擒，人以为神力所拘云。知州赵荣祖以其事闻，特封"忠武孚祐昭惠广济王"，由是灵异益彰。邑人奉之如考妣，岁时致祭，刑牲醻酒，列拜廷下。庙貌严肃，过者下马焉。

庙久，旧记残缺。余方归自吴中，项通甫等来以是请，姑述其颠末，俾刻于石，以贻后人，俾其久永不忘，并为《迎送神曲》二章，使歌以祀之。

其《迎神之曲》曰：日将出兮东方，庙门辟兮晨光。神之来兮逶迤，灵旗下兮云扬。吹箫兮击鼓，荐琼芳兮斟清酤。神其格兮来止，惠我民兮永终古。

其《送神之曲》曰：爵三奠兮乐终，神醉饱兮其乐融融。驾飞龙兮翩翩，欻远举兮云中。天门开兮九重，矫首北望兮焉穷。神之去兮不可留，降百福兮日以隆。

【注】录自明《嘉靖瑞安县志·艺文志》。

林三益是继杨府爷、三港爷后，旧瑞安县出产的又一位海神。

文中"许右丞"即许景衡（1072—1128），北宋瑞安县（今瓯海区丽岙）人，南宋初官至尚书右丞。明《弘治温州府志·祠庙》记载林三益临终前到许景衡府第取服饰，令许景衡感叹其神，乃为其建祠，那么林三益生于1068年，逝于1128年前。《弘治温州府志》《岐海所谈》又载"海商郑宁航米遇贼，呼神号现兵，贼遁"。

除了瑞安，温州各地也出产海神，比如龙湾有忠烈将军郑生，瓯海有惠应庙神叶氏，苍南有"平水王"周凯，足见瓯越多淫祠。再如笔者先祖有南宋南增顺、南敬顺兄弟，乐清黄华南宅人，早亡。南宅附近海面多风浪，过往船只经常覆没，南宋闽广常海运粮食至京城杭州，相传一日宋廷运粮船队从福建路过，因风急浪大面临船毁人亡危险，他们及时显灵，英勇挽救了船队，被宋宁宗敕封"横塘福佑将军"，在温州建神庙祭祀。今南宅殿后南氏宗祠里藏有清道光十五年（1835）《弍难千古碑》，又名《宋敕封五世祖端八端十二公横塘福佑将军碑记》，详细记载两人"捐躯捍难"的事迹，也是海丝文物。

南宋

搜山大王

洪迈

温州瑞安道士王居常，字安道，后还俗居东山。因贩海往山东，为伪齐所拘。脱身由陆路将归，至开封，夜梦人告曰："汝来日当死，如遇乘白马着戎袍挟弓矢者，乃杀汝之人，宜急呼'搜山大王乞命'。若笑则可生，怒则死。缘汝曩世曾杀他人故，今受报。"居常次日行荒陂中，果见一人乘马，宛如昨梦所言，即拜呼"搜山大王乞命"。其人笑而去，遂得脱。后归乡，绘其像事之。

【注】录自清影宋钞本《夷坚甲志》。

"贩海"指往来海上贩卖货物，亦指做海外生意的人。伪齐（1130—1137）是金国在黄河以南北宋故地建立的傀儡政权，山东为其辖地。《夷坚志》系列作为志怪故事集，不能都作为史实看待，著者洪迈自注此故事闻自他人（朱亨叟），但故事背后有真实的宋代社会状况。

《宋史·高宗本纪》记载"（建炎四年秋七月）己未，禁闽广淮浙海舶商贩山东，虑为金人向导。"建炎四年恰是伪齐政权建立之年，王居常作为南宋人，违反朝廷禁令，从事"东海丝路"贸易，遭到敌方拘禁是难免的代价。剔除因果报应的迷信成分，王居常故事反映了温州人即便战乱，即便犯禁，也敢做生意的秉性。

海山异竹

洪迈

　　温州巨商张愿，世为海贾，往来数千里，未尝失时。绍兴七年，涉大洋，遭风漂其舡，不知所届。经五六日，得一山，修竹戛云。弥望极目，乃登岸，伐十竿拟为篙棹之用。方毕事，见白衣翁云："此是何世界，非汝所当留，宜急回，不可缓也。"舡人拱手白曰："某辈已迷失路，将葬鱼腹，仙翁幸教，如何可达乡间？"翁指东南方，果得善还，十竹已杂用其九。

　　临抵岸，有倭客及昆仑奴望桅樯，拊膺大叫可惜者不绝口。既泊缆，众凝睇舡内，见一竹尚存，争欲辄买曰："吾不论价。"愿度其意必欲得，试需二千缗。众齐声答曰："好。"即就近取钱以偿。愿勿曰："此至宝也，我适相戏耳，非五千缗勿复议。"昆仑尤喜，如其数，辈［辇］钱授之，而后立约。约定，愿问之曰："此竹既成交易，不可翻悔，然我实不识为是何宝物，而汝曹竟欲售如此，盍为我言之？"对曰："此乃宝珈山聚宝竹，每立岸于巨浸中，则诸宝不采而聚。吾毕世舶游，视鲸波拍天如平地然，但知竹名，未尝获睹也。虽累千万价，亦所不惜。"愿始嗟叹而付之。

【注】录自清影宋钞本《夷坚支志》。

聚宝竹能让"诸宝不采而聚"，无疑过于传奇演义，但写明绍兴七年（1137），可见温州海商海贾在南宋已十分闻名；航程达"数千里"，亦可见其远；能够随机应变，与卖方讨价还价，可见温商之精明早有基因。

文中"倭客"指日本客商，"昆仑""昆仑奴"，古代指南亚与东南亚人，被中国雇佣为奴仆。著者洪迈在文末自注"予谓温州未必有倭舶到岸而蕃客安得见仙？当以询彼人也"，其实温州在宋代常有日本客商来往交易货物。南宋包恢《敝帚稿略·禁铜钱申省状》记载："倭船自离其国，渡海而来，或未到庆元（宁波）之前，预先过温台之境摆泊。海涯富豪之民，公然与之交易。倭所酷好者，铜钱而止；海上民户所贪嗜者，倭船多有珍奇……倭船离四明（宁波）之后，又或未即归其本国，博易尚有余货，又复回旋于温台之境，低价贱卖，交易如故。"

提举延福祈风，道中有作次韵

王十朋

　　　　雨初欲乞下俄沛，风不待祈来已薰。瑞气遥看腾紫帽，丰年行见割黄云。大商航海蹈万死，远物输官被八垠。赖有舶台贤使者，端能薄敛体吾君。

【注】录自民国《四部丛刊》景明正统刻本《梅溪集》。

"舶台"即市舶司，"提举"指提举市舶司市舶使，管理市舶司的长官，也称"提舶"。南宋乾道四年（1168），温州乐清状元王十朋赴任最后一任地方官、泉州知州，与当地市舶使互动频繁。

诗里"延福"即延福寺，位于今泉州南安市丰州镇九日山。宋代，泉州官员到九日山为海丝商贸祈风刻石，成为定例。除了王十朋留下诗文，还屡见其他温州人的身影，如南宋乾道四年（1168）九月二十九日有"永嘉薛伯宣（士昭）"等人，嘉泰元年（1201）十一月庚申有"戴溪（肖望）"等人，咸淳二年（1266）"南至后十日"有"东嘉赵崇东（旸卿）"等人勒名山上。该地因历代众多摩崖石刻，今为海丝胜地、全国文保单位。

泉州九日山祈风石刻里的温州人"戴溪"（上）"赵崇东"（下）

提舶生日

王十朋

正阳之月厉不作，气候清和满寥廓。阶余嘉瑞十英莫，墙出新梢半含箨。正是生才好时节，化日舒长暑犹薄。遥遥华胄马服君，世有功勋上台阁（汉云台、唐凌烟皆有马氏像）。耳孙挺秀生东蜀，骨相堂堂人磊落。绛帐心潜南郡风，铜柱家传伏波略。致身朝列贰稷官，衔命江东访民瘼。雍容敷奏天颜喜，小试舶台良不恶。北风航海南风回，远物来输商贾乐。日边知己皆达官，行矣归持紫荷囊。平生德性不好饮，今日寿觥宜满酌。烂柯仙侣年自长，不用西山一圆药。

【注】录自民国《四部丛刊》景明正统刻本《梅溪集》。

诗中的"北风航海南风回，远物来输商贾乐"屡被我市文章引用，但需要注意的是，这不是咏温州的，而是温州人对海丝之路泉州盛况的纪实。

南宋至元代，温州在国内海上交通贸易往来中，与泉州、宁波最密切，尤其泉州是全球"东方第一大港"、我国最大对外贸易港。作为泉州长官，王十朋难免涉及海贸。上文《提举延福祈风》诗中的"大商航海蹈万死，远物输官被八垠"与本首《提舶生日》诗中的"北风航海南风回，远物来输商贾乐"，以及其另有《记风》诗中自注"时蕃船将回，以风为忧"，可以构成咏风三部曲：即无风时提舶要祈风，"大商航海"需要风；风太大变成台风也忧虑，蕃船容易迷航倾覆；风顺最佳，可趁北风启航，趁南风回航。泉州位于东海边，秋冬季多偏北风与东北风，夏季为偏南风，因此秋冬季出海，夏季归航。

汪守三以诗来，次韵酬之

陈傅良

江城如在水晶宫，百粤三吴一苇通。桑女不论裘粹白，橘奴堪当粟陈红。弦歌满市衣冠盛，鼄讼无人刀笔穷。多荷弱翁今少霁，更能携客谢岩东。

【注】录自民国《四部丛刊》明正德刊本《止斋先生文集》，此为组诗三首选一。"江城如在水晶宫，百粤三吴一苇通"，"百粤"也作"百越"，泛指中国

东南至西南沿海一带，"三吴"，宋代指苏州、常州、湖州，也泛指长江下游一带。此句描述了温州的水城水乡特色，海丝之路贯通长江下游与东海南海边的广大地区。

诗题"汪守"为汪义端，南宋淳熙九年（1182）任温州知州。

题江心寺

徐照

两寺今为一，僧多外国人。流来天际水，截断世间尘。鸦宿腥林径，龙归损塔轮。却疑成片石，曾坐谢公身。

【注】录自明汲古阁影宋钞《南宋群贤六十家小集·芳兰轩集》。

嘉定年间，宋江南寺院定立"五山十刹"等级，江心寺被封为禅院十刹之一，不少日韩僧人不惧远渡重洋，通过海丝之路来此寺学法取经。"两寺今为一，僧多外国人"反映了江心寺的国际化形象。

元代文学家方回在《瀛奎律髓》里跋语："予甲寅、乙卯间至永嘉游江心寺，见此诗刊楣间，良佳，今三十年矣。""甲寅、乙卯"即南宋宝祐二年、三年（1254—1255），徐照1211年去世，等于此诗留存在江心寺门楣间起码长达四五十年。

移家雁池

徐照

不向山中住，城中住此身。家贫儿废学，寺近佛为邻。雪长官河水，鸿惊钓渚春。夜来游岳梦，重见日东人。

【注】录自明汲古阁影宋钞《南宋群贤六十家小集·芳兰轩集》。

雁池在今温州市区禅街乘凉桥一带，分为大雁池、小雁池。"日东人"即日本人，"重见"不是初见，"夜来游岳梦，重见日东人"反映当时不少日本人渡海来温，从而让徐照日有所感，夜有所梦。

净光山四咏呈水心先生 · 绝境亭

徐照

　　　　高顶宜登望，吾州见地形。水通蛮国远，山出海门青。藓径僧行迹，风枝鹤退翎。公能同众乐，私帑建官亭。

　　【注】录自民国敬乡楼丛书本《芳兰轩集》。

　　净光山即温州市区松台山。古代称中国南方少数民族为"蛮"，"蛮国"泛指中国南边的国家与民族，"水通蛮国远"表达了温州通过海道，能与中国南方（两广），乃至越南等国家交通，与陈傅良"百粤三吴一苇通"异曲同工。

江山胜概楼记

戴栩[1]

　　　　谢康乐守永嘉，垂七百年，郡人始即城北门为楼。以康乐泛中川，涉孤屿，历览倦乎江蠕，因取北亭叙别之诗，借楼以表之。然《晋志》永嘉属临海，合三郡户不满二万，今较以一县，何翅倍蓰计。其当时荒凉寂寞，翳为草莽之区，与今之廛肆派列、闤闠队分者迥不侔矣。以故市声潝涧彻乎子夜，晨钟未歇，人与鸟鹊偕起。楼跨大逵，自南城直永宁桥最为穰富，俗以"双门"目之，而罕以谢称也。独郡有大宴会，守与宾为别席更衣之地，酒三行，登车迎导，殿诃回集府治，往往快里陌观瞻而已。其在斯楼也，或牖局弗启，帷帟复张，曾未觌江山之面，而讵能识康乐之心哉？

　　　　四明史公以奎阁月卿藩宣我邦，尝按图牒登楼而玩之，病其庳陋不敞，且颓栋落楹，础没而瓦漂，慨曰："江山信美，而谁与领之？"乃辟旧址，乃鸠新材，两庑旁翼，三阌洞开，周以栏楯，临以罘罳。白潦界其前峙，罗浮接其右限，斗山四缭，迭为崔嵬，大江横以东下，势欲去而徘徊，见夫云霞出没，景魄往来，寺塔映乎林箊，艘舶凑乎帆楱，于是江山之胜与目力不约而谐矣。榜曰"江山胜概"，以与众共之，而题康乐诗于屏间。然则康乐始独受是楼之名，而不专其名，今同享江山之实，而得全其实。公与康乐神契于七八百年之上，非所谓善学康乐者欤？

　　　　虽然，昔人论江山之胜者，以险持壮，以德持险，而观眺之胜不与焉。

---

[1] 戴栩，温州人，明《弘治温州府志 · 人物 · 理学》有传。

非以为不足也，先立其大者，而观眺之胜从之也。郡城之门十，而北隅居其五，盖屏蔽大江，便于守御。自郭山抵海坛，然后达于三隅，延袤十八里。承平既久，隳圮日增。公尝曲虑密筹，计丈尺，度土功，将请于朝，节郡费以新之，可谓得设险之政矣。

"双门"本唐名，后易为"望京"。郡俗侈外而窭中，高车大盖，填巷塞途，冠裳履服，士隶亡别。故公每欲辨名分，崇礼节，而民狃于故习，未遽革也。惟举善而教，使之见义而心服，闻过而意消，则人和之效又在于设险之先者，兹不亦政、德之两全欤？夫合内外，具本末，公之为是郡也，允协于古道，则江山之胜备吾观眺者，暇日从公而登之，可援笔而赋矣。

【注】录自清文渊阁四库全书《浣川集》。

北宋《元丰九域志·温州》载："分楼在州东北，本北亭也。"南宋《海录碎事》载："谢公楼在永嘉州北，本北亭也，灵运有《北亭与吏民别》诗。"清《光绪永嘉县志·古迹志》记载："谢公楼在拱辰门上，本北门楼也，谢灵运守郡时建，恒游憩于此。宋端平中守史弥忞撤而新之，名曰'江山胜概楼'。"据此，文中"四明史公"即温州知州史弥忞，四明人，南宋端平二年（1235）任。

综合文献，北宋时把北亭移建北城门上，又名分楼，其名似乎也取义分别之楼，又名谢公楼，南宋重建改名为江山胜概楼。江山胜概楼作为城门楼，是南宋朔门古港的一大地标性建筑，无数行旅客商来往于其下，进出温州。

伪造国书赴交趾
俞文豹

永嘉王德用少请乡荐，累举不利，乃与兄德明谋，尽卖其田庐，伪造禁物为国书，以奉交趾。其国主大喜，亲与宴会，出宫女佐樽，以德用材艺而敏给，厚礼而留之。遣乃兄回，金玉货宝犀象白牛角之类，充牣舟中。及抵岸，篙工欲分之，而靳不与，遂告之官。太守吴鹤林泳申朝廷，行下浙东提刑司，追逮二十七人，分禁会稽、山阴两县，十数年皆死于狱底。独德用之妻郭氏无恙，责付官医。淳祐初，宪使吕午新建台，郭往赴诉。宪使谓一行人尽死，留此妇人何用，为申朝廷。行下棘寺议，以罪人不孥，夫既亡命，卒难捕获，押妇本贯，著家知管。郭氏年今三十五，近又再嫁矣。

永嘉濒海，向有海寇之忧，近有逆网之叛。潋浦濒海有水军。四明濒海，故有制置，永嘉亦所当防。樊若水之陷江南，张元之臣元昊，皆累试不得志之士。

187

【注】录自清文渊阁四库全书《吹剑录外集》，题为笔者所加。

交趾国，今属越南。"吴鹤林泳"为南宋温州知州吴泳，号鹤林，嘉熙四年（1240）任。据王德明返程财物"充牣舟中""抵岸"等语，其去程当也是乘船，即沿着海丝之路来去，时间则在南宋嘉熙年间。"金玉货宝犀象白牛角之类"与《汉书·地理志》记载南越国"多犀象玳瑁珠玑银铜果布之凑"是相似的商贾贸易物品。"学而优则仕"，王德用仕不成而孤注一掷，用脚投票，竟出国谋事业，伪造国书的手段自是违法，温州人敢闯敢拼的冒险精神却可见一斑。

蕃舶巨艘偷运铜钱

（淳祐）八年，监察御史陈求鲁言："议者谓楮便于运转，故钱废于蛰藏；自称提之屡更，故圜法为无用。急于扶楮者，至嗾盗贼以窥人之阃奥，峻刑法以发人之窖藏。然不思患在于钱之荒，而不在于钱之积。夫钱贵则物宜贱，今物与钱俱重，此一世之所共忧也。蕃舶巨艘，形若山岳，乘风驾浪，深入退陬。贩于中国者，皆浮靡无用之异物；而泄于外夷者，乃国家富贵之操柄。所得几何，所失者不可胜计矣。京城之销金，衢信之鍮器，醴泉之乐具，皆出于钱。临川、隆兴、桂林之铜工，尤多于诸郡。姑以长沙一郡言之，乌山铜炉之所六十有四，麻潭鹅羊山铜户数百余家，钱之不坏于器物者无几。今京邑鍮铜器用之类，鬻卖公行于都市。畿甸之近，一绳以法，由内及外，观听聿新，则钲销之奸知畏矣。香药象犀之类异物之珍奇可悦者，本无适用之实，服御之间昭示俭德，自上化下，风俗丕变，则漏泄之弊少息矣。此端本澄源之道也。"有旨从之。

【注】录自《宋史·食货志·钱币》，题为编者所加。

海丝之路别称"陶瓷之路""香料之路"，但除了丝绸、陶瓷、香料，还有一种特殊商品，那就是中国的铜钱，被海外各国贪好，作为货币流通。

由于外国商船大量换取铜钱，导致铜钱外流，货币缺乏，物价上涨，财政困难，南宋政府多次严禁铜钱走私。淳祐八年（1248），温州乐清籍监察御史陈求鲁上奏宋理宗，批评蕃商贩运而来的"香药象犀之类异物之珍奇可悦者，本无适用之实""皆浮靡无用之异物"，徒滋奢靡享乐之风，皇帝应该"昭示俭德"，节俭朴素，以身作则，改变不良的风俗，才能制止铜钱外流，得到采纳。

送夫从军

杨氏妇

> 海坛门外浪滔天，妾上城楼君上船。回首八枫丹巷底，梅花霜月夜如年。

【注】录自明刻本《东瓯诗集·续集》，编者排序在南宋作者里，原注杨氏妇为永嘉人。

"海坛门"即温州古城十座陆城门中的奉恩门，旁有水门。八枫丹巷，据清《光绪永嘉县志》即崇寿坊，又名百尚巷，今温州市区信河街西侧的白塔巷。

蔡陈市舶

周密

> 永嘉有蔡起莘，尝为海上市舶。德祐之末，朝廷尝令本处部集舟楫，以为防招之用。其处有张曾二者，颇黠健，蔡委以为部辖。既而本州点检所部船，有违阙，即欲置张于极刑。蔡力为祈祷，事从减。明年，张宣使部舟欲入广，又以张不能应办，欲从军法施行，蔡又祈免之，遂命部舟入广以赎罪。未几，崖山之败，张尽有舟中所遗而归觐，骤至贵显。

> 蔡既归温，遂遭北军所掳，家遂破焉。因挈家欲入杭谒亲故，道由张家浜，偶怀张曾二部辖者居此，今不知何如，漫扣之酒家，云："此处止有张相公耳。"因同酒家往谒之，张见蔡，即下拜称为"恩府"，延之入中堂，命儿女妻妾罗拜，白曰："我非此官人，无今日矣。"遂为造宅置田，造酒营运，遂成富人。张即今宣慰也，名瑄。

【注】录自清文渊阁四库全书《癸辛杂识·续集》。

"蔡起莘"当为蔡起辛（1239—1301），清泰顺《分疆录·人物·风节》有传，温州平阳章峰（今属泰顺仕阳镇）人，字若金，号絜矩，南宋景定三年（1262）武状元，历任督府计议、翰林院侍讲、韶州知军。蔡起辛弟为蔡起壬，"辛壬"为十天干中相邻两位，天干对应五行，辛属金，名与字意义相关联。

张瑄，今上海人，宋末著名海盗、私盐贩子，入元因开创中国海上漕运有功，封官宣慰使。蔡起辛约在景定年间招安张瑄为部下，咸淳年间曾主持市舶交易，后辞官归乡。南宋末年，流亡小朝廷为抗元而征用张瑄船只，张瑄因犯错与办事不力，两次要被处刑，幸亏蔡起辛相救而保命，后知恩报答。

温州人任市舶官吏的，仅宋代名字可考者不下十来人，如南宋绍兴二十五年（1155）提举两浙路市舶的张阐。《宋会要辑稿》记载他曾奏请高宗改革市舶管理无定法的弊端。

商妇吟

林景熙

　　良人沧海上，孤帆渺何之。十年音信隔，安否不得知。长忆相送处，缺月随我归。月缺有圆夜，人去无回期。回期倘终有，白首宁怨迟。寒蛩苦相吊，青灯鉴孤帏。妾身不出帏，妾梦万里驰。

【注】录自明嘉靖刻本《霁山先生白石樵唱》。

元代章祖程注此诗是"以商妇自比而寓其思君之意"，即作为宋末元初温州平阳籍爱国遗民诗人，林景熙此诗有双重含义，表层是描述温州当地海商出海十年未归，其妇相思之意；深层是表达对南宋流亡小朝廷的思念与忠贞，"十年"或为虚指。

如占城，道经吴川

陈宜中

　　颠风急雨过吴川，极浦亭前望远天。有路可通寰宇外，无山堪并首阳巅。岭云起处潮初长，海月高时人未眠。异日北归须记取，平芜尽处一峰圆。

【注】录自清刊本《光绪吴川县志·建置志·古迹》，明《万历高州府志》亦载，但"急雨""寰宇""岭云""海月"，明《万历高州府志》作"吹雨""环屿""溪云""夜月"，前者更通，更符合诗意。

南宋景炎二年（1277），二王流亡小朝廷难挡元兵之势，在广东井澳之役战败。温州人、左丞相陈宜中向占城国（今属越南）借兵，乘船过南海，而吴川（今广东湛江市吴川市）位于南海边，为必经之处。

据清《光绪吴川县志》，极浦亭在吴川县南河畔（今吴川市吴阳镇中街村），宋吴川人李凌云隐处，后人多次重修此亭，并怀念陈宜中，如明吴川县丞汪季清有《极浦渔归》："孤城半关隔千里，一水接山山接水。小舟两两天际来，数声柔橹波涛里。解蓑系缆当市前，卖鱼沽酒醉即眠。新城题诗德阁老，厓山风雨埋龙髯。"清代高州知府黄安涛题匾"一峰圆处"；吴川人吴士彬题诗："江天连极浦，亭古绿阴交。丞相过题壁，高人旧结茅。海山三面屋，风雨一枝巢。问字侯芭至，时闻白板敲。"

回回僧

陈则翁 [1]

秋风响耳环，古怪聚人看。赤脚行霜地，腥身礼月坛。担斋犹买肉，挂帛不遮寒。亦有西来意，相逢欲语难。

【注】录自明刻本《东瓯诗集·补遗》。

回回僧指信奉伊斯兰教的穆斯林。宋元时期，很多穆斯林通过海丝之路，航海至中国沿海城市居住，尤以广东福建为多。陈则翁是宋末元初温州瑞安人，曾任宋末广东副使，此诗中回回僧或为其在广东所见。

元

莫忘吟

孔文杓

岁纪重光大荒落，舟师东征赫且濯。泊向竹岛更月篝，其日甲子仲秋朔。

---

[1] 元《阁巷陈氏清颖一源集》载陈则翁小传："宋咸淳戊辰试，登学究科，继登宏词科，历仕至广东副使，因厓山之变，弃官归里。"

夜来昏雨风色恶，昧爽白浪堆山岳。阳侯海若纷拏攫，朦艟巨舰相躏轹。樯摧缆断犹斧斫，千生万命鱼为椁（此一句奇绝）。百舟一二著山角，跳踯争岸折腰脚。依然魂爽归辽邈，幸者登山走如虺（敕各切）。形命虽存神已索。（次日）省舟独在冀可托，传令缚箨为渡榷。海岂榷渡真戏谑，大将为谁何踉蹡。起篷自去尔为乐，忍闻孤屿哭咿喔。（又次日）死者何辜乌鸢啄，将军归来浑不怍。宴衎相庆作音乐，我获生还莫忘却（读此，有春秋诛心之笔在焉）。

【注】录自清乾隆抄本方回《桐江续集·孔端卿〈东征集〉序》，括号内为方回语。《孔端卿〈东征集〉序》载："永嘉孔君文杓，予三十年前识其先君于武林，近袖诗来访。阅《东征集》乃知辛巳六月，君从军发四明，自神前山放洋，三日而至耽罗，又三日而至日本海口，泊竹岛，尽一月逗留不进。八月旦，夜未艾，遇飓风，舟师歼焉。帅独帆走高丽，死者三数十万，与予所闻皆□。君偶得不死，附小校破舟，登所谓合浦者，过平壤之都，□辽阳之水，历故女真契丹之境，由平滦州抵燕山，凡九十四日，徒步七千余里。又久之，然后复得南归。君非将非卒，特一寒士，轻视鲸波，狼狈至此，岂非亦好奇之过乎？予独喜其《莫忘吟》者，得叙事体，初曰（见上略）。"方回又有《三勿斋记》载"东嘉孔君文杓端卿"。方回（1227—1307），则"辛巳"为元至元十八年（1281）。清《康熙平阳县志·选举志》载元代孔洎孙"以宣圣孙授池州教授，从子文杓请为西湖山长"。

综上归纳，孔文杓，字端卿，孔子后裔，池州教授孔洎孙从子，平阳人，写诗"善押险韵，善用雅语，善赋长篇"，元至元十八年（1281）元日战争，他并非作战人员，却随元军从宁波出发渡海，经耽罗（今韩国济州岛）至日本，遭遇台风而溺亡惨重，幸得逃命，回国著有《东征集》。方回赞誉《莫忘吟》是反映元日战争的诗史，"天下奇观无过于此役，天下奇作亦无过于此诗"。

坐中怀故国，有感而作

（日本）大休正念[1]

二十年间东海游，几随梦蝶过沧州。他山虽卜龟藏地，故国宁忘狐首丘。万事此生心已足，百骸未散意先休。尽情分付无何有，云自高飞水自流。

---

[1] 大休正念（1215—1289），诗僧，日本古籍《元亨释书·宋正念》载"释正念，宋国永嘉郡人也，自号大休"，学者认为他是温州人。

【注】录自 2020 年 1 月浙江工商大学李慧雨硕士论文《赴日宋僧大休正念研究》转引《大休和尚偈颂杂题》。

南宋咸淳五年（1269），温州高僧大休乘坐海船到达日本，在日本弘法直至去世，开创佛源派（大休派），成为日本禅宗二十四流派之一。按照"二十年间东海游"推算，作诗那一年恰是他圆寂那一年，即元至元二十六年（1289），可谓他的临终总结。需要说明的是，此首为诗偈，并不严格遵守七律格律。

日本元觉寺大休正念坐像（孙孺／摄）

周达可随奉使过真腊国，作书纪风俗，因赠三首

吾丘衍

裸壤无霜雪，西南极目天。岂知云海外，不到斗牛边。异域闻周化，奇观及壮年。扬雄好风俗，一一问张骞。

绝域通南舶，炎方接海涛。神化比徐市，使者得王敖。异俗书能记，夷音孰解操。相看十年外，回首兴滔滔。

汉界逾铜柱，蛮邦近越裳。远行随使节，蹈海及殊方。鴃舌劳重译，龙波极大荒。异书君已著，未许剑埋光。

柬埔寨暹粒市柬埔寨民俗文化村蜡像馆里的周达观塑像（胡春生／摄）

【注】录自清文渊阁四库全书《竹素山房诗集》。

据本书潘猛补《周达观生平揭秘》考证，"达可"为周达观字。元成宗元贞二年（1296），周达观任翻译，随元代使团船抵达真腊国，次年返程，根据见闻而撰《真腊风土记》，其实也是一部海丝名著。学者据"异域闻周化，奇观及壮年"判断周达观是壮年出使真腊。壮年，古代指 30 岁，那么从元贞二年（1296）倒推，其生年约在南宋咸淳二年（1266）。

永嘉重修海堤记

黄溍

　　温为郡，俯瞰大海，江出郡城之后，东与海合。直拱北门，枕江为亭，榜其额曰"四时万象"，候馆在焉。使指所临，长吏迎劳无虚日。亭之西为市区，百货所萃，廛氓贾竖咸附趋之。江浒故有大石堤，延袤数千尺，舍舟登陆者阻泥淖不得前，其俗率于堤之旁为石路，外出以属于舟次，谓之马头。凡为马头者二：一以俟官舸，一以达商舶云。

　　先是江水遏为沙洲，由江心寺之西逆流而上，势奔突莫支。堤数毁，缮治之费，公私交以为病。至顺二年秋，水暴溢括苍，出被郡境，飓风激海水，相辅为害，堤倾路夷，亭随仆，永和盐仓亦圮。水怒未已，且将破庐舍，败城郭。永嘉盖郡之治所，县尹赵君大讷谓是不可缓，亟议兴作，俾大家之役于官者分任其事，或输以材，或荐以力，经画劝相则身亲之。以潮汐之盈缩有时也，投其隙而赋功焉。列巨木为柱，而设栿桤其上，内攒众木，围之三周，外施箕芒以拨浪，次填以石，次积以瓦砾，而实土其中；加横木备其敧侧，而帖石其背，以便行者。堤若路暨亭之址悉如之，而亭亦复其故。始事于三年之春二月，讫役于冬十一月，费不益于旧而功倍焉。

　　佥来俾记其岁月。溍惟《春秋》之法有直书其事、具文见意者，敢窃取斯义，叙次梗概，不复效近人之记事，缪为谀言以乱其实，续郡乘者尚有考于斯。

【注】录自明刻本《弘治温州府志·词翰》。

此文写作时间当在元至顺三年（1332）冬十一月重修海堤工程完工之后。明宋濂《浦阳人物记》亦记载永嘉县尹赵大讷修海堤事："（赵大讷）俄迁永嘉……州城枕大江，水暴岸善崩。大讷列植巨木，先以箕芒杀浪势，然后实土，以石氎之。岸凡数千尺，得不坏。"元代的四时万象亭相当于南朝宋的北亭，与城门楼构成呼应之势。清丁立中《和永嘉百咏·四时万象亭》（在城北门江滨）云："岁籥催四时，水镜涵万象。北门管独贤，登高时俯仰。"

楼亭再加上一条数千尺的石堤，两座码头，一官一商，"使指所临，长吏迎劳无虚日""亭之西为市区，百货所萃，廛氓贾竖咸附趋之"，都说明了朔门古港的繁忙热闹景象。

商妇怨

陈高[1]

嫁夫嫁商贾，重利不重恩。三年南海去，寄信无回言。妾身为妇人，不敢出闺门。缝衣待君返，请君看泪痕。

【注】录自明刻本《东瓯诗集·续集》。

此诗与林景熙的《商妇吟》可以对照，但纯是描写元代温州海商出海三年不归，其妻幽怨孤苦的情态。

《耽罗志略》后序

贝琼[2]

耽罗，距中国万里而不载于史，盖以荒远略之也。至正二十五年，枢密院椽曹永嘉李至刚，从副使帖木儿卜花公往守其地。明年奉诏还京师，至刚以疾不得俱，乃留松江，因记所历山川形势、民风土产，编而成集，厘为三卷，题曰《耽罗志略》。将锓梓，铁崖杨公既为叙其端矣，复求余说。

余伏而读之，因抚卷叹曰：炎汉之兴，张骞以郎应募出陇西，留匈奴中十年，后亡至大宛，为发导驿抵康居，传月氏，从月氏至大夏，竟不得其要领。岁余归汉，为天子言之，未能有如《耽罗》之为详也。司马相如之通西南夷，至用兵而克之。邛、筰、冉、駹、斯榆之君虽请内属，而长老且言其不为用者。由是观之，国朝受命百年，四方万国咸在天光日华之下，虽遐陬僻壤、穷山绝岛，亦不得而外焉。故至刚得与大臣涉海万里而镇抚其民，未始顿一兵、遗一镞为国家病。则视历代之盛，实有过之者。而是编尤足补纪录之缺，使列之舆地，中国之士不待身经目识而已悉海外之境，若过鸭绿窥扶桑也。

---

[1] 陈高（1315—1367），今温州苍南金乡人，《民国平阳县志》有传。
[2] 贝琼，浙江桐乡人，参修《元史》，明国子监助教。

于是乎书。

【注】录自明洪武刻本《清江集》。

李至刚，乐清人，元代文学家李孝光从子，枢密院秘书，寓居杭州，建有兰芳轩，任官耽罗。

贝琼另有《枢密院橡曹李至刚，从帖木公守耽罗一年，诏回京师，遇风抵曹泾。明年夏复蹈海北上，诗以送之》诗："白洋十月行人苦，北风簸浪鱼龙舞。黑洋六月南风回，海客椎牛赛彭祖。使者迢迢入帝畿，连艘夜发迅如飞。六鳌尚戴三山起，一鹤初从万里归。张仪虽困犹存舌，置酒都门歌激烈。丈夫得官贵少年，腐儒穷经空白发。"

据贝琼序与诗，至正二十六年（1366）十月，李至刚从耽罗航海回国，被风漂至松江府曹泾（今属上海市），养病中以亲身经历撰成《耽罗志略》三卷，著名文学家杨维桢写序，贝琼写跋，此书可与周去非的《岭外代答》、周达观的《真腊风土记》媲美为温籍三大海丝名著，可惜连书带前序今都已佚。次年(1367)六月，李至刚航海北上大都（北京），贝琼写诗送行。

送日本僧之京

郑东 [1]

万里乘涛来绝海，中朝冠盖尽相知。丹丘博士与饮酒，青城先生邀赋诗。传钵底须归故国，把文遂欲动京师。绝怜船上看春色，二月官河水发时。

【注】录自清文渊阁四库全书《草堂雅集》，亦见清《元诗选》。

郑东讲授于江苏昆山，参与元代至正年间（1341—1368）昆山文学家顾瑛著名的玉山草堂雅集。顾瑛编《草堂雅集》收录其诗39首，介绍他"别有文集行于时，今所载者，特与予家题品者耳"，那么本诗可能是在玉山雅集时写的；再据玉山雅集中的名家柯九思别名丹丘、丹丘生，诗里"丹丘博士"当指柯九思；昆山州治在长江口太仓，元代太仓港被称为"六国码头"，商船蕃人密集，综合多条线索，郑东当在昆山遇见诗里"万里乘涛来绝海"的日本僧。

《草堂雅集》此首下又载郑东《送驸马西山公》诗提到"三韩毛人及琉球，

---

[1] 郑东，今温州苍南赤溪镇湖井村人，《民国平阳县志》有传。

行滕在股宝络头。长风万里驱大艘，象犀珠贝充海陬"，"三韩"指今韩国，"琉球"，《元诗选》此诗作"流求"，即今琉球群岛与台湾岛的统称，也是一首含有海丝内容的诗歌。

送郭彦昭归吴中
郑东

外沙沙头潮没渚，海坛庙前唱蛮歈。正喜南风吹五两，不愁落日转樯乌。鳊鱼一尺恰上钓，吴姬二十独当垆。醉歌《白雪》谁能和，击碎筵中玉唾壶。

【注】录自清文渊阁四库全书《草堂雅集》，亦见清《元诗选》。

"吴中"为苏州古称。"外沙"即外沙浦，在温州古城镇海门外瓯江边，"海坛庙"即海坛山海神庙。从这两地名可知作者送别处在朔门古港。而温州到苏州，从朔门古港出海，沿海丝之路北上可到。"潮没渚"，潮水涨起，助力启碇离岸，"南风吹五两"，诗用南风而不用东风，说明不是沿瓯江往西上溯至丽水，而是沿海北上，南风吹起，助力扬帆行船。

明

金乡卫助御使抗倭

己亥，遣人赍敕往金乡，劳使西洋诸番内官张谦及指挥、千百户、旗军人等。初，谦等奉命使西洋诸番，还至浙江金乡卫海上，猝遇倭寇。时官军在船者才百六十余人，贼可四千。鏖战二十余合，大败贼徒，杀死无算，余众遁去。上闻而嘉之，赐敕奖劳官军，升赏有差。指挥、千百户、卫所镇抚、旗军、校尉人等俱升一级。

【注】录自《明实录·太宗文皇帝实录》，题为笔者所加。

此事发生在明永乐十五年（1417）六月己亥，处在当年秋郑和第五次下西洋之前。永乐皇帝对这次以少胜多的大捷异常高兴，其下文记载除了全体军官都升一级，船上160余人统统有奖，包括御医、番火长、通事、火长、军匠、民医、匠人、厨役、稍水，"伤故者，本赏外加赏"。另据清陈鹤《明纪》记载，当时明军还"俘数十人至京，廷臣请正法。帝曰：'威之以刑，不若怀之以德，宜还之。'乃命刑部员外郎吕渊等赍敕责让，令悔罪自新。中华人被掠者，亦令送还"。

"金乡""金乡卫"在今温州苍南县金乡镇，地处海滨，明洪武二十年（1387）名将汤和筑城置卫，为温州三卫（温州卫、金乡卫、磐石卫）之一，设有指挥使司以及指挥使、镇抚、千户、百户等官。据文中"指挥、千百户、卫所镇抚"，此次抗倭之战除了随船官兵，金乡卫当有官兵乘船出海参战。

"西洋"在元明时期指文莱以西的东南亚、南亚。张谦作为宦官出使西洋各国，必定随身带去丰厚礼品，与郑和一样邀请诸番朝贡，这其实是进行海丝之路上的官方朝贡贸易。

壬子春接圣碑拓墨，借季兰坡诗韵，答正一一初道长

杨景衡[1]

> 门外春风摇柳条，来鸿唤忆赠航艚。天临闽水奎光近，云涌南山圣位高。清庙新碑宜作颂，丹书旧迹有留毫。安涛镇浪天妃在，盼见舟师凯雁毛。

【注】录自 2005 年 7 月社会科学文献出版社《传承文明 走向世界 和平发展——纪念郑和下西洋 600 周年国际学术论坛论文集》李秉钧《杨景衡与郑和下西洋活动史迹考》，亦见 2005 年 4 月 10 日《温州日报》风土版李秉钧《郑和航队的温籍"后勤部长"》。

郑和七下西洋是明代中国规模最浩大的海丝活动。宣德六年（1431），郑和第七次下西洋前，在航海基地福建长乐县的南山天妃行宫刻立《天妃灵应之记》碑（俗称《郑和碑》），详细记录七次下西洋的经历，文末有"正一住持杨一初稽首请立石"，现为全国重点文保单位。

李文介绍此碑为杨景衡建议刻立，作为福建左参政，杨景衡几乎全程参与郑和下西洋的后勤保障，与天妃行宫住持、道教正一派杨一初交好。郑和船队启程后的次年、宣德七年（1432）春，告老回乡的杨景衡获得杨一初送赠的碑刻拓片，以此诗酬谢。

---

[1] 杨景衡，温州瑞安人，官至福建左参政。

游江心寺

王瓒[1]

　　山环水隔地图雄，东越东来又更东。外国船从江岛泊，中华境至海陬穷。两峰涧合原清老，孤屿诗多首谢公。牵缆舵师心手巧，顺回逆去一帆风。

【注】录自民国敬乡楼丛书《瓯滨摘稿》，此为组诗42首选一。

　　从"外国船从江岛泊"这句可见，江心屿作为朔门古港的重要组成部分，也是外国船只的停泊地。

渡瓯江

谢铎[2]

　　酒尽双门鼓乱樋，满船秋思阔无涯。敢从平世思浮海，且向空江学泛槎。蜃气远吞青嶂日，岚光高映赤城霞。望中咫尺桃溪路，三径分明是我家。

【注】录自明正德十六年刻本《桃溪净稿》。

　　"双门"即温州古城拱辰门，因唐代建有双城门而名，取义于北阴南阳，阴偶阳奇。据谢铎后续诗歌，他在朔门古港坐船，经乐清而北上台州回家。

海神宫

陈诏[3]

　　王爵司溟渤，灵旆绕殿光。阳侯驱水怪，阴火薄秋霜。色晏龙宫寂，波平海国康。朝宗来百职，剑佩响琅琅。

【注】录自清《乾隆温州府志·艺文》，《光绪永嘉县志》亦载，但"海神宫"作"海神庙"。

　　晚清丁立诚有《永嘉三百咏·海神庙》（在海坛山）"王爵司溟渤，人疑李赞皇。灵祠昭善济，海国奠平康"，也是一首海丝诗歌，即借鉴此诗。

[1] 王瓒（1462—1524），今温州龙湾区李浦人，官至礼部侍郎，编纂了温州现存最早的府志《弘治温州府志》。
[2] 谢铎（1435—1510），台州温岭人，官至礼部侍郎、国子监祭酒，卒赠礼部尚书。
[3] 陈诏，据明《嘉靖永嘉县志》、清《乾隆温州府志》，正德年间温州永嘉岁贡生，曾任教谕，与陈鸣凤辑有《传芳集》。

镇宁楼记

刘芳誉 [1]

顷庙堂惕于恬嬉，敕所在增修封戍，毋忘设险，以戒不虞。

东瓯，海上一都会也，跨九斗而城，控压天堑，形势称雄焉。余既领符，按行墉壑，绸缪补茸，撤废堡之石，创敌台十五，棋布珠联，雉堞相望，势愈壮完。

出拱辰门，当津传，有地前瞰大江而踞绝胜，升高眺远，于楼为宜。而乡大参王公叔杲深于形家之说，亦谓兹楼系郡重，有契余衷，乃复砌石基之，厚十有九尺，横倍厚之三，纵损横十有之二有奇。辟其下，而衢可通驷舆；楼其上，而栋础隆如，檐桷翼如，垩膌焕如，高几与城埒。由城视楼，若设宸于背而负之为护者，盖距城不数十步而海上之胜可概览也。

群山西来，抱江若环，孤屿砥之，宛与楼向。三溪蜿蜒，绕城而南。吹台、大罗诸峰，累累城上，争欲效奇于楼。风月之夕，雨雪之晨，无不宜者。极目天北，神京在焉，威颜不违，万里咫尺。而烟火夹江，阡陌鳞次，四顾间阎，不啻宇下。

登斯楼也，则有悬思魏阙，怀虑民岩者矣。东望彩山，扞海若门，其 [外] 大洋弥漫，极于扶桑，斯岛夷出没之区。金、盘诸阨，仿佛境上。折冲之算，樽俎坐筹。时而练舟师习水战，犀兕奋突，鱼鹳翕张，破浪凌飚，阳侯震掉。试凭栏指麾，横槊啸咏，亦足开壮略而拓英襟。

嗟乎！山川绣错，千古常新，造物者设此久矣。而楼之建肇自今日，岂其有待耶？夫圣明御宇，熙洽累重，滨海赤子，休养生息，枹铤弗闻，弦诵日盛，盖承平极矣。兹楼扼吭上游，遥吸沧溟，挟障川回澜之气，寓坚冰阴雨之防；外褫卉服之魄，内巩苞桑之势。自此东南诸郡益奠于磐石，岂止擅景物之巨丽，侈都士人之游观哉！

是役也，材鬻诸闽，石以筑台之余力。用胥靡而倍准其工，欣然荷畚以从。度费镪几四百金，[余] 稍佐以俸余，大参公悉任焉。公齿德比隆，为时著蔡，境内名胜，多所标表，此尤其注念者，可谓急于义矣！

经始于万历丁酉正月丁未日，至七月庚子日而告成。余既与贰倅罗君应台、胡君拱辰、朱君道相落之，因题其额曰"镇宁"。而永嘉令、同安林君

---

[1] 刘芳誉，河南陈留人，进士，明万历二十三年（1595）任温州知府。

应翔树石请予铭。铭曰：

> 翼翼瓯城，表镇东海。樊山堑江，天险斯在。依城而楼，屹作城辅。重金袭汤，风气弥固。狼烟廓清，鲸波底平。于万千年，载其永宁。

【注】录自日本国立公文书馆内阁文库藏明《万历温州府志·艺文志》，校以王叔杲《玉介园存稿·附录》民国抄本，后者落款有"万历二十五年岁在丁酉冬仲吉旦，赐进士第、中宪大夫、知温州府事、前湖广道监察御史、大梁刘芳誉撰"。据文中"万历丁酉"，镇宁楼为万历二十五年（1597）建成。

从南朝宋北亭、唐代双门、北宋谢公楼与渡亭、南宋江山胜概楼、元代四时万象亭，到明代又有镇宁楼进行军事护卫，几乎与城墙等高，成为新的地标性建筑，加上宋元圆形瓮城与明清方形瓮城，《岐海琐谈》载明代拱辰门外还迁来象浦驿，明《文林集》载象浦驿旁建有怀胜楼，清顾炎武《天下郡国利病书》载北门有憩节亭，开埠后有瓯海关等，朔门古港可谓历代建设不绝。

镇宁楼初成，中秋日辱郡公招饮侍宴，漫赋三律
王光美

> 缥渺危城百尺楼，天成巨丽镇东瓯。两江夹嶂涌空碧，九斗回缠据上游。百代风流原继谢，千秋鸿构幸依刘。从兹海甸歌磐石，甘向清时乞醉侯。

【注】录自日本国立公文书馆内阁文库藏明刻本《王季中集》，此为组诗三首选一。

镇宁楼竣工后，不但立碑撰记，"郡公"刘芳誉、王叔杲与其子王光美以及吴稼竳等人还纷纷佳节登楼赋诗吟咏，画栋雕甍，飞阁凌虚，被王光美赞许为"宾主东南揽胜来"。

官匪轮流劫番船

崇祯五年，有番船泊海口，以桅舵损坏，教人入内地觅料匠，为守关兵船所觉，强拽入港下。其船舱底悉以金银压造，舱内金宝货物无算。阖郡官皆以勘验为名，次第登舟，一时官箴顿失。理刑某见黄金为细条，长二三寸许，

乱揣怀袖，靴桶俱满，蹒跚坐舆归，犹怏怏不足。乘夜，各官将货物尽起入城，跟役因而骤富发家者，不知其几。一役得阿魏一器不识，嗅之臭，投之江。一役得算子一栅，次早视之，珠为之也。以坏船报上司查诘，数四弥缝，而止船搁外沙浦。

未几，刘香入寇困城。群贼奔坏船，破其水柜，下夹板中扛白金数万去。守城军民从垛口远瞭，莫可如何。或曰船内所装即刘香物，故突犯剽劫，取偿民间，为地方剧祸云。

【注】录自清《乾隆温州府志·杂记·番航》，题为编者所加。

海丝之路贸易虽然收益大，风险也大，不仅会遭遇大风大浪，导致船毁人亡或漂流异地，还会遭遇抢劫。

"海水不干，海盗不断"[1]，温州海丝之路上海盗不绝，著名者如东晋卢循、元末方国珍、明代倭寇、明末刘香（老）、清代蔡牵等。清《康熙永嘉县志·遗事》记载明崇祯五年（1632）"刘香老入寇，舟直入内港，泊郡北门外……江北诸乡尽被焚劫"，本故事里的番船自然在劫难逃，但先是桅舵损坏，后因"舱内金宝货物无算"，引发官匪的轮番洗劫，真是祸事接二连三。

不过历史上，官匪常常并无区别，有时官只是穿制服的盗匪。南宋周密《癸辛杂识·陈宜中父》就记载南宋温籍丞相陈宜中的岳父葛宣义是富翁，一夜其岳父家被福建海巡官兵假扮寇贼抢劫一空，连陈宜中妻子也被掳掠而去，遭到奸淫而生下两子。

清

浮海

徐岳[2]

王光谦者，温州府诸生也。家贫不能自活，客于通洋经纪之家。习见泛洋者利不赀，光谦亦累赀数十金同往。初至日本，获利数十倍。继又往，人众货多，飓风骤作，飘忽不知所之。见有山，趋泊之，触礁石沉舟，溺死过半，缘岸而登者三十余人。山无生产，人迹绝至，虽不死葬鱼腹，难免为山中饿鬼，众皆长恸。昼行夜伏，抬草木之实，聊以充饥，及风雨晦冥，山妖木魅千奇

---

[1] 也作"海水不干，海盗不绝"，温州方言里"干""绝"押韵。
[2] 徐岳，清顺治康熙年间浙江嘉善人，著有志怪小说集《见闻录》。

万怪来侮狎人，死者又十之七八。

一日怅入空谷，石窟如室，可蔽风雨。傍有草，掘其根食之，饥渴顿已，神气精爽。识者曰："此人参也。"如是者三月余皆食之，诸人相视，各见颜色光彩如童。

间常登山望海。忽有小艇数十，见人在山，泊舟来问，知是中国人，载以往，此皆朝鲜徼外巡船也。闻之王，召见，问及光谦，云："系生员。"王曰："道不行，乘桴浮于海耶？"因以"浮海"为题，命光谦赋之。光谦援笔而就曰："久困经生业，乘槎学使星。不因风浪险，哪得到王庭。"王善之，馆待如礼。尝得召见，屡启王欲归之意。又三年，始具舟资，送谦并及诸人于辽，王赐甚厚。光谦在彼诸臣僚赋诗高会，无不招致，临行赆饯颇多。

及至家，计五年余。先是，谦尝在朝鲜时，一夕梦至其家，见僧数众，设资冥道场，其妻哭甚哀，有子衰绖以临，亦哭而瘠。因思数年不归，家人疑死，设荐固矣。但我无子，巍然衰绖者为何，诚梦境之不可解也，但为酸鼻而已。又年余抵家，几筵俨然，髹与衰绖旁设，夫妇相持悲喜交集。询其妻，作佛事招魂，正梦回之夕。又问："衰绖为何人之服？"云："房侄某入继之服也。"因言："梦回之夕亦曾见之。"更为惨然。

【注】录自清刻本《见闻录》，主角"光谦"文中又讹作"谦光"，径改。
《浮海》又被袁枚《续新齐谐》记载。袁枚生活年代晚于徐岳，应是转抄，但奇怪的是，袁枚在其后增加了一个续篇《刑天国》，全文云：
"谦光又云：曾漂至一岛，男女千人皆肥短无头，以两乳作眼，闪闪欲动；以脐作口，取食物至前，吸而啖之；声啾啾不可辨。见谦光有头，群相惊诧，男女逼而观之，脐中各伸一舌，长三寸许，争舐谦光。谦光奔至山顶，与其众抛石子击之，其人始散。识者曰：'此《山海经》所载刑天氏也，为禹所诛，其尸不坏，能持干戚而舞。'余按颜师古《等慈寺碑》作'刑夭氏'，则今所称'刑天'者，恐是传写之讹。又徐应秋《谈荟》载：无头人织草履，盖战亡之卒，归而如生，妻子以饮食纳其喉管中。如欲食则书一'饥'字；不食则书一'饱'字。如此二十年才死。又将军贾雍被斩，持头而归，立营帐外问：'有头佳乎？无头佳乎？'帐中人应曰：'有头佳。'雍曰：'不然，无头亦佳。'此亦刑天之类欤？"

《新齐谐》又名《子不语》，是袁枚的志怪故事集，其自署"随园戏编"，此则故事明显太过"戏编"了。

孤屿塔灯募疏

李象坤 [1]

谢康乐咏孤屿，谓"媚中川"。及过金山，始悟"媚"字之义。长江发岷源，万里至京口，则势且入海，澎湃奔迅，金山屹立巨浪中。舟自运河出闸，舍夷就险，刑牲以祷。榜人扃篷窗，禁不得语。非特饶游兴者不能作意登，登或风起，辄相顾无人色。

孤屿则正对鹿城人烟，鲛室觌面邻接。每当春，游童冶女，荡桨可嬉。学士踤僧舍中咿唔，与潮声朝夕。晨窗一启，海气浮空，至袭砚如润础。豫章率数十抱，旭日乍射，黝绿欲滴。雪朝月夕，挟一编走两峰顶，与山中寒暑相尽。金山如壁立劲夫，此则娟楚苏融，有吹兰欱玉之韵，非"媚"不貌矣。绝胜金焦，岂欺我哉？

歇公联两寺为一，即龙翔兴庆故址，各冠塔其巅。海舟溪艇，数十里外辄望为标指。而游人欲穷千里目，率假此作岑楼数层。逮夜，燃炬则如火珠树，百道怪发，照耀江面，又如龙宫迸出木难，洵奇观矣。

今塔且就湮，僧灵现慨然修葺，姑借燃塔以验其因缘。予谓此乌容缓。往予读书其地，陵谷后才一二登。佛庐仄矣，涂垩设碧，塌坏如废邮，蜗涎缘壁作古籀，寿藤络坠楹，可引以架书。讵止两塔哉？现公勉旃！愿孤屿一片琉璃世界，悉摄入光明藏中。至谓国殇聚于海，燃塔烛之如牛渚犀，令不为祟，则其义幽甚。予言其可晓者而已。

【注】录自清康熙刻本《江心志》。作者为明清之际人，据"陵谷""国殇"用语，此文作于入清之后。

此文明确提到江心双塔的导航功能，"海舟溪艇，数十里外辄望为标指"，海舟是进出海口，溪艇是进出沿岸溪河支流，总之来往船只都以其为航标。"逮夜，燃炬则如火珠树，百道怪发，照耀江面""燃塔烛之如牛渚犀"，即夜晚化身灯塔。

---

[1] 李象坤（1612—1689），温州乐清人，迁居鹿城，清康熙岁贡。

干系歌并序

朱邵基 [1]

（癸酉六月十三日，瓯海进番船一只。有地民周全喜者，能通番语，使往询之，名龙番教鲁那罗，系干系腸国人。干系分封在吕宋国之下，为判事官，官名阿里间麻油，系三品，地方为太贤世赖，官五年将复命于吕宋，被风至瓯。船载男妇番目五十有二人，官衣银丝，着帽佩刀，携杖以为阶秩。监司、守令亲往留置宾馆，抚恤倍至，以符柔远之意。考《明史》，佛郎机亦干系腊国，所载状貌仪节与今相符，因为歌以纪其事）

圣人有道怀殊方，万派朝宗波不扬。重译而至古越裳，贡使不绝东西洋。日本吕宋干系腸，地接闽浙如邻疆。适有判事被风至，大小番目咸仓皇。使君遣官远存恤，怀柔常例尤加详。番人拜舞先携手，目深语涩银丝裳。骤言妻子皆感激，番俗亦复重帏房。乃出交凭两三幅，涂绘日本干系王。尺一簿籍写生纸，字若秋蛇斜作行。森森宝刀能切玉，琉璃滑簟生秋凉。哗嚣耀美重佛齿，裹头椎髻相矜庄。更有淡芭菰绝好，卷叶燃火氤氲香。驱使黑番如服鬼，叱咤奔避频骑墙。制军自闽遣赖禄，尽译其语奏帝旁。愿祝圣朝有道长，德化久已被遐荒。

【注】录自清《乾隆温州府志·艺文》。

"干系""干系腸国"，又作"干系腊"，又名佛郎机，为明清对葡萄牙与西班牙的称呼。"癸酉"即癸酉年，据《乾隆温州府志·杂记·番航》记载此事为乾隆十八年（1753）。"瓯海"，旧指温州湾瓯江口海面。"吕宋国"为菲律宾古国，时被西班牙殖民统治，"龙番教鲁那罗"当为西班牙驻菲律宾的高级殖民官员，沿着海丝路漂流至温。

温州好

孙扩图

（昔白香山久游江浙，去后作《江南好》词三首，所谓"风景旧曾谙"者是也。余于乾隆戊寅春以缙云令因公一至温州，是冬外艰去官。庚辰岁，复应太守李公之招，主东山书院讲席，于温州风景最为谙悉。归舟不释于怀，

---

[1] 朱邵基，浙江绍兴人，秀才，曾任《乾隆温州府志》分修。

爱用香山词调谱作十阕，名曰《温州好》，寄东山相知者）

温州好，贾客五方民。吴会洋船经宿到，福清土物逐时新，直北是天津。

【注】录自《清代诗文集汇编·一松斋集》，此为组词 10 首选一。

清乾隆二十五年（1760），山东济宁人孙扩图任温州市区东山书院山长，因而爱上温州，归途中仿照唐代白居易（白香山）写词赞美温州风土人情。"吴会"泛指苏州绍兴，在温州北，"福清"属福建福州，在温州南，此首通过讲述南北时令土特产通过货船汇集温州，东南西北中的五方商贾都来做生意来表达温州之"好"。

自丽水放舟至永嘉县

阮元

东瓯国在海山边，十里江城万井烟。已见飓风倾蜃屋，谁平鲸浪驾楼船。
三盘岛屿参差出，百粤帆樯杂沓连。岂似登州高阁上，碧环千里接辽天。

【注】录自清刻本《揅经室集》，此为组诗四首选一。

清嘉庆二年（1797），浙江学政、著名诗人、学者阮元从钱塘江诗路转入瓯江诗路，经桐庐、金华、永康，从丽水坐瓯江船，下青田而到温州，写下对温州这座海丝城市的见闻观感，"百粤帆樯杂沓连"，当时温州还未开埠，但与东南沿海的船只往来交通早已稠密。

永嘉杂诗

周衣德[1]

云槎海上隔年回，平视沧溟水一杯。陡觉飓风揭趠趠，争传干系国人来。
何时避地赞皇公，玉篆消磨到浙东。毅魄居然人不死，至今岁祀海神宫。
番船秋深泊近郊，飞庐高构似居巢。奇踪识得虾蟆树，海外名花正发梢。

【注】录自温州文献丛刊《周衣德集》，此为组诗 90 首选三。

第一首的"趠趠"，北宋苏轼有《舶趠风并引》诗，其引曰："吴中梅雨既过，飒然清风弥旬，岁岁如此，湖人谓之'舶趠风'。是时海舶初回，云此风自海上

---

[1] 周衣德（1778—1842），温州市区人，嘉庆二十四年（1819）举人。

与舶俱至云尔。"诗曰:"三旬已过梅黄雨,万里初来舶趠风。几处萦回度山曲,一时清驶满江东。惊飘薪薪先秋叶,唤醒昏昏嗜睡翁。欲作兰台快哉赋,却嫌分别问雌雄。"后以"舶趠风"指梅雨结束,夏季开始之际强盛的季候风,即落梅风,又作"舶棹风""舶艀风""趠趠风"。

"干系国"即上文注的葡萄牙与西班牙。温州地方志如明《弘治温州府志·遗事·蕃航》《万历温州府志·杂志·番航》、清《康熙永嘉县志·遗事》《乾隆温州府志·杂记·番航》《光绪永嘉县志·杂志·附录》对元明清时期番船漂流至温州均有记载。

第二首的"赞皇"指温州"海神"李德裕,为今河北石家庄市赞皇县人。

第三首的"虾蛛树"即虾蛛丹树,木名,可用以酿酒。《宋史·外国传·阇婆国》:"其酒出于椰子及虾蛛丹树。虾蛛丹树,华人未尝见;或以桄榔、槟榔酿成,亦甚香美。"

鹊鸟歌

佚名

鹊鸟鹊溜溜,阮翁去泉州。泉州好所在,爱去不爱来。娘啊娘,勿通哭,十日八日就会到。头帆拔起嗦嗦叫,二帆拔起到宫口。鱼盐一布袋,鳗干几十尾,哥呀寄来阿娘配。叫你勤心做空缺,勿通整日想别地。

洞头北岙街道的浙江省文保天后宫(陈爱琴/摄)

【注】录自 2023 年 2 月 23 日《洞头新闻》邱国鹰《〈鹊鸟歌〉:洞头海丝文化交流的见证》[1]。

---

[1] 亦见于 2008 年 3 月 25 日《温州日报》邱国鹰《洞头民谣蕴含泉州情愫》,2022 年 9 月 22 日《洞头新闻》庄明松《洞头"诗经":鹊鸟鹊溜溜》,但三文字词多有不同。

据介绍，此是洞头闽南语民歌，流传 200 多年，则创作在清代道光年间。"阮翁"即我的丈夫，"娘""安娘"为老婆，"勿通"即不要，"宫口"指洞头保护渔民商船的"海上女神"天妃宫口、妈祖宫口，"空缺"即事情。第一段是留守妻子的口吻，第二第三段是家人的口吻。从此首可见泉州作为海丝大港，也被温州民歌所反映。

浙江省民间文学集成《温州市歌谣谚语卷》有洞头渔民情歌《讨海郎十个九呒某》："网槽造起开嘴嘟，讨海郎十个九呒某。候等几时海路好，积蓄银钱再娶某。""呒"，方言没有；"某"，女人；"网槽"，一种渔船；"开嘴嘟"，船头敞开。此亦是有海丝元素的民间文学作品。

海蜇

王步霄[1]

美利东南甲玉川，贩夫坐贾各争先。南商云集帆樯满，泊遍秋江海蜇船。

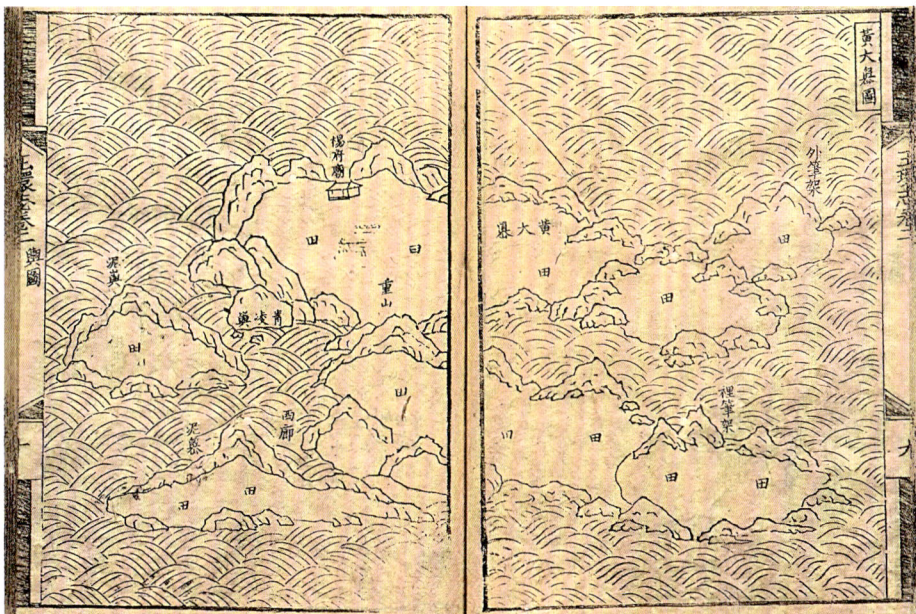

清雍正《特开玉环志》里的黄大岙图

---

[1] 王步霄，今台州玉环人，咸丰五年（1855）恩贡生，清《光绪玉环厅志》有传。

【注】录自清《光绪玉环厅志·舆地志·黄大隩山》。

清代玉环厅为温州分府。黄大隩即黄大岙，今温州洞头区大门岛，《光绪玉环厅志》记载此山："岩壑岭岈，群峰环抱，浮海至此，如入蓬莱仙境。山麓有方岩突起海中，形似腐块，名'豆腐岩'。来其（山）之称，盖亦因岩得名也。西连大门山，北对小门山，中通港门，海艘由此出入。夏秋时海蜇旺生，商贩云集，甲于环山诸埠。"

欧洲温侨先驱

张德彝[1]

（同治八年五月法国巴黎）二十六日丁酉，晴。午后往探王子显，见英国一妇，年约三旬。其夫田阿喜，隶浙江钱塘籍，以抛刀接刀为戏，在欧罗巴各国卖艺，获利颇多。嫁彼九年，已生二子一女矣。其夫现在瑞典，伊因游历名胜，侨居巴里。未刻回寓，入夜阴。

（光绪六年一月法国马赛）二十五日癸巳，晴。未初，令店仆持刺往取行李，查验毫无伤损。申初，有华人田阿喜者来拜。夫田，浙江人也，善杂技，年近五旬，幼来泰西卖艺，后娶英女为妻，生有二子。长子二十七岁，能英法德义葡五国语，华言一句不解。次子二十三岁，能英法德三国语，微晓华言，薙发编辫，服饰尚未改也。田曾周历各国，获利甚巨，且得有"宝星"赏号云。

（光绪十三年十一月德国柏林）初一日甲寅，阴。闻有前庚辰春在马赛所遇之华人田阿喜，现因年老，不往各国卖艺，乃率妻与二子在此开铺，出售中华、日本杂货，每年通计亦颇获利也。午后乘车行八九里，至来百喜街第百二十二号，进铺见其二子。长子田合通，已娶和兰女为妻。次子田喜子，年逾二旬，亦在铺中。据云伊父母现在得蕾斯屯城班克巷第一号另开一铺，令伊二人在此守理。铺中男女六人，瓷货极多，修饰华丽壮观，土人前往买货者接踵而至。

（光绪十六年二月德国柏林）初四日甲戌，晴。此地之华商田阿喜，本浙江金华府永康县人，现年五十六岁。自伊七岁，因发逆之乱离家，既而出洋谋生，迄今四十余年，从来未回归故土，曾娶英女为妻，生有二子。长子合通，年三十一岁，娶和女为媳，现生二孙。次子喜子，年二十九岁，未娶合。

---

[1] 张德彝（1847—1918），辽宁铁岭人，清同治五年至光绪三十二年间八次出洋，曾任驻英大使，著有 200 万字的出使日记《航海述奇》。

田阿喜以年老多病，田姓一庄人口颇多，虽有亲叔，记其名而妄其貌，现拟携其次子回国拜祖扫墓，以认同族。定于本月十五日，由布莱门海汾乘德公司回华。今早伊父子前来求余，代请星使赏给护照。余因为之回明，经星使允准，并因其父子华语不甚通，一切生疏，并蒙许给带致上海文报局信一函，以便照料。又贝汇如之令叔达夫，现住杭州，系绍兴府经历，因其路经杭州，亦具一禀，令其带递，以便临时指南，不致受人欺侮云。

（光绪十六年四月德国柏林）十二日辛亥，镇日大雨，冷。早田合通送讣来，知其父田阿喜于前日殁于上海，年五十有六。即日余将外洋名片下书"PC"二洋字，寄送田合通。按"PC"二字乃法言，"布勒光兜蕾"二字之减笔，亦吊唁之义也。查田阿喜六岁离国，在外五十年，虽云故在本国，惜非故土。初卖艺，继贸易，所获万金之产竟遗弃于外洋。盖伊虽有子，岂认中华为本国者耶？

【注】录自《航海述奇》稿本，题为编者所加。

田阿喜（1835—1890），张德彝前说"浙江钱塘籍"，后说"浙江金华府永康县人"，实际上据晚清温籍维新思想家宋恕1896年《致孙仲恺书》《丙申日记》提到在上海认识做生意路过的田阿喜之子田合通，"曾一晤谈，原籍吾郡永嘉人，现已入德国籍……其人不识汉文，而能说官话"，即是温州人。田阿喜六七岁离国出洋，即1840年鸦片战争之际乘船出发，沿着海丝之路到达欧洲，早于温州开埠之后远赴欧美非的华工潮，应是欧洲温籍华侨移民的先驱，最终富贵还乡，落叶归根。

田合通子承父业，宋恕说他往来中日德，生意每年多者十万左右，俨然国际贸易大鳄。张德彝批评田合通遗弃祖国，但他有汉名，记得自己籍贯永嘉，还是"认中华为本国"的。

温州竹枝词

方鼎锐[1]

龙兴艳说高宗事，南渡曾从海上来。那识孤臣椎血处，风霜万里哭声哀（龙兴寺在孤屿，宋高宗南渡时建。文文山由浙入闽寻二王，曾题诗于此，有"万

---

[1] 方鼎锐，江苏仪征人，清同治四年（1865）任温处分巡道。

里风霜鬓已丝"之句）。

山中奴婢橘成行，橄榄杨梅已惯尝。近喜轮舟飞递到，绛囊争啖荔枝香（轮舟自福州来，一日夜可到，荔枝色香味未变）。

漳泉大贾飞樯集，粤海奇珍巨槛来。况复梯航通四译，日中为市自无猜。

南麂山迎北麂山，凤凰洋面水回环。三盘最是逋逃薮，全赖楼船数往还（南北麂山、凤凰、三盘皆温州洋面，向为盗匪出没之区。数年以来，予与吴总戎更番巡洋，拿获数百名，洋面安靖）。

广艇龙艚数十艘，海防粮饷费征求。年来差喜萑苻静，估客安眠百不忧。

东洋红日近扶桑，西洋黑水逼穷荒。劝郎莫作漂流贾，海上风波不可当。

鹅眼青蚨错杂行，利权从此判虚盈。无端番饼分三品，圜法何由适重轻（温郡近日私钱充斥，商贾皆患之。洋钱呼为番饼，有印洋、槌洋、光洋之分）。

【注】录自清同治十一年刻本《东瓯百咏》，此为组诗100首选七。

第二首称荔枝从福州船运到温州，但在明代，荔枝来自更远的交广地区，可见明邵经邦《江心寺诗》对温州海丝贸易的称颂："衣冠今古竞繁华，保障东南夸富有。纷纷辐辏集如毛，山帆海舶来风涛。荔子飘香交广客，琵琶作别岛夷豪。"

第三首的"漳泉"指漳州、泉州，皆为海丝名城。"四译"即四方翻译，明清两代随着中外关系及国内民族间交往的发展，语言文字的翻译受到朝廷重视，明初设翻译机构"四夷馆"，清沿明制，但改称"四译馆"。叶大兵辑注《温州竹枝词》将其校为"四译（泽）"，意为原字讹误，当为"四泽"，未明诗意与上下文。因有翻译，语言能通，所以"日中为市自无猜"，即市场交易中买卖双方不需要费心猜测话意。本诗作于同治十一年前，尚未到温州开埠（1877），但有"四译"，说明已有不少外国商人来温。

第五首的"萑苻"为春秋时郑国沼泽名，密生芦苇，盗贼出没，后因以指贼巢或盗贼藏聚之处，《温州竹枝词》注为"众多杂税"，误。

瓯江竹枝词

郭钟岳[1]

柱础犹堪认故宫，翠华曾驻宋高宗。北来戎马中原失，南渡衣冠海上通（今

---

[1] 郭钟岳，江苏扬州江都人，同治年间为温州府海防同知。

府署为宋高宗行宫，今柱础仅存）。

　　贩米船从海上来，黄粱满载十分回。莫愁谷贱伤农甚，每为年丰海禁开。

　　劝郎莫贩茶与丝，劝郎航海且迟迟。天边云色卜风信，黑云起处避风痴（秋初多飓风，俗谓"风痴"，民家、贾舶皆忧之）。

　　一夜南风海舶来，荔枝携入市中才。莫愁色味香俱变，船自莆阳信宿开。

　　【注】录自清同治十一年刻本《东瓯百咏》，此为组词98首选四。

　　第一首诗的背景是南宋建炎四年（1130），宋高宗赵构为躲避金兵追击，御舟从宁波出海，航海途经舟山定海、舟山昌国、石佛洋、台州章安、台州松门，3月1日停泊洞头青澳门，次日入温州朔门古港，28日从拱辰门进城，以子城州治为行宫，以谯楼为朝门，至4月28日，从温州朔门古港出发返程，"着浅，行数里而止"，29日至乐清琯头，30日回至台州海门，头尾居温州整整60天，成为温州历史上第一位在任帝王来到温州，"南渡衣冠海上通"，而且是从海丝之路过来。

　　之所以说在任，是因为之前也有帝王来温，但还未即位。《宋书·武帝本纪》《宋书·虞丘进传》记载东晋元兴二年（403），权臣桓玄的中兵参军刘裕追击被招安为永嘉郡太守的海盗卢循而来到永嘉郡，刘裕部下虞丘进追击卢循姊夫徐道覆至永嘉千江、安固（今瑞安），刘裕后为南朝宋武帝。郭钟岳《瓯江竹枝词》里亦有咏及："高艑峨峨出海航，飞云渡口水茫茫。卢循到此真堪笑，何处重寻续命汤（循为桓玄所逐，自瑞安之飞云江泛海）。"

元旦雪中，以事赴瓯，巨舰不能入。别驾小艇，仅容五六人。泛海百数十里，风涛怒号，骇人心目，感而有作

戈鲲化

　　岁朝泛海作瓯游，百里洪涛一叶舟。雨雪纷飞风力劲，水天相接浪花浮。豪吟当世谁青眼，笑指遥山已白头。霄汉乘槎吾素志，算来毕竟逊闲鸥。

　　【注】录自清《人寿堂诗钞·丙子》。

　　戈鲲化（1836—1882），清安徽休宁人，英国驻宁波领事馆中文教师，光绪

五年（1879）赴美国哈佛大学任教中文，直至去世，为中国赴美大学任教第一人。

清光绪二年（1876）元旦，温州开埠前，作者从宁波坐军舰来温，泊瓯江口，换小艇至府城朔门码头，途中尚有《酉刻风浪更猛》诗。正月初三回程，有《正月三日坐小轮船出瓯江，波平如镜》诗，途中遇沙洲搁浅，有《午后搁浅待潮，用四十自述韵》诗四首。

孤屿怀古
宋恕[1]

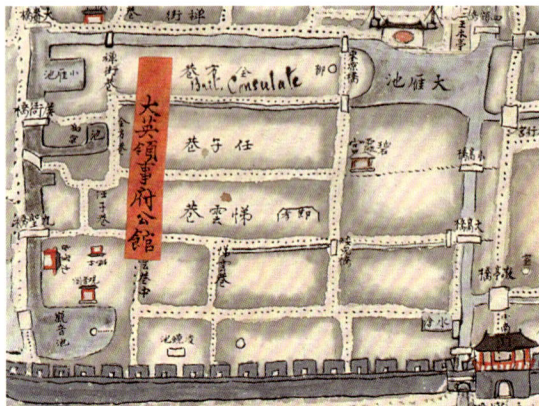

1877 年《瓯海关贸易报告》温州府城图里，雁池一带有大英领事府公馆

　　题诗对酒忆唐贤，海宇清平韵事传。凭吊江潮夷犬吠，大英领事孟楼眠。

【注】录自中国近代人物文集丛书《宋恕集》。

1877 年温州开埠，4 月，英国首任驻温领事阿尔巴斯特乘坐英舰进入温州港，先在城区禅街雁池一带设英领事公馆，后以江心屿浩然楼（孟楼）为临时领事馆，光绪二十年（1894）在东塔下建成正式领事馆。

永嘉三百咏 · 海关
丁立诚[2]

（在镇海门外）

　　设关以御暴，抱关以救贫。征商裕国用，为富原不仁。

【注】录自民国《永嘉金石百咏 · 永嘉三百咏》。

据《永嘉金石百咏 · 永嘉三百咏》朱寿保序，《永嘉三百咏》组诗作于光绪三十四年（1908）丁立诚客游温州时。镇海门为温州古城东门，清海关就设在其外。

---

[1] 宋恕（1862—1910），晚清温州维新思想家，与陈黻宸、陈虬有"东瓯三杰"之称。
[2] 丁立诚（1850—1912），今杭州人，晚清藏书家。

和永嘉百咏·海坛陡门

丁立中[1]

（在奉恩门，为城内水出处，旱开闸引潮入城，潦则尽闸放之，以泄城中水）

旱潦启闭时，内外立三闸。在上不关心，何人识良法？

【注】录自民国《永嘉金石百咏·永嘉三百咏》。

《和永嘉百咏》亦作于 1908 年。奉恩门即温州古城北水门，又称海坛门，设有陡门水闸，民国时期被掩埋后只剩"水门头""水门底"的地名，现已被朔门古港考古工程重新发掘出来。

民国

和《游赤石，进帆海》

符璋[2]

骞槎周星躔，卧疴志销歇。欲叩冯夷宫，鲎帆恣出没。去岸稍觉遥，山螺浮一发。海贾狎风涛，乘潮棹讴发。幸值无事时，恰逢初夏月。未易穷沧溟，差喜络瓯越。鳌折沉方壶，蜃嘘涌重阙。大陆起龙蛇，中央虞倏忽。不如栖岩人，披榛山可伐。

【注】录自《丛书集成三编》冒广生辑《和谢康乐诗》。

1915 年，瓯海关监督冒广生邀诗友符璋、陈祖绶三人和韵谢灵运诗，主要是温州山水诗，本诗为其一。

谢灵运的《游赤石，进帆海》被后人纷纷追和拟作，如清乾隆帝，因喜爱谢灵运山水诗，写过拟古诗《谢临川灵运游山》，还用谢灵运诗韵写名胜景观诗，甚至将《游赤石，进帆海》首句"首夏犹清和"摘为试律诗题，一连写了三首。这还不算，他虽然未到过温州，却化身为谢灵运，又拟作了《拟古诗三十首·谢康乐灵运〈游赤石，进帆海〉》。

符璋日记 1917 年十二月初七提到陈寅恪之父、著名诗人陈三立"极倾倒"他的和谢诗，"恨不识同乡有此诗人"。相比谢灵运、乾隆诗里只有作者自己，

---

[1] 丁立中（1866—1920），丁立诚从弟，亦为晚清藏书家。
[2] 符璋（1853—1929），祖籍江西宜黄，生于福建福清，清末任瑞安知县。

此首里"海贾狎风涛"已出现海丝之路的主角。

东嘉新竹枝词

洪炳文 [1]

（小引：清光绪间，江都郭外峰司马钟岳有《东瓯竹枝词》数十首，久已刊行。届今三十余年，沧桑更易，时局变迁，往日诗词已成陈迹。爰就见闻所及，续成七绝二十四首，恰合花信之数，以应社课。第察邻观政，容有未周，大雅君子匡予不逮，则幸甚。丁巳立夏花信楼主人识）

和议初成海禁开，美欧互市擅雄财。自从瓯埠通商后，屡见洋轮鼓浪来（光绪三年丁丑，始有永宁轮来瓯）。

沪上航通甬与瓯，椒江更复驶轮舟。双门早已开商埠，更见东门筑码头。

报社于今已数家，瓯潮温处又飞霞。轮船邮递交通便，百有原来是永嘉（温州俗称"百有之国"）。

时髦衣饰效西装，渐染欧风举国狂。俗谚昔云"温不出"，至今游历遍重洋（吾瓯人学界外，如贩草药、青田石及工商帮作者，每运至泰西）。

【注】录自温州文献丛书《洪炳文集》，此为组诗24首选四。

据小引"丁巳立夏"，此组作于1917年，但"光绪间"当为同治间。

关于第一首，洪炳文写的是晚清开埠后的温州轮船交通，温州文人杨青《民元十年时事小乐府》组诗里也有一首"只为交通便，轮船海上驰。调查出入簿，得失自家知"，续写民国温州的轮船交通。

关于第三首"百有"，洪炳文有《东瓯采风小乐府·百有国》："俗谚'温不出'，民多安家食。学子尚文词，闺流盛修饰。农人力田畴，商贾务货殖。通商轮舶达沪闽，四方之物无不得。昔时称为'小杭州'，近日名曰'百有国'。"

第四首作者自注里的"泰西"即极西，泛指西方欧美国家，"泰"有极的义项。"温不出"，郭钟岳《瓯江竹枝词》第六首自注也提到"温人多不离乡，谚云'温不出'"，这跟明清海禁有很大关系，其实温州人漂洋过海源远流长，北宋周仁就是一例。

（本文部分章节2024年7月起以《温州海丝文化简述》为总题，陆续刊登于《温州日报》风土版"千年商港，宋韵瓯风"专栏）

---

[1] 洪炳文（1848—1918），温州瑞安人，晚清民国剧作家。

论温州在海丝史上的重要地位

⊙ 伍显军

海上丝绸之路是相对于陆上丝绸之路而言的空间概念，实际上并不单指某条海上路线，而是对所有古代中国与外国交通贸易和科技、文化交流的海上通道的统称。诚然，古代中国输出的主要商品是丝绸和瓷器，输入的主要商品是香料。然而，不同历史时期，由于始发港、路线和终点不同，商人主体及其服务对象的喜好不同，造成输入输出的商品、科技和文化，在种类、数量、规模等方面都有很大的差异和改变。不论是东海丝绸之路，还是南海丝绸之路的沿海港口，如登州、明州、泉州、广州等，都有着辉煌的海上交通贸易史，为中外物质文化交流和世界文明发展作出了重要贡献。

温州是浙南沿海重要港口，有着优良的天然条件和悠久的舟船、港口历史，发达的造船业和先进的航海技术，历代温州人民与世界各国人民不畏艰险，跨越海洋，从事瓷器、漆器、香料等商品物资的交通贸易和科技、文化的交流传播，留下了丰富的文献记载和文物资料。

本文目的就是通过对明代以前资料的整理研究，揭示温州海上丝绸之路丰富的文化内涵和鲜明的区域特色，肯定温州在古代中国海上丝绸之路史上的重要地位。

优良港口和悠久的舟船港口史

温州市位于浙江省东南部，全境介于北纬 27° 03′—28° 36′，东经 119° 37′—121° 18′之间，南与福建省北部相邻，北及东北与台州市接壤。东边是浩瀚的东海，西边及西北是丽水市山区丘陵。地势由西南向东北呈梯形倾斜，洞宫、括苍和雁荡山山脉绵亘延伸，瓯江、飞云江和鳌江湍急的江水在注入东海的途中，将山脉切割得支离破碎，形成西部内陆交通闭塞，东部平原河道纵横的地理特征。东部江海交汇处分布着城镇、集市和众多的港口，如鹿城城北沿江港口、龙湾状元、瑞安飞云渡、平阳鳌江、永嘉清水埠、乐清磐石等港口。

东海碧波万顷，洞头鹿西、大门、状元岙、三盘、瑞安北龙、北麂、平阳南麂、

20 世纪 90 年代初温州城北港口全貌

1955 年温州城北港口与江心屿全貌（朱家兴／摄）

苍南官山、北关等 400 多个岛屿星罗棋布，与大陆隔海相望，形成乐清、温州、大渔、北关等海湾，海岸线长达 355 公里，海岸、岛屿之间同样分布着众多的优良港口。温州属亚热带季风气候，全年温度适中，雨水充沛，四季分明，季风显著。总之，温州港口天然条件优越，江阔水深，风平浪静，少雾不冻。

温州市与毗邻的丽水市、台州市关系密切，古代文献中统称为"瓯""沤"或"欧"，也称为"沤深""沤越"等。西汉是"东瓯国"的封地，因此温州有很多以"瓯"冠头的地名、物名、手工艺，如瓯江、瓯柑、瓯窑、瓯塑、瓯绣等。唐高宗上元二年（675），析括州之永嘉、安固二县置温州，因"冬月地常暖少寒，故名"。

早期瓯越人是南方"百越之族"土著先民的支裔。在征服海洋的过程中，瓯越人烙下深刻的海洋文明印记，"剪发文身，错臂左衽"[1]"罽衣贯头"[2]。喜食海产、蝉蛇，"东越海蛤，欧人蝉蛇，蝉蛇顺食之美""且瓯文蜃""以鱼皮之鞞，乌鲗之酱，鲛鰔利剑为献[3]。

温州使用舟船历史悠久。早在新石器时代晚期，温州好川文化遗址大都是山前沿江的孤丘型地形，"多水的环境，先民可捕捞鱼虾。靠近江河，使舟楫出行更便捷通畅"[4]。夏商时期，温州已与中原地区有水上交通往来。西周至春秋，"瓯居海中"，舟船成为瓯越人日常的交通工具，"水行而山处，以船为车，以楫为马，往若飘风，去则难从"[5]。

温州已能制造"扁舟""轻舟""三帆"等在海上往来的舟船，对海上交通的发展和港口的孕育起到了促进作用。1983年以来，瑞安市、平阳县、苍南县共发现50多座商周时期支石墓（也称石棚墓）。专家们认为"无论是支石墓还是稻作农业，都说明中国江南沿海和朝鲜半岛之间在先秦时代存在着海上交往的关系。这种交往，最可能是江南和朝鲜半岛之间的直航"[6]。

"浙南的彩陶与福建、台湾属同一类型；印纹陶器、原始瓷器和青铜器，其造型、纹饰在东南沿海地区亦可以找到同类器；有段石锛则与日本同类石锛相一致。这些现象反映了瓯越一带在商周时期乃至更早，已通过海上交通与我国东南沿海以及日本等地频繁交往"[7]。

温州港口同样历史悠久。战国时期，东瓯是全国沿海交通线上九个重要港口之一，出现原始港口的雏形。西汉惠帝三年（前192），驺摇佐汉击项羽有功，被封为东海王，俗称东瓯王，建都东瓯，港口的海上交通进一步发展。三国赤乌二年（239），永宁县属孙吴政权管辖，航海业颇为发达。境内设有官营"横屿船屯"，

[1]《史记·越世家》。

[2][3]《逸周书·王会解第五十九》。

[4] 蔡钢铁：《温州好川文化遗址的内涵特征和地理环境》，林华东主编《瓯文化论集》，2009年浙江人民出版社出版。

[5]《越绝书》第八卷《越绝外传记地传第十》。

[6] 毛昭晰：《先秦时代中国江南和朝鲜半岛海上交通初探》，《东方博物》第十辑，浙江大学出版社2004年版。编者注：此说也有学者持不同看法，详见林华东著《温州通史·东瓯卷》第157、194、195页。

[7] 金柏东：《巨石建筑中的浙南石棚》，《温州文物》1994年第七期。

委派典船校尉监督罪徒造船。"横屿船屯"是当时江南三大造船基地之一，故有"万船"之称，谐音"万全"，地名（平阳县万全镇）沿用至今。西晋，东瓯舟船"越腾百川，济江泛海""航疾乘风"[1]，舟名有东瓯晨凫、青桐和梧樟。东晋太宁元年（323），析临海郡立永嘉郡，瓯江南岸建造郡城。港址移至城北沿江一带，从此奠定基础，逐渐扩展。南朝永嘉郡太守谢灵运《游赤石进帆海》诗句"扬帆采石华，挂席拾海月"，描绘了海上扬帆行舟的景象。梁天监三年（504）永嘉太守丘迟称永嘉郡城"控带山海，利兼水陆，实东南之沃壤，一都之巨会"[2]，永嘉郡城已成为东南沿海海港名城。

唐代，温州是全国主要造船基地之一。贞观二十一年（647），杭、越、台、婺、括州等江南十二州造大船数百艘以征高丽，括州的造船基地设在永嘉县城北沿江一带。"自唐文宗开成四年（839）至唐哀帝天祐四年（907）的七十年间，日本商船停泊我国楚州、苏州、松江、明州、台州、温州、广州等十余个港口"[3]"唐代贸易港……他若福州、明州、温州以及苏州之松江等，皆贸易港也"[4]。此时温州已成为全国沿海贸易港口之一。五代十国，温州隶属吴越，沿海航运发达，"航海收入，岁贡百万"。后梁初，政府为了增加财政收入，于温州设立"博易务"，管理对外贸易。

北宋，温州的海上交通贸易渐趋活跃，城北沿江港口停泊和往来的船只众多，赵抃登上朔门城墙上谢公楼眺望江面时，曾以诗句"城脚千家具舟楫"来描绘港口的繁盛景象。杨蟠任温州知州时，曾作诗称赞温州"一片繁华海上头，从来唤作小杭州"。南宋至元代，温州港进入繁荣时期，正式辟为国际贸易口岸，是全国沿海十个设置市舶务（司）的港口之一。[5]南宋绍兴元年（1131）或稍前，温州设置市舶务，管理海外交通贸易，成为温州对外贸易发展史上重要的里程碑。大约在宁宗庆元元年（1195），温州市舶务被撤销，延续时间长达60多年。元初至元十四年（1277）稍后，温州设立市舶司，再次对外开放，至元三十年（1293）后又撤销，并入庆元（今宁波）。市舶务（司）的设立起到了"招徕远人，阜通货贿"[6]的作用，使温州成为"大商海船辐辏之地"。随着海内外贸易的发展，港口的设施建设日臻完善。元代，城北沿江筑成"大石堤延袤数千尺"，并建造了"以俟官舸"和"以达商船"两类码头。

[1] 西晋周处《风土记》。
[2] 丘迟《永嘉郡教》。
[3] 【日】木宫泰彦：《中日交通史》，商务印书馆1931年版。
[4] 【日】桑原骘藏：《蒲寿庚考》，中华书局2009年版，第2页。
[5] 林天蔚：《宋代香药贸易史》，中国文化大学出版部1986年印行，第116页。
[6] 清徐松辑《宋会要辑稿》第四册第3375页。

发达的造船业和先进的航海技术

　　伴随港口和海上交通贸易的发展，温州的造船业兴旺发达起来。唐代以前，温州一直是全国重要的造船基地之一，有着深厚的造船基础。1960 年 10 月，温州市郊西山猫儿岭东北麓自来水厂工地出土四艘楠木制成的东晋梭形独木舟，经考证为内河运输用双体复合独木舟[1]，即是温州造船技术较高的证明之一。两宋时期，温州社会经济的繁荣、城市商业和海内外交通贸易的活跃，全面推动了手工业生产的兴旺发达，其中造船业尤其发达。

　　温州是宋代全国 11 个造船中心之一，占有十分重要的地位。北宋哲宗元祐五年（1090），全国官营造船场的每年造船额是 2900 多艘。"温州、明州岁造船以六百只为额"[2]，居全国第一位。此后直至徽宗政和四年（1114）"明州合打额船并就温州每年打六百只"[3]，可以想见，温州官营造船场规模之大。虽然大观二年至政和七年（1108—1117），造船场有时并归明州，但由于温州港连接深山大岙、盛产良材的内陆处州（今丽水）、闽东，"远近良材由之取道，于是漕运与诸郡之官舟实造于此"[4]，所以政和七年太守楼异"以应办三韩岁

东晋双体复合独木舟

---

[1] 王钱国忠《温州与平度出土的古代双体独木舟比较——兼释古船史上的"戈船"与"翼船"》，2011 年温州市文化广电新闻出版局编印《东瓯文化学术研讨会论文集》。
[2] 《宋会要辑稿》第六册第 5658 页。
[3] 《宋会要辑稿》第六册第 5659 页。
[4] 赵岊《温州通判厅壁记》，刻于北宋元丰三年（1080）。

使船，请依旧移船场于明州，以便工役。寻又归温州"[1]。南宋，因漕运锐减，温州的造船额下降，除战船（海船）外，绍兴元年（1131）时打造纲船（粮船）年额为 340 艘，仍居全国前列。南宋中晚期，粮船的打造额下降更多，如孝宗淳熙元年（1174）年额由 122 艘减作 50 艘。但是，海船的打造数量明显增多。南宋中叶，温州人邵叔豹"募造战船补官监吉州龙泉县酒税"[2]。淳熙七年（1180）"先是温州打造海船一百只，支降官会一十万贯付与可措置"[3]。

温州还有很多私营造船作坊以打造商船为主，但也打造战船和大海船。温州大海船中有很多民船，战船有时也征调民船。如隆兴二年（1164）"因明州言，平底船不可入海，已获旨准，年例藉民间海船，更互防拓"[4]。嘉定十年（1217）"时严海道之防，得旨造蒙冲二十艘，掾属请下诸邑公不可捐，利诱海商二十人，人造一艘，按期办集，符不及民"[5]。"永嘉有蔡起莘，尝为海上市舶。德祐之末，朝廷尝令本处部集舟楫，以为防招之用"[6]。宝祐五年（1257）南宋政府特立"义船法"，规定三州（温、台、明）所属各县每都（乡）岁征调船只数，温州所属四县共管民船 5080 艘；其中，面阔一丈以上的有 1099 艘。[7] 温州私营造船业之发达可见一斑。此外，官营造船场也打造少量民用船只，如澶州（河南濮阳）浮桥用船，就是由温州官营造船场打造。[8]

温州最大官营造船场设在永嘉县城北沿江港口郭公山一带，有官吏 5 人，兵级 247 人，绍兴元年裁减为监官 1 员，兵级 100 人。[9] 造船工人主要是厢军，技术骨干则是向民间"和雇"的船匠，"所养工匠则有衣粮之费，造船之日，又添以米"。[10] 其他各县如平阳县蒲门寨也有官营造船场。

南宋，温州的造船工艺有了进一步提高，已能依照"船样"（图纸）打造船舶。如绍兴三十一年（1161）温州进士王宪上奏中书省，福建、浙东安抚司打造的海船船样不同，希望下令福建安抚司依照温州平阳县蒲门寨新造巡船式样打造。这种新型巡船"舟阔二丈八尺，上面转板坦平如路，堪通战斗"。[11] 它的"转板"似为一种可转动装置，平时收放于甲板，战时拉开作为作战平台，扩大了作战面积，

---

[1] 南宋《宝庆四明志》卷三《叙郡下》。
[2] 南宋叶适《邵君墓志铭》。
[3] 《宋会要辑稿》第四册第 4001 页。
[4] 《宋会要辑稿》第六册第 5666 页。
[5] 洪咨夔《平斋文集》三十一《吏部巩公墓志铭》。
[6] 南宋周密《癸辛杂识》续集卷下《蔡陈市舶》。
[7] 南宋《开庆四明续志》卷七。
[8] 《宋会要辑稿》第八册第 7540 页。
[9] 《宋会要辑稿》第六册第 5662 页。
[10] 南宋楼钥《攻媿集》卷二十一《乞罢温州船场》。
[11] 《宋会要辑稿》第六册第 5665 页。

增强了机动性。嘉定十四年（1221）温州依照制置司发下的船样二本，"仰差官买木，于本州见管官钱内各做海船二十五只，赴淮阴县交管"。[1]

温州一般打造三四百吨的船只，最大的达 600 吨。船板有数层，每层分隔成十数个密隔舱，抗沉性强。海船桅杆装在灵活的转轴上，不怕大风吹折。正舵分大小二等，随深浅变更，三副舵"唯入洋则用之"。有启碇用的轮车，有布帆、利篷，还有候风向的"五刃"（系鸟羽于竿上）。陈傅良《舟说》对船舶的推进、

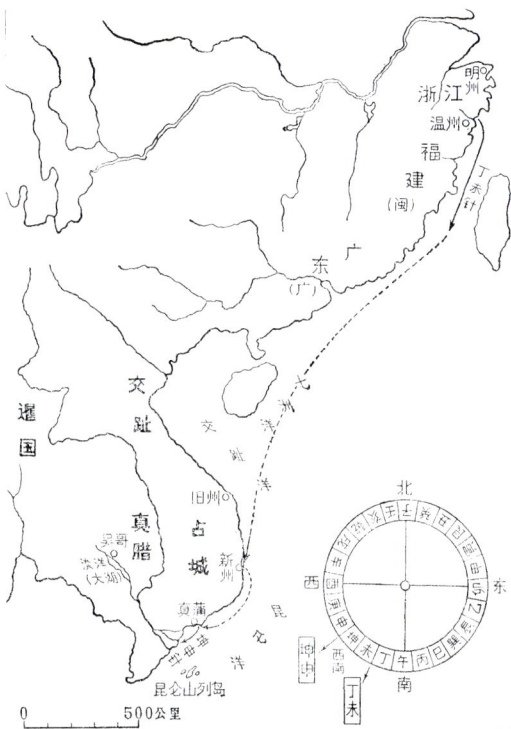

周达观航行路线和针位图，摘自夏鼐《真腊风土记校注》

民国温州罗盘

操纵和系泊装置有着具体阐述："其樯以负帆，欲其屹乎而不挠也。其帆以旷风，欲其骛乎而不靡也。其柁以辖乎轴，欲其壮以殿奔也。其碇以椗乎舻，欲其坚以镇浮也。其维以縻，欲其固而莫之脱也。其棹若篙，以棹欲其劲而莫之折也。"温州打造的海船等船型，可从元代温州界画家王振鹏《江山胜览图》长卷局部管窥。总之，无论是吨位还是性能，温州打造的海船，在当时的条件下是世界上最先进的。

宋元时期温州的航海技术有了质的飞跃，已掌握海洋季风规律，可以通过北

---

[1] 《宋会要辑稿》第六册第 5673 页。

极星的高度观测判断地理纬度。指南针已用于海船导航，并把针位加以记录，这就是元代周达观的《真腊风土记》。周达观元贞二年（1296）随使团前往真腊（柬埔寨），"自温州开洋，行丁未针，历闽、广海外诸州港口，过七洲洋，经交趾洋，到占城。又自占城顺风可半月到真蒲，乃其境也。又自真蒲行坤申针，过昆仑洋，入港"[1]。根据磁性指南针导航，开始必定借助于长期积累的天文与地理导航知识来调整航向，同时观察磁针的变动。通过无数次的对照观察，将航向与磁针变动的对应关系予以总结，就形成了航线的针路，从而脱离天文与地理导航，而只依靠指南针。针路上的变更点称为针位。《真腊风土记》的最大贡献就在于详细地记录了针位，是目前所见最早的记有针位的书籍。夏鼐（温州市区人）《真腊风土记校注》对"丁未针"和"坤申针"作了详细考证。[2] 温州博物馆藏民国罗盘，或许可为我们提供实物借鉴。

温州港口的输出与输入

经济贸易是"海上丝绸之路"形成的主要动因。然而，这种商业物质活动并非独立存在，而是和科技、文化交流活动相伴随，从而开辟了国际间物质与非物质交流的渠道，加速了世界经济、文化、科技与社会的发展。并且，这种交流绝不是单向的，而是双向的，即互有输出和输入。温州港"海上丝绸之路"交流活动也是如此。

（一）人员来往

文献记载，外国人最早来到温州的时间是唐代。唐代早中期，日本政府多次派遣使节前来唐国友好访问，但是限于航海和造船技术水平，往返途中屡遭遇风浪袭击。高宗显庆四年（659）第四批遣唐使在前来途中遇到逆风，坂合部石布大使乘坐的船漂到尔加委岛，船上的人被岛上土著所害，只有坂合部稻积、东汉阿利麻等五人，盗取岛人的船只，辗转到达温州，得到地方州县官员的全力救援，送到京城洛阳。[3] 但是，根据温州出土的多件堆塑罐瓷器推断，外国人可能在三国时期就已来到温州，如1972年7月瓯海区藤桥镇石埠村出土的三国堆塑罐，上端四周人物姿态各异，或站或坐，吹笙、击鼓、弹琴、裸舞、杂耍，高鼻深目，貌似西域胡人，"出土资料和研究结果向人们揭示，早在纪元前后，西域胡人就频繁入驻汉地，入驻的热区并不是礼制森严的中原，而是民风浮薄的东南沿海地

[1] 《真腊风土记·总叙》。
[2] 《真腊风土记校注》第23页，1981年中华书局出版。
[3] 日本《日本书纪》引《伊吉连博德书》。

三国堆塑谷仓罐

区。西域胡人的涌入，有意无意地将异地文化播入这些地区"。[1]

唐代中期来到温州的还有新罗国人。8世纪初，新罗国宣师到温州龙兴寺求教佛学，留居颇久。新罗国王曾派王子随带大批礼物，来唐国友好访问，途中遭遇台风，船漂流至平阳附近海面，不幸覆没，王子和随行人员全部罹难。当地人在新罗山上立庙纪念。[2]宪宗元和年间（806—820），新罗国发生饥荒，"一百七十人求食于浙东"[3]，温州予以接济。

自开成三年（838）以后，日本政府终止了遣唐使，唐日官方直接贸易宣告结束。但是唐国商人和日本僧侣仍频繁往返于两国之间，从事民间贸易和求法巡礼活动。"唐国商人李德邻、李延孝、张支信、李处人、崔铎等人自建海舶，以船主身份往来于日本和浙江的明州、温州和台州之间"[4]。会昌二年（842），李处人在日本肥前值嘉岛自造海船，于八月二十四日启程，二十九日抵达温州乐成县玉榴镇（今台州玉环岛），首辟日本值嘉岛至温州海上航线。日僧慧运乘此船经温州去五台山朝圣。[5]

北宋真宗年间，温州人周伫随商船至高丽经商，"留之，初授礼宾省注簿。不数月，除拾遗，遂掌制诰"。周伫从而成为最早侨居海外的温州人。999年，温州被列为对外贸易口岸。北宋政府对海外贸易采取鼓励、保护政策：市舶机构的官吏对海外贸易有贡献的，可以得到奖励或补官、升官；番航遇风漂到沿海州界，官方予以拯救；外商船破桅坏，可以免税。温州城内设立了招待外商的"来远"

[1] 李刚《古瓷发微》，1999年浙江人民美术出版社出版。
[2] 清乾隆《温州府志》卷四《山川·新罗山》，卷九《祭祀·灵护庙》。
[3] 北宋王溥《唐会要》卷九五《新罗》。
[4] 日本·木宫泰彦《中日交通史》，1931年商务印书馆出版。
[5] 日本·木宫泰彦《日中文化交流史》，第109页、145页，商务印书馆出版。

等驿馆。如绍兴十五年（1145）十一月，日本商船载硫磺、布匹等物，遇大风漂泊至平阳仙口港，船中男女十九人受到当地官吏妥善安置。[1]

南宋温州设立市舶务以后，港口樯橹林立，商旅云集，出现了大批商人。绍兴元年（1131）中书舍人程俱称温州是"其货纤靡，其人多贾"。[2]一些商人长期从事海外贸易，如"温州巨商张愿，世为海贾，往来数十年"[3]。绍兴三十二年（1162）七月十三日台风侵袭温州港，"先是两日，有巨商舣舟寺下"[4]。温州也招来了许多外国商人，"永嘉四灵"诗人徐照《移家雁池》有"夜来游岳梦，重见日东人"之句。日东人就是日本人。

元代，温州港口仍然十分繁忙，"永嘉为海右名郡，南引七闽，东连二浙，宦车士辙之所憩止，蕃舶夷琛之所填委"[5]。运粮船增多，"温、台、庆元船运糙粳、香糯每石一十两五钱"[6]。商船频繁进行海上交通贸易，高邮人焦礼"壮岁游京师，言海运，授进义校尉瑞安县，管领海船上百户"[7]。一些温州商人长期在外国经商，如《真腊风土记》载："唐人到彼，必先纳一妇人者，兼亦利其能买卖故也。"[8]"余乡人薛氏居番三十五年矣。"[9]一些外国商船海上遇风，漂流至温州，得到了尽力救援和妥善接待，如仁宗延祐四年（1317）六日十七日，婆罗（今文莱）商船遇风漂至中界山（今属洞头县），船上14人受到地方官吏妥善安置，因语言不通，先送到杭州，通过翻译查明情况，再送到泉州回国。次年冬，日本商船搭载500余人，遇风漂至平阳县五十二都大岙，地方政府先将船移泊瑞安飞云渡，再护送至庆元。

（二）商品的输出与输入

商品的输出与输入是"海上丝绸之路"的原动力，源源不断的商品物质伴随商贾们的脚步，双向支撑着温州的海上交通贸易。

1.瓯窑、龙泉窑是输出的主要商品

东晋，瓯窑制瓷业崛起，产品种类丰富，市场销路广泛，通过海路远销到江苏、福建、广东等沿海地区，"根据南京地区东晋中晚期随葬瓷器中大量的瓯窑产品，

---

[1] 南宋李心传《建炎以来系年要录》卷一五四。
[2] 程俱《北山集》卷二二。
[3] 南宋洪迈《夷坚志丁》卷上《海山异竹》。
[4] 南宋洪迈《夷坚丙志》卷六《温州风灾》，"寺"可能指江心屿上的江心寺。
[5] 明宋濂《水北山居记》。
[6] 《元史·食货·海运》。
[7] 清孙衣言《瓯海轶闻》卷五八，转自元至顺《镇江志》卷十九。
[8] 《真腊风土记·贸易》。
[9] 《真腊风土记·异事》。

特别是一些世家大族墓出土的瓯窑精品与同时期的越窑比较，东晋瓯窑的影响甚至超过了越窑。"[1]唐五代温州社会相对稳定，经济繁荣，瓯窑制瓷业发展较快。温州西山窑、永嘉罗东启灶窑、坦头窑等窑场的产品，部分成为远销国外的外销瓷。如1979年洞头县大门镇黄岙乡胜利村水库底发现的五代瓯窑青瓷葵口高足碗，应是因某种原因沉入海底的瓯窑外销瓷。

"国内外学者所称的'越窑系青瓷'，一般是对浙江诸窑青瓷的泛称。由此推论，在国外发现的大量青瓷中，除了越窑瓷器，还有不少应该是接近越窑的瓯窑、婺州窑等其他窑口生产的青瓷，且瓯瓷占有一定的比例。"[2]温州港口还外销国内其他窑口的瓷器，如唐代长沙窑青瓷褐彩模印贴花执壶、邢窑白瓷碗、五代巩县窑白瓷葵口碗等，它们是唐五代温州已开展对外陶瓷贸易的实物见证。

北宋是瓯窑制瓷业发展的高峰时期，窑场众多，温州西山窑和瑞安外三甲窑等窑场的产品，不仅种类丰富，造型活泼，质量上乘，而且大量外销。"日本上冈恭补《支那古瓷器手引》一书，在谈到日本镰仓海滨发现大量青瓷标本来源时指出：'昔时盛产青瓷之窑是温州、泉州与安溪，其他亦有小规模之窑。'可见宋时温州青瓷曾大量销往日本。从正和堂窑址出土的执壶、粉盒、灯盏、碗等来看，与日本宇治市净妙寺遗址出土的青瓷水注……在造型、釉色方面都很相似。这为研究宋时温州青瓷销往日本，提供了重要实物依据。"[3]笔者曾撰文指出埃及福斯塔特遗址、朝鲜半岛、日本、菲律宾、马来西亚沙捞越、印度尼西亚、印度、泰国、伊朗等国家和地区发现的大量以往认为是越窑外销青瓷的瓷片

五代瓯窑青瓷葵口高足碗

唐代长沙窑青瓷褐彩模印贴花执壶

---

[1] [2] 蔡钢铁《温州陶瓷考古与温州博物馆藏陶瓷器》，温州博物馆编《温州古陶瓷》，2001年文物出版社。

[3] 金柏东《温州正和堂唐宋窑址调查》，温州市文物处编《温州古代陶瓷研究》，1999年西泠印社出版发行。

与器物中，应有一部分是北宋瓯窑外销青瓷。[1]

　　南宋至元，瓯江上游龙泉窑崛起，因其产品物美价廉，受到广泛喜爱，大量外销。地处瓯江下游的瓯窑尚未完全衰落之时，窑工们就开始仿烧龙泉窑青瓷。温州地区调查发现近百处龙泉窑系窑场，以永嘉县桥头镇最为集中，很多产品为适应外销需要而生产。陈傅良诗云："江城如在水晶宫，百粤三吴一苇通。"温州作为瓯窑、龙泉窑瓷器外销的起点港之一，交通便利繁忙，盛极一时，"瓯江两岸，窑场林立，烟火相望，江上运瓷船舶，来往如织，日夜繁忙"。1988 年洞头县西北侧后垄村发现一处元代窑藏，出土龙泉窑系青瓷 50 余件，有碗、盘、碟、高足杯等，与永嘉县桥头镇眠牛山、钟山窑址的产品特征相同，显然是温州生产的外销瓷，也与 1976 年韩国新安底沉船中发现的元代龙泉窑青瓷特征接近。

　　笔者在整理洞头县文物馆藏"海捞瓷"时，发现既有北宋瓯窑青瓷执壶、南宋瓯窑青瓷韩瓶、酱釉双系罐，也有

元代龙泉窑青瓷模印菊花纹高足杯

1988 年洞头县元代窑藏外销瓷出土的后垄古码头

---

[1] 伍显军《宋代瓯窑青瓷的新发现与研究》，《东方博物》第三十五辑，2010 年浙江大学出版社出版。

南宋瓯窑青瓷弦纹韩瓶

南宋磁州窑青瓷褐彩花卉纹荷叶形盖罐

元代龙泉窑青瓷碗、盘、碟等，大部分是外销瓷。另外，温州还生产少量碗、盘类外销"珠光青瓷"。[1] 外销少量国内其他窑口瓷器，如南宋磁州窑褐彩花卉纹荷叶形盖罐，笔者曾在温州市区多处建筑工地发现磁州窑、景德镇窑、建窑、定窑、耀州窑瓷片。

2.漆器是输出的特色商品

漆器是古代温州著名的手工业产品，宋元时期已形成规模化生产，作坊、店铺遍布城区，产销两旺。文献记载北宋都城开封、南宋都城临安的繁华街道都开设有温州漆器专卖店，"南门大街以东南则唐家金银铺、温州漆器什物铺、大相国寺，直至十三间楼"[2] "都城天街……有大小铺席，皆是广大物货，如平津桥沿河布铺、扇铺、温州漆器铺、青白碗器铺之类"[3] "自淳祐年有名相传者，如……水巷桥下针铺、彭家温州漆器铺……平津桥沿河布铺、黄草铺温州漆器、青白瓷器……"[4] 1949 年以来，温州市妙果寺千佛塔、仙岩慧光塔、白象塔、桥墩水库黄石夫妇合葬墓，杭州市北大桥南宋墓，江苏省淮安市、武进县、常州市红梅新村、国棉二厂宋墓，福建省邵武市南宋黄涣墓以及温州市区百里坊、周宅祠巷、八字桥、信河街老邮电局等建筑工地，出土了大量温州漆器，其中有北宋漆阿育王塔、识文描金檀木

---

[1] 王同军《宋元时期温州外销瓷初探》，温州市文物处编《温州古代陶瓷研究》，1999 年西泠印社出版发行。

[2] 南宋孟元老《东京梦华录》卷二《宣和楼前省府宫宇》。

[3] 南宋耐得翁《都城纪胜》"铺席"条。

[4] 南宋吴自牧《梦梁录》卷十三《铺席》。

舍利函、南宋戗金庭园仕女图银扣朱漆奁等大量精美器物，证实了温州是宋代全国制漆中心，通过海运远销国内外。《真腊风土记》载："其地想不出金银，以唐人金银为第一，五色轻缣帛次之；其次如真州之锡镴、温州之漆盘、泉处之青瓷器……"[1] 可见，元代温州漆器与中国的金银、丝织品、锡器、青瓷器等都是广受欢迎的商品，在国外市场享有很高的声誉。

南宋戗金庭园仕女图银扣朱漆奁

3. 其他商品的输入和输出

2018年8月永嘉县礁下山东晋墓出土一件刻磨联珠纹琉璃罐，证明东晋时期中亚和西亚地区已有商品输入温州，目前资料尚未发表。

记载温州输入商品的文献很少，笔者仅收集到数条。南宋绍兴十五年（1145），日本商船载硫磺、布匹等物，遇大风漂泊至平阳仙口港。叶适《开元寺千佛阁记》载："髡衣卉服，交货于市。"髡衣卉服就是指外国人穿的衣服。嘉定十二年（1219）永嘉"大商漏船乳香直以万计"。[2] 宋末永嘉王德用赴交趾，"遣乃兄回，金玉货宝犀象白牛角之类，充仞舟中"。[3] 元仁宗延祐四年（1317）婆罗商船遇风漂至中界山，"内一人……提挈葫芦八枚，内俱有青、黄、白色成串硝珠"[4]。次年日本商船搭载五百余人前往庆元，遇风漂至平阳县五十二都大岙，"见觉、道愿词称：有本国客商五百余人赍金珠、白布等物，驾船于九月二十七日放洋，意投元国庆元路市舶司博易铜钱、药材、香货等项……十一月十四日移泊瑞安州飞云渡，赍到拜见上位及与浙省官赤皮甲、大刀、皮袋、箱扇等物，随即起解"[5]。可见温州输入的商品有硫黄、布匹、髡衣卉服、乳香、金玉货宝犀象白牛角、硝珠、

---

[1] 《真腊风土记·欲得唐货》。

[2] 《宋会要辑稿》第五册第4086页。

[3] 南宋俞文豹《吹剑录外集》。

[4] [5] 明弘治《温州府志》卷十七《遗事·蕃航》。

金珠、白布、赤皮甲、大刀、皮袋、箱扇等，输出的商品还有药品、香料、文具、铜钱等。尤其是铜钱，南宋时期日本商船经常往来温州、台州一带走私贩运。

（三）科技和文化交流

科技和文化交流伴随着商品互贸。随着交往的增强，必然引进对方先进的科学技术和优秀的文明成果。宋元时期，温州的造纸、印刷、造船、指南针等科技成就斐然，然而输出的文献记载很少。元代永嘉王与的法医学名著《无冤录》传入朝鲜。朝鲜政府命大臣加以音训注释于1438年刊行，成为司法官吏的必修书，对朝鲜的法医学、刑法学产生了深远影响。

据记载，输入的科技有：

一、占城稻。北宋大中祥符四年（1011），政府从福建选取三万斛占城稻种，运到江浙和淮河一带，鼓励农民种植。于是，温州普遍种植，"相传自占城国得种，故名，最耐旱，有红、白二色"[1]。温州称之为"金城"或"百日黄"，穗长粒小，早熟抗旱，一年收成两次，大大提高产量。

二、棉花。元至元二十六年（1289）置浙东木棉提举司，责民岁输木棉。元贞元年（1295）定浙东两税法，秋税输粮，夏税杂以木棉、布绢、丝绵土物。元末平阳县陈高《不系舟渔集》中《橦花诗》描述了棉花的种植、形成和用途。可知，温州种植棉花可能始于南宋末年或元初，元代末年已普遍种植。

三、水汽蒸馏制作柑花香露。"永嘉之柑，为天下冠……以笺香或降真香作片，锡为小甑，实花一重，香骨一重，常使花多于香。窍甑之傍，以泄汗液，以器贮之。毕，则彻甑去花，以液渍香，明日再蒸。凡三四易，花暴干，置磁器中密封，其香最佳"[2]。这种利用蒸馏原理制作柑花香露的方法，是受到了大食国制作蔷薇水等制剂方法的启发。

见诸文献记载交流传播的主要文化是宗教文化。灵秀的永嘉山水孕育出神秘的佛道气象，东瓯呈现"先佛后儒"的文化现象。东晋太宁年间永嘉郡城李整舍宅建崇安寺，佛教开始在温州传播。唐代永嘉高僧玄觉著《证道歌》《禅宗悟修圆旨》，顿渐并行，对天台宗、禅宗产生了重要影响。

唐宣宗大中七年（853）日僧圆珍随唐国商人钦良晖的商船来到福州连江县，十月中旬进入温州界内，通过江口（今平阳县鳌江镇）到达横阳县（今平阳县），二十六日得到公验，向安固县（今瑞安市）进发。二十九日得到公验，到达永嘉县（今

---

[1] 明弘治《温州府志》卷七《土产·谷》。
[2] 南宋张世南《游宦纪闻》卷五。

温州市区），受到温州刺史裴阅的礼遇，宿泊于开元寺。十一月六日得到永嘉县公验，向台州进发，继至天台山等地。[1]

圆珍在温州的公验、牒和台州公验、牒共计六件，装成一卷，藏于日本东京国立博物馆，是记录温州、日本友好交流保存至今最早的文献。大中十二年（858），圆珍返日，带回大量佛经及其他物品。在留居唐国期间，他将求得的佛经编辑成目，先后编成《国清寺求法目录》《福州温州台州求得经律论疏记外书等目录》等，汇总成《入唐求法总目录》。

据《福州温州台州求得经律论疏记外书等目录》可知圆珍在横阳县张德真家求得的经书有《大宝积经》《金刚经论颂》等6卷，在永嘉县求得的经书多达81卷，有《楞伽阿跋多罗宝经》《肇论》《见道性歌》《净言真言》《俱舍论颂疏》等，其中不乏三论宗、法相宗、律宗、俱舍宗等日本平安时代佛教主要宗派典籍，对日本佛教的发展起到了重要作用。目录中还有圆珍在永嘉县新写的《题赠宗本和尚诗》和《温州缁素相送诗》。圆珍在温州时，与德圆和尚结下了深厚友谊。贞观九年（867），德圆托人带给圆珍《极乐净土》绣品、《灵山净土》织绘品和盛装舍利子的绀色琉璃壶各一件。可见，温州对日本的文化输出是多方面的，既有佛教文化输出，也有文学艺术输出。

宋元时期温州江心屿的江心寺和乐

日僧圆珍坐像

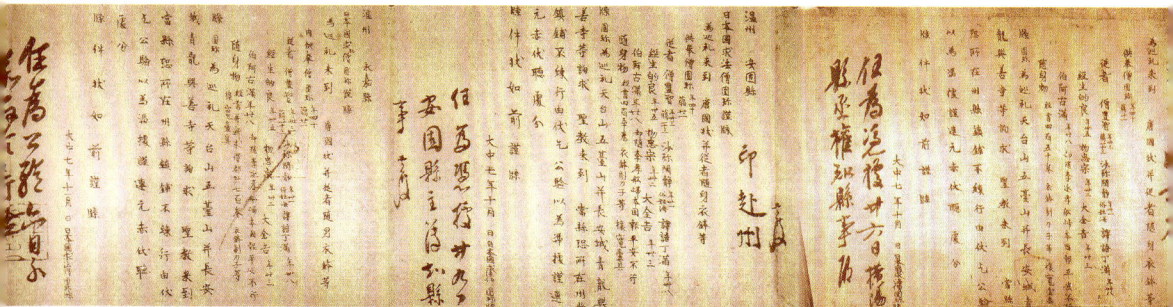

圆珍温州公验和牒

---

[1] 白化文、李鼎霞《行历抄校注》，2004年花山文艺出版社出版。

清雁荡山的能仁寺是国内有名的寺院，义介、义伊、绍明、元选、元通、孤峰觉明、放牛光林等日本、新罗国僧侣相继搭乘商船前来，研修禅理，盛极一时。徐照在《题江心寺诗》中有"两寺合为一，僧多外国人"之句。元代平阳诗人郑东《送日本僧之京》有"万里乘涛来绝海，中朝冠盖尽相知"的诗句，赠送朝拜巡礼的日本僧人。

后晋高祖天福三年（938）摩尼教（明教）从福建传入温州，起初在永嘉桥头溪心村建瑜珈寺，天福七年（942）在瑞安宋岙等地建明教寺。北宋末年温州摩尼教活动突出，并形成教团。"政和七年及宣和二年，两尝自礼部牒温州，皆宣取《摩尼经》颁入《道藏》"[1]"宣和二年十一月四日，臣僚言：一、温州等处狂悖之人，自称明教，号为行者。今来明教行者各于所居乡村建立屋宇，号为斋堂。如温州共有四十余处……男女夜聚晓散"[2]。宣和二年（1120）方腊起义，永嘉摩尼教徒俞道安聚众响应，并与仙居摩尼教首领吕师囊合兵占领乐清县城，围攻温州府城。南宋乾道二年（1166）温州洪灾，数万人溺亡，朝廷"徙福民实其郡"，许多信奉明教的泉州人迁往温州，温州的明教盛行。"潜光院者，

苍南县钱库镇选真寺与元代《选真寺记》碑

---

[1] 南宋黄震《黄氏日抄》卷八十六《崇寿宫记》。
[2] 《宋会要辑稿》第七册第 6534 页。

明教浮图之宇也。明教之始，相传以为自苏邻国流入中土，瓯闽人多奉之"[1]，元末平阳县陈高关于"潜光院"摩尼教寺院的该条文献记载，弥足珍贵。苍南钱库彭家山选真寺建于南宋末或元初，元代翰林院修撰兼国史编修官孔克表撰写的《选真寺记》碑，现藏于苍南县文物馆，碑文对研究摩尼教在我国东南沿海的传播具有重要价值。

伊斯兰教旧称"回教""回回教""清真教"等。宋政府在广州、明州、杭州设置市舶司，在泉州、温州等地设市舶务，给予蕃商优厚待遇，鼓励中外贸易。温州成为"蕃人荟萃之地"，既有日本、高丽人，也有信仰伊斯兰教的波斯人。南宋遗民诗人、瑞安陈则翁《回回僧》诗云："秋风响耳环，古怪聚人看……亦有西来意，相逢欲语难。"1966年瑞安慧光塔出土北宋蓝色磨刻花高颈玻璃瓶，内装有白色影骨舍利颗粒。"浙江

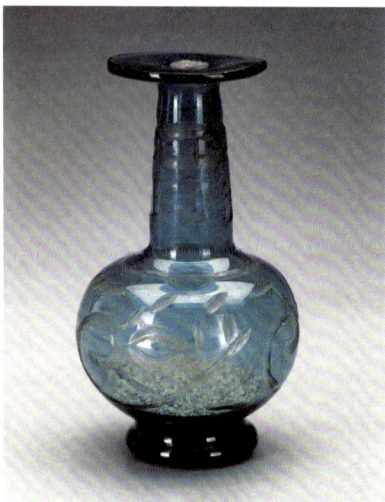

北宋蓝色刻磨花高颈玻璃瓶

瑞安1043年建的慧光塔内的刻花瓶……都是伊斯兰玻璃手工业兴盛时期的较典型的产品"[2] "从器形、纹饰、制作工艺、玻璃质量等方面都表现出伊斯兰玻璃的独有风格与特点，属于西方钠钙玻璃系统"[3]。

基督教在元代称为"也里可温教"，大德八年（1304）传入温州，"江浙行省准中书省咨……温州路有也里可温，创立掌教司衙门，招收民户，充本教户计"。[4] 据法国教士冯烈鸿《书信集》第四卷载，温州也里可温教最先从福建泉州传入。不久，便有相当规模的发展，仅城区就建有四个教堂。"至顺元年（1330）教徒已逾三万。泉州、扬州、杭州、镇江、温州、昆明以及甘肃、新疆、蒙古的一些地区先后建有景教寺（教堂）或有景教徒活动"[5]。

温州海丝的文化内涵和区域特色

温州地处全国黄金海岸线中段，北有宁波、南有泉州这两个中国古代"海上

---

[1] 陈高《不系舟渔集》卷一二《竹西楼记》。

[2] 1998年中国大百科全书出版社《中国大百科全书·考古学卷》第681页。

[3] 陈平《浙江古代玻璃瓶初探》，《东方博物》第十四辑，2005年浙江大学出版社出版。

[4]《元典章》卷三三。

[5] 1988年中国大百科全书出版社《中国大百科全书·宗教卷》第449页。

丝绸之路"的始发港和重要港口，在中间起着过渡桥梁作用。特殊的地理位置，决定了温州在古代中国"海上丝绸之路"的重要地位，与浙东宁波、杭州湾杭州共同组成浙江古代对外沿海贸易港口阵营。

温州东临大海，温州人民与大海结下了不解之缘，在与大海波涛的抗争中，培育出敢于闯荡、开拓进取的精神品格，崇尚力量、崇尚自由，竞争意识、开创意识强烈。这是他们个体意识的自觉，也是群体思想观念、意识心态的集中体现，这就形成海洋文化。海洋文化包括舟船文化、航海文化、海神文化、宗教文化和从商意识、家庭意识、价值观念等内容。温州悠久的舟船历史、发达的造船业、先进的航海技术、海上商品贸易、科技与文化交流、剪发纹身、错臂左衽、喜食海产等都是海洋文化的具体表现，构成了温州"海上丝绸之路"丰富的文化内涵。

温州内陆山岳连绵，交通相对闭塞，山多地少、资源贫乏、人口众多的生存压力，培育出温州人民勤劳务实、心灵手巧等优良品质。"温居涂泥斥卤，土薄艰艺，民勤于力而以力胜，故地不宜桑而织纴工，不宜粟麦而粳稻足，不宜漆而器用备"。[1] 这就是温州手工业和商业发达，在经济形态中占有重要地位的原因。

宋元时期温州的制瓷、造船、纺织、造纸和漆器工艺闻名全国。随着温州海上"丝绸之路"的繁荣，瓯窑、龙泉窑瓷器和漆器等成为外销的主要商品和特色商品。温州本身不产漆，主要从徽州、严州贩

北宋海神庙碑拓片

---

[1] 明弘治《温州府志》卷一《风俗》所录《永宁编》。

233

运过来，"征重而价贵，故人力取精而倍其赢，于是温之漆器名天下，其初精致之甚，奇彩异制，夺目光烜"[1]。"人力取精"是制作精致漆器的重要因素，温州人民的勤劳使得温州漆器扬名天下。

温州复杂的地理条件、多变的气候和长期积淀的历史文化传统，决定了这里的人们在同大自然顽强拼搏的过程中，必然产生多种多样的神灵崇拜和民间信仰，如自然神崇拜、英雄与历史人物崇拜和鬼怪巫卜信仰等。海神信仰和妈祖信仰在温州的普遍存在反映了东部沿海地区在神灵崇拜和民间信仰上的共性。佛教、摩尼教、伊斯兰教、也里可温教等外来宗教在温州的传播及向日本、韩国的输出，同样反映了东部沿海地区宗教信仰上的共性。摩尼教、也里可温教由福建泉州传入温州的特点对于研究温州"海上丝绸之路"的区域特色具有方向性意义。

结语

温州"海上丝绸之路"研究刚刚揭开序幕，还有很多的文献记载和文物资料需要收集和整理，还有大量的陆上和水下遗址考古调查、发掘工作需要开展。我们有理由相信，随着各方面工作的深入开展，温州在古代中国"海上丝绸之路"史上的重要地位将更加突显，温州这个古代中国沿海重要港口的光芒将更加璀璨。

（本文原刊于 2013 年 6 月《福建文博》）

---

[1] 明弘治《温州府志》卷七《土产·器用》。

温州独尊的海神李卫公

◉ 潘猛补

　　宋代海上航行的空前繁荣，也推动了海上信仰的发展，还新创了诸多航行护佑神，温州在北宋元祐年间也出现了独尊海神李卫公。

　　他的出现与温州当时成了海上贸易的重要港口地位分不开，在其前的元丰二年（1079），名臣赵抃在温州见到温州港"城脚千家具舟楫，江心双塔压涛波"的繁忙盛景。元丰三年（1080）八月十七日，其子赵屼时任温州通判，特撰《海神庙碑》云："有海神庙者，在郡城东北隅海坛山之上。"文中记载了台风过境

1877 年海坛山一带，远处为华盖山（阿查理／摄）

时的可怕景象。"居民海贾咸以为忧""幸而有海神庙者""风之兴，长吏或躬往，或遣僚属祷之""诚有德于斯民者，列之祀典，宜哉"，希望寄托于神灵的保佑。温州民众的海神崇拜与海洋意识的形成与发展，使温州港口迸发出生生不息的活力。

由于山上有海神庙，庙前有祭海神坛，海坛山正是因海神庙和祭坛而得名。古时朔门码头建在海坛山脚下，舶船每当远航必祈祷于庙，以保一帆风顺。据弘治《温州府志》记载："海神显相庙，在城内海坛山上。唐咸通二年建，先是郡数有台风，民苦之，建庙山巅，祠海神镇之，每风作则祷。"绍圣二年（1095）温州知州杨蟠有诗曰："州守一区宅，四山为四邻。二年知我者，唯有此山神。"不过"海神"是谁，"显相"又指谁，却是个谜。然据陈振孙《直斋书录解题》卷十六著录《李卫公备全集》时，提到此书曾在永嘉刊刻，故感"其事颇异。郡故有海神庙，本城北隅丛祠。元祐中太守范峋梦其神自言李姓，唐武宗时宰相，南迁以没。寤而意其为德裕，访得其祠，遂作新庙，且列上其事。自是日盛，赐庙额，封王爵。然卫公平生于温，盖邈乎不相及也，殊有不可晓者"。弘治《温州府志·宦职》有元祐三年（1088）范峋知温州的题名。知此庙在元祐五年（1090）由温州郡守范峋新修，并尊唐代著名宰相李德裕为海神。[1]

李德裕，字文饶，赵郡赞皇人。其为中晚唐时的四朝重臣，两度担任宰相，被李商隐赞为"成万古之良相，为一代之高士"。其因曾封为卫国公，故亦称李卫公。作为牛李党争的核心人物，最终被贬为崖州司户参军，一年不到他即去世。在唐宋时期，海南可是罪臣贬黜流放之地，就是天涯海角，就是鬼门关。《岭表录异》载："故太尉相国李德裕贬官潮州，经鳄鱼滩，损坏舟船，平生宝玩、古书图画一时沉失，遂召舶上昆仑取之。"李德裕所乘之船损坏，古书宝玩"沉失"，于是他派黑人奴仆昆仑奴下水捞取，在鳄鱼老巢中终平安脱险。李德裕平生虽与温州无关，但李德裕在文宗和武宗时期都曾贬任过地方官，加之这些渡海经历，到了宋代，他的形象被温州重塑为一个海神。这与温州民间信仰中将历史人物祭祀为神，即所谓的"圣人崇拜"有关。于是李德裕首次被赋予了海神的身份，成了温州独尊的海神，温州人民祈求他的保护和庇佑。

据说这温州独尊的海神是十分灵验的。洪迈《夷坚志·李卫公庙》还记载绍兴三十二年（1162）温州木待问（字蕴之）得漕荐后，到温州城东李卫公庙求梦，

---

[1] 编者注：明《永乐大典》转引《宋会要·礼》记载："海神祠：一在温州永嘉县，徽宗崇宁元年十二月赐庙额'善济'，政和五年三月封'灵施侯'，哲宗元祐中，神现梦于郡守范峋，自谓唐李德裕，光尧皇帝建炎四年七月加封'宁惠英烈公'，绍兴二年闰四月加'忠亮'二字，二十四年九月加封'宁惠英烈忠亮孚应公'，寿皇圣帝乾道九年十月封'顺应王'。"

"梦著紫衫，独立于田间，士子数千辈拥一棺驰去，皆回首视蕴之"，这李卫公庙即海神庙，"州人每精祷祈梦，无不应者"。次日同舍生潘柽为木待问解梦，认为木待问当魁天下，"'棺'之字从'木'从'官'，君得官无疑。数千辈异之，明皆出君下也"，果然木待问在隆兴元年（1163）真中状元。[1]

陈振孙《直斋书录解题》卷七著录有《海神灵应录》一卷，此为淳熙初年"永嘉贡士陆维则撰，太守韩彦直（子温）为之序。初，元祐中太守、直龙图阁范峋梦海神曰：'吾唐李德裕也。'郡城东北隅，海仙坛之上有庙，初不知其为何代人。峋明日往谒，其像即梦中所见。自是多响应。然封爵训词惟曰'海神'而已。"书中记录了海神灵验事例，惜久佚失传。

这海神在宋代一直受到人们敬拜，每年都进行祭祀，以保佑温州雨调风顺。永嘉学派创始人薛季宣在《拟祭海神英烈忠亮李公（德裕）文》中，称李德裕为"混瀁沧溟，允宜配食"，意指李德裕适宜与海神一起被崇拜。海神对商船有护佑之恩："大贾乘巨舸，往来蛟龙沧溟之中，一瞬千里，风稍失便，则沦溺破碎，不可救，非神相之，安能布帆无恙。"[2] 乾道七年（1171）楼钥任温州教授有《海神庙发海舟祝文》（代温州守），其云："郡祗天子命，遣巨舰数十艘，由海道以戍四明。惟神庙食此邦，灵应如响，愿阴相之，俾往来鲸波如乘安流，无有惊畏，则所以报神者敢怠哉。"亦见温州海运之壮观。到淳熙十四年（1187）楼钥任温州知州时，更有十多篇有关海神文章，如《海神庙祈谢祝文》"惟王勋业冠于唐室，威德著于是邦"，《海神庙禳风供斛疏文》"风伯收威，无万窍怒号之恐；海神助顺，信两潮来往之期"等赞誉海神。正如叶适《修海神庙疏文》所说："卫公精爽可畏，范侯梦寐犹通。德荫所专，威灵甚广。积有倾扶之陋，未加修奉之虔。百贾会同，众心齐劝。突兀山林之上，丹漆既新；宴安江海之间，风波不耸。"这时海神庙又重新修葺。嘉熙四年（1240）任温州知州的吴泳在《海神生辰祝文》等文中就称："惟神庙食兹土，庇佑我民。属临诞期，爰秩彝祀。矧岁逢荒札，民尚阻饥。米方航海而盲风来；秧正在田而淫雨至。愿垂鹭相，时其雨旸。庶几民有粒食之期，吏宽刍牧之责。惟神其鉴之。"时值温州荒年，外运米救荒，然"米方航海而盲风来"，故求海神显灵来风。"郡通海道，商舶往来其间，傥能措置招徕，不患米艘不集"。

温州在祭祀海神时，人们还往往将与城隍同祭。城隍神是中国传统文化中一

[1] 编者注：此文下还有一则相关故事颇有趣，可供衍生阅读："时同郡木子正亦梦神告曰：'明年本州再出状元，其姓名曰木棐。'子正以为神报己，必继王十朋之后，遂更名'棐'。既而棐试下，蕴之登科。子正始悟'木'之身乃'十'字，移旁两笔合'棐'之上，为'朋'字，其下复一'木'焉，则十朋之后踵之者，姓木而非棐也。"

[2] 编者注：此引文出自南宋洪适《谢舶船风便文》。

位重要的神祇，作为城市的守护神灵，保护着城市的安宁和繁荣。而温州的海神可以与之并列同祭，显示了海神在温州人心中的地位，也与温州海洋文化紧密相连。在温州海神不只是航海守护神，而是成了有求必应的万应之神，故丁立诚《永嘉三百咏·海神庙》赞曰："王爵司溟渤，人疑李赞皇。灵祠昭善济，海国奠平康。"

（本文原刊于 2024 年 6 月 22 日《温州晚报》副刊）

海丝视域下温州民间信仰的域外传播

◉ 潘阳力

与浙江省大部分区域不同，温州一带由于独特的地理特征、自然环境、人口构成等因素，造就了具有"小传统"特征，特别是以民间信仰为文化特色的海洋文化。温州位于浙江东南部，东面濒海，三面环山，台风、海啸、山洪等自然灾害以及之后紧随而至的霍乱、天花等疫灾几乎每隔一两年就会发生。由于大规模灾害的频繁发生，中央政府不得不以外来移民补籍的方式来稳定人口。不稳定的生活环境，加上多文化背景的移民群体，使得温州民众拥有强烈的信仰需求，以此求得心理上的宽慰，民间信仰也因此成为当地民众生产生活中重要的部分。

此外，由于面临东海，温州自古就是我国东部的重要港口，唐代以来就与朝鲜、日本及东南亚有海上交流，之后历朝历代都在海上丝绸之路沿线留下众多温州文化的印记。而作为温州文化的重要组成部分，温州的民间信仰也化为移民包裹中的一把香灰，随着海船驶出古港，沿着海丝路径穿越大洋，向温州以外的地区传播。

温州民间信仰与域外的大规模交流，起自唐代兴于宋代。随着航海科技的提升和海外贸易的发展，加之宋室对民间信仰的开放态度，温州瓯江港口一带开始陆续建起许多服务于海上生产与海洋贸易的海神信仰场所，如海坛山上的海神显相庙、夏大禹王祠和遍布温州城内的妈祖庙、三港庙、晏公祠、平水王庙、广济庙（林三益）、灵护庙（新罗太子）等。在经历了一千多年的朝代更迭后，朔门古港遗址旁的海坛山一带，今天还能找到古海神庙遗址、杨府庙（明清以来的海神杨府侯王）等海神信仰遗迹。依附于古港的部分海神信仰，也因地利逐步向温州以外的地区传播。

温州民间信仰的域外传播，目前尚有迹可考的，最早应在南宋末年，随南宋皇室的节节败退一路向南，其传播路线自温州沿福建最终到达现今的粤西南一带；其次是明代，沿海抗倭将士的驻防轮换在给温州带来其家乡民间信仰的同时，也将温州的民间信仰传播出去，这一路线主要是从温州到福建，沿海一直到广东、海南，再以闽、粤、琼侨民的身份远渡南洋；再次应是清末民初的一段时间，此时有温州籍渔民、农民前往台湾捕鱼、垦荒，一批匠人渡海去东南亚谋生，同时另一批温州人远渡欧洲成为劳工，他们也带去了故乡的信仰；在 20 世纪 40 年代到 70 年代，又有数批温州人陆续远赴海外，温州的民间信仰又跟随神僮（灵媒的温州话俗称）漂洋过海；最后，八九十年代迎来了一波出国热，这一批海外华侨艰苦打拼、初获成就的同时，也

新加坡温州会馆，由 20 世纪初温州籍木工侨民及后裔等建

积极出资出力在客居地兴修寺庙宫观，为自己兴建心灵的居所。

陈宜中信仰

长期以来，祖先崇拜在汉学研究中一直被归入中国民间宗教（即民间信仰）的范畴，宋元时期温州向域外传播的民间信仰，最具代表性的，也正是基于对宋末温籍宰相陈宜中的祖先崇拜。

作为宋末颇有争议的人物，《宋史》中的陈宜中且战且退，声称赴占城借兵，却遁于暹罗不见踪影；而根据亲历崖山之战的黄材和同行郡王赵若和的记述，陈宜中已从占城返回，还曾与张世杰护王船队相遇，后遇飓风，张世杰溺亡，陈宜中登陆东山岛。无论史实为何，能够确定的是陈宜中一直未曾在宋元战争中降元，且在福建、广东，甚至海南和中南半岛上留下了踪迹，因此，这些地区的陈姓遗民，甚至部分海外华人群体，都视陈宜中或为先祖或为忠臣加以崇拜。

宋德祐二年（1276）陈宜中、陆秀夫、张世杰等人在福州拥立九岁的赵昰为帝，随从军民驻扎于濂浦（今福州林浦村）平山，陈宜中曾在此手书"平山福地"四字，后因崖山败亡的消息传到濂浦，当地百姓悲痛万分，遂修建陈丞相祠，并塑陈宜中像于其中，后因躲避元廷追查，陈丞相祠改为社庙"泰山宫"，每年元宵前后都要举行名为"迎泰山"的游神，抬出泰山君（宋帝）、陈丞相（陈宜中）、文丞相（文天祥）、张将军（张世杰）等神像巡游，以求国泰民安，此俗保留至今。

在广东，关于陈宜中的信仰以祖先崇拜的形式出现，主要流行于粤西南的江门、阳江、茂名和湛江等地区，其中以阳江海陵岛最具代表性。阳江海陵岛的陈氏宗族源出陈村，共有 20 多个分支村落，总人数达 10 万余人，该地不少陈氏村民认为其始祖就是崖山海战后返回的陈宜中，后改名陈若水隐居岛上。尽管部分陈氏宗族精英认为先祖陈若水为张世杰麾下莆田籍兵部侍郎而非陈宜中，但大部分陈氏村庙仍认定陈宜中为其始祖，并于 2017 年集资重修陈村祖墓时将墓碑从陈若水改为陈宜中，并刻上"故宋相国陈宜中公墓，字与权、静观，号石泉、若水"，村民至今以先祖礼仪祭拜。

在海南三亚市崖城区，有个保平村，村中陈氏认为其始祖有四支，其中一支便是陈宜中，在近年新修的祖墓上也有"迁崖始祖陈太公显考讳宜中之墓"字样，村民以先祖礼仪祭拜。而在距离保平村仅数里的城西村，则有村民认为保平村与城西村陈姓同为一祖，但和陈宜中无关，其宗祠、族谱中也没有出现陈宜中。

海陵岛和保平村的陈宜中信仰虽有争议，但村民通过祖先崇拜的形式，以宋相陈宜中的名义建构起祖先的文化正统性，并组织联宗，进而不断地延续下去。

杨府侯王信仰

对于海洋渔业生产生活和船只出海贸易而言，最重要的神祇自然是海神。温州紧邻东海，海神信仰系统相当发达，宋元时期，温州的海神谱系已分为由妈祖、晏公、三港大圣、林三益、新罗太子等组成的保护航海的民间海神，和夏大禹王、李德裕等由地方官僚为防风防洪而构建的海神两大系统。到明代，由于形成了严厉的"淫祠"观念，对民间神祇的崇拜开始限制，但此时也有部分民间海神如杨府大神信仰等开始流行。

杨府大神，现称杨府侯王、杨府圣王，俗称杨府爷，目前最早的记载可见于明代姜准的《岐海琐谈》："北山杨府大神庙在九都瞿岙……凡远行商贩者、泛海捕鱼，及婴疾、濒危卒、病沉疴者，必祷诸神（杨府神及其子）以藉庇佑。"清咸丰四年（1854）乐清瞿振汉"红巾军"起义被镇压，被认为是杨府君显灵，12 年后，在时任温州知府戴槃的不懈努力下，杨府君被御赐"福佑"加封，民间始称杨府（福佑）侯王。1985 年瑞安陶山发掘出一块清光绪四年的残碑，称杨府爷为唐时人杨精义，曾"官封都督大元帅"，告老还乡后修炼得道，拔宅飞升。

由于此残碑的发现，杨精义也成为目前温州地区较为公认的杨府侯王原型。实际上，温州的杨府侯王信仰应视为以杨精义为主，杨文广、杨六郎、得道羊精等多种身份共存的多元化的杨姓神祇信仰体系。

杨府侯王信仰早期的域外传播，是以温州为中心向浙东南和闽东地区扩散。这其中，福鼎玉塘村的玉塘城堡，曾在清顺治年间被倭寇屠城，此后城中民众就以杨府信仰作为其精神寄托。至今每年六月初六，玉塘城堡内都要举行祭杨府、分血符、吃福酒等民俗活动，牢记当年保家卫国的惨烈历史。在福鼎沙埕港，杨府侯王作为海神信仰深受当地渔民敬仰，渔港中有杨府庙，港内半数渔船上现今还插有杨府的"令旗"。据不完全统计，福鼎市有大小杨府庙100余座。而后，从福鼎等地再向西向南，杨府信仰也传播至柘荣、福安、寿宁等地。

清末民初，大量温州籍移民渡过海峡前往台湾，同时也带去了温州的民间信仰。20世纪二三十年代，一批平阳人从杨府庙"分香"到台湾基隆并建立了杨府庙。台湾杨府庙的祭祀仪式与温州地区的仪式相似，甚至连祭文也几乎相同。

在法国，温州的民间信仰主要以灵媒——神僮的形式体现。法国最早的温州神僮是巴黎三区的杨氏女，其所降神明即杨府侯王。杨氏女的居住地也是其举行降神仪式的场所，内有供奉杨府侯王的香炉。后来因杨氏女与其子陆续去世，亲友不知如何处理香炉，只能带回温州存放在某处杨府庙中。以灵媒作为域外传播的形式，在传播上有一定的灵活性，但由于其信仰载体为个人，不仅受到个体的主观性解读导致随意性较大，也难以长久传承。这也是传播到法国的杨府侯王信仰只能昙花一现的原因。

侯王信仰的传播路径初探

温州侯王信仰是流行于海南东部和马来西亚、新加坡一带海南籍移民群体中的民间信仰，其信仰属性为庇佑渔民和航海者远离海潮风暴为主的海神属性，也因温州侯王多为村落保护神，其信仰功能逐渐覆盖了信众生产生活的每一个方面。通过田野调查了解到，温州侯王信仰是游离于温州移民的认知之外的。而对于海南琼东沿海村落的村民而言，他们确信侯王信仰来自温州，只是因时间太久，原型已不可知。到目前为止，也未发现关于温州侯王有价值的文献记载、碑刻等史料。

在讨论温州侯王信仰的传播路径之前，应先补齐温州到海南的第一条路线，

海南博鳌的温州侯王庙

这是确定温州侯王原型的关键一步。根据对现有田野调查资料的分析，目前推测温州侯王信仰原为杨府侯王信仰，由清代福建信众或抗倭卫所将士带入海南岛的可能性较大。首先，侯王大多是对有封号的神祇才有的称呼，杨府侯王就是温州本地的受封神祇；其次，海南大部分温州侯王有文武两尊神，一曰"温州侯王""山钦海主"，一曰"得道正总""温州正总侯王"，这与苍南一带杨文广教羊精习得正道的传说有相似之处；再次，温州杨府侯王造像一般为赤面的武将或气势威武的王爷形象，温州侯王的造像也是赤面，风格相近。又次，温州侯王信仰的祖庙山钦庙始建于清代，当地大部分村民来自福建，村中又有夏姓村民，与福鼎玉塘村夏姓或有关联，在时间上也相符。最后，温州侯王的寿诞是农历五月初一，温州杨府侯王寿诞为五月十八；温州侯王农历六月十六举办军坡，福鼎杨府侯王六月六举行祭祀，在经历这么长的时空距离后祭祀日期还能如此相近，有一定的可信度。

综合以上观点，温州侯王信仰在温州以外的传播路径就较为清晰了：首先以温州为中心向南转移，到福建中转，再在清代随移民传入琼东沿海地区；清后期下南洋的热潮开始后，沿海信众带着温州侯王的香火来到陵水乘大船南下，并在新加坡、马六甲等地以会社形式将侯王安置；最后，随着橡胶业、锡业的发展，移民信众们步入热带雨林，也将温州侯王的信仰传播到马来半岛的深处。

行业神信仰与其他民间信仰

行业神信仰一般集中在以业缘聚合的群体中，中国古代各行各业皆有行业神。在温州，行业神信仰也是地方民间信仰的重要组成部分，如戏班供奉唐明皇，豆腐制作者供奉淮南王，木匠供奉鲁班等。20世纪初，来自瓯北罗浮一带的几个木匠远渡重洋来到新加坡谋生，1923 年，为了同乡之间团结互助，共谋福利，成立了温州同乡会，1931 年更名为温州会馆。由于温州移民抵达南洋较福建、广东和海南移民晚，很多行业因被垄断而无法涉足，但由于人口激增，器物需求大涨，当地又有优良的木材，正好为温州移民提供了一条谋生之路，后续又有很多温州籍木匠陆续登岛，以木器制作为业。正因这个原因，新加坡温州会馆里至今仍供奉着来自温州的鲁班先师，每年农历六月十三鲁班诞辰日要按旧俗祭祀鲁班，并将此日定为会馆的会庆日。

20 世纪中叶开始，温州移民开始将目的地从东南亚移到欧洲的法国、意大利、荷兰、西班牙等国家，但这一时期开始，温州民间信仰在域外的传播不再是以前的落地建庙，也不是近代的会馆安置，而是通过神僮之身漂洋过海在海外传播。法国的神僮，除了上文提到的杨氏女外，还有上坦紫竹林二太菩萨、上坦紫竹林帮护菩萨、下呈孙太（孙悟空）、白象金娘娘等的神僮，这些神僮所降神祇在温州的祖庙也多在其祖居地一带。

八九十年代以来，随着努力打拼逐渐有了成果，海外华侨在向故乡捐钱捐物建设的同时，也开始在旅居地建设宫庙，为自己建设一个灵魂的居所。于是在法国，温州籍移民在巴黎东北郊的庞旦市（Pantin）建设了法华寺（法华即法国华人之意），在意大利，温州籍移民在罗马建了佛堂，在普拉托建设了普华寺佛堂（普华即普拉托华人之意），在美国，则建了一座太阴宫。上述宫庙除美国太阴宫供奉陈十四娘娘外，其他几座都看似是佛教寺庙，其实也能看到温州民间信仰习俗在其中的些许体现。如巴黎法华寺，大雄宝殿反而没有一旁观音堂香火旺，只因观音堂中有筊杯和灵签，而住持慈青法师也时常要"被迫"为信众做一些解签、洒净等类似民间信俗仪式的事务，而相比之下罗马佛堂则更为直接，堂内供有关公。这些佛教寺庙和神僮互为补充，满足了海外温州移民从世俗到功德两方面的精神需求。

结语

民间信仰作为"弥散性宗教"，其承载的历史、文化属性相较制度性宗教更为多元，是民众意识和意志的体现。在科技高度发达的今天，无论在信仰功能还是适应性上，民间信仰都在逐渐衰落，但其中仍有许多内核值得挖掘，比如忠孝节义、爱国主义、团结互助等，这些都是深深刻进中华民族骨子里的民族精神。在新时期，通过对沿海上丝绸之路传播到域外的民间信仰中的优秀文化内核进行深挖，能提炼出国内民众和海外华人都能普遍认可的民族文化认同感，这对于我们统一战线事业的深入开展，有着极为重要的现实意义。

参考文献

祁刚等编著《温州民间信俗文化》，人民出版社，2023年；林亦修著《温州族群与区域文化研究》，上海三联书店，2009年；松浦章著《温州海上交通史研究》，人民出版社，2016年；吴铮强《明代方志复原宋元地方祠庙体系可能性探讨——以〈弘治温州府志〉祠庙记录为例》，《唐宋历史评论》第三辑，2017年；罗士杰、赵肖为《地方神明如何平定叛乱：杨府君与温州地方政治（1830—1860）》，《温州大学学报（社会科学版）》，2010年第2期；潘阳力《浅析支撑杨府侯王信仰生存发展的因素》，《非物质文化遗产研究集刊》第五辑，2012年；王仁杰《宋元之际东南地区移民研究》，暨南大学博士学位论文，2004年；石沧金《马来西亚海南籍华人的民间信仰考察》，《世界宗教研究》，2014年第2期；黄晓峰《陈宜中岭南遗事考述》，《海交史研究》，2012年第1期；黄晓峰、刘月莲《广东阳江海陵岛考察记》，《海交史研究》，2011年第1期；连心豪《闽南粤东有关宋末民间传说及其信仰习俗》，《海交史研究》，2016年第1期；陈立群《宋末陈宜中行迹考辨》，《闽台文化交流》，2011年第1期；麻国庆、黎人源《祖先的文化正统性构建与社会结合——以广东省Y市H岛陈氏宗族为例》，《文化遗产》，2022年第3期；叶涛《浙江民间信仰研究管窥》，《温州大学学报（社会科学版）》，2010年7月；朴现圭《浙江平阳新罗庙记录和现状》，《温州大学学报（社会科学版）》，2011年7月。

瓯窑青瓷与海丝文化印记

◉ 薛小卯

瓯窑是温州地区古瓷窑的统称，自东汉创烧，其前后制瓷时间长达1300多年，因创烧早、历时长，在陶瓷史上占有重要地位，是历史悠久的名窑，曾与越窑、婺州窑、龙泉窑等共同组成辉煌的浙江陶瓷史。同时，瓯窑又因瓷土原料与烧造方法不同于越窑、婺州窑等窑口，并以烧制壶、碗、罐、洗、钵等民用生活器为主，又成为独具特色的地方民窑。从瓯窑发展整个历史来说，它烧制的瓷器虽有青瓷、黑瓷和青白瓷，但不管从质量工艺还是产量销量来说，瓯窑的主流产品都只是青瓷，并以"缥瓷"与"釉下褐彩"最具特色。而"缥瓷""褐彩"也成为瓯窑标志性的符号，它们与瓯窑的造型符号、纹饰符号等共同构成了承载丰富信息的瓯窑陶瓷符号。

瓯窑青瓷的釉色符号

温州瓯窑自晋就有"东瓯缥瓷"的美誉，因瓯窑就地取材的瓷土硅高、钾高，铁、钛含量低，使得瓷胎呈色稳定保持"灰白胎"，同时本土釉料钙含量高、铁含量低，K_2O含量高等，提高了其釉面透明度和光泽度，且釉层薄透，在胎土的衬托下显出特有的淡青色，即"缥瓷"。"褐彩"亦是瓯窑青瓷标志性符号，它是以铁为着色剂进行的加彩工艺，最初出现或因偶然缺陷，却在瓯窑匠工巧思下，使单一色调的青釉产生形成意想不到的装饰效果，形成独具特色的釉下彩工艺，并与"缥瓷"相得益彰，成为南方青瓷的一种范例。

陶瓷釉色有青、白、蓝、黑等，而其中最为突出的就是青色系，青瓷是中国陶瓷的主流，青瓷也是最早的瓷器，素有"瓷器之祖"的盛誉。浙江不仅是瓷器大省，其秘色瓷和龙泉瓷更是青瓷极品。秘色瓷是浙江越窑生产的一种有独特价值的青瓷，到了宋代，龙泉窑烧出了粉青和梅子青，更丰富了青瓷的工艺和品类。青瓷在艺术表现上有着静谧素雅、含蓄温婉的美感特征，与浙江山青水绿的自然环境及其孕育的内蕴深厚的山水文化气质是互为表里的。在瓯窑青瓷中，釉的青色在其发展的不同阶段也有细微的色调区别。早期瓯窑的青为青黄、豆青、青灰之色，中期由于匣钵的广泛使用从而保证了釉面的纯正与莹润，青转而为淡青为主。唐宋进一步出现了纯粹的青色或青翠色，既具视觉之美，又富清空之境，故清代朱琰《陶说》载："缥瓷，当时即以浅青相尚。后来翠峰、天青，于此开先矣……是先越州窑而知名者也。"

瓯窑青瓷的造型符号

陶瓷造型不仅决定着器物的功能效用、材质工艺和形式美感等诸问题，也是一门自成体系且具有特殊审美样态的视觉语言符号。它一方面受时代工艺水平乃至整个社会物质文明进程等因素制约，另一方面则受社会文化包括审美观念、心理因素等多重影响。如汉唐时期陶瓷器粗犷豪放，宋瓷则雅致内敛，即折射出不同时代的思想观念和审美风尚。

瓯窑青瓷器型主要以规则的圆形器为主，规则简单，线条柔美，比例适中，具有质朴简约之特色，这也与瓯地务实精神和"人力取精而倍其赢"的精造传统密切相关。瓯窑也有一些不规则器物，其中尤以各时期各类仿生造型最具特色。温州瓯窑作为地方民窑，其窑工多来自民间，为迎合民众审美，往往仿效牛、羊和花卉、瓜果等动植物造型。两晋南朝时，瓯窑青瓷仿生造型以仿动物造型最具特色，东晋瓯窑青瓷常将器物整体塑成动物形，如牛形灯、虎形烛台等；也有取动物身体局部来装饰器物的，如鸡首壶、蛙尊等，可谓集观赏与实用于一体，展现了瓯地先民的才智与审美。而唐宋瓯窑青瓷器物多仿瓜果造型，并将日常生活中习见的牡丹、蕉叶、蝉等动植物装饰于器表，具有浓郁的生活气息和平民倾向。另一方面，瓯窑瓷器器型也随着时代发展发生过明显变化，造型风格上的发展也由圆润逐渐过渡到瘦长，体现了审美情趣的时代变化和审美风尚，也表现了温州人善于学习，勇于创新，与时俱进的精神。此外在五代至宋，瓯窑还新出现了一些方形器物、葵口器物和高足器物，这些与瓜棱造型器物一样，学界一般认为是受西方金银器造型影响而产生的，展现出中西文化传播、交流的历史语境。

瓯窑青瓷的纹饰符号

瓯窑作为民用实用瓷器，纹饰整体呈现简洁自然风格。早期的瓯窑瓷器多以弦纹、水波纹等简单的线条纹样装饰器身，正体现了温州"瓯居海中"山环水绕的特殊地理环境和温州人靠山靠水的地域性生活方式。

魏晋六朝佛教对本土文化的丰富和融汇，则使得瓯窑莲瓣纹刻花盛行，到南朝时期，瓯窑最常见的纹样图案是莲瓣纹，纹饰工整。瓯窑器物如壶、罐、碗、盘、盏托等普遍划饰莲瓣纹装饰，一般用3～5条细划线组成重线莲瓣。线条很细，系用尖锐金属工具划刻。如出土于瑞安的莲瓣纹盘口壶，莲瓣形似桃状，中划画有双直线，一粗深，一细浅，上覆双重眉形水波纹，图案清雅，纹饰奇特，为瓯窑装饰之典型。

而宋代纹饰更多仿效自然植物，常将日常生活中习见的莲荷、牡丹、海棠、蕉叶等纹样装饰于器表，极富生动活泼的生活气息。所以，瓯窑装饰纹样不仅具有美感效果，不同装饰更具有丰富的文化内涵，从多个方面反映了当时温州的生活环境、宗教信仰、审美观念等社会文化因素。

瓯窑青瓷的海丝文化印记

温州地处瓯江口南岸，自古是瓯江流域和浙南地区的外贸物资集散和中转港口，是中国东南沿海的"千年商港"。唐代温州已成为东南沿海重要的贸易商港之一。宋元时期，温州更设立了市舶机构，管理对外贸易，从而进入对外贸易、交流的繁盛时期，呈现"一片繁华海上头"的景象。而在陶瓷成为海上丝绸之路贸易的大宗商品后，瓯窑面对直接、可感的海丝贸易刺激，积极适应并主动参与海上丝绸之路贸易而做出种种尝试，从现有海内外遗址出土瓷和各沉船出水瓷分析，瓯窑青瓷就曾远销海外，成为外销瓷类中的一种。这一时期瓯窑青瓷的生产规模、陶瓷的制作工艺和纹饰等方面看，也可见其中外交流而来的影响，而成为中外贸易和文化交流的见证与

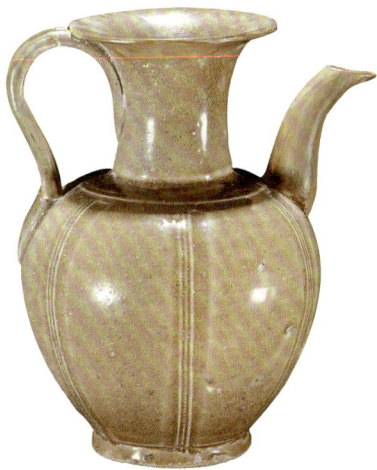

古港遗址出土的北宋瓯窑青黄釉六瓜棱瓷执壶

产物。

对比朔门古港遗址两艘沉船周围的瓷器瓷片可以看出，温州港北宋早中期外销瓷以瓯窑青瓷为主，到了北宋晚期至南宋初期，龙泉窑青瓷逐渐才取代瓯窑青瓷，成为主要的外销瓷。

此次出土瓷器中，龙泉窑数量约占 90%。约占 10% 的瓯窑青瓷，年代为唐代晚期至南宋，典型器物有北宋十棱青釉执壶、北宋青黄釉剔刻莲花瓜棱壶、北宋青釉剔刻花瓜棱壶、北宋青釉素面罐等。其中褐彩青瓷占比较高，如唐代褐斑双系罐、南宋褐彩鱼纹洗、褐彩花卉纹尊、褐彩花卉纹高足杯等[1]，少数带有褐彩鱼纹装饰，极具温州地方海洋文化特色。它们为研究瓯窑青瓷装饰工艺和文化提供了珍贵资料，也为温州古港在海上丝绸之路上的重要地位提供了历史实证，同时对于宋元海上丝绸之路的研究也具有一定的指向意义。

考察瓯窑瓷器，除了高度标识性的青釉和褐彩等釉色符号特征显著外，在造型、纹饰方面也展现出中西文化交流融汇的特别印记。作为以生产日常生活器为主的民窑，瓯窑器本多壶、罐、碗、钵等圆形器，但唐五代瓯窑出现的四花瓣形的椭圆杯则明显受中亚文化的影响[2]。宋代瓯窑更大量出现执壶、高足杯等，都是在传统基础上，受西方金银器及外来文化影响而产生的新器型，且这些器型多多角或多棱等多曲造型，学界亦认为此特征是受外来文化尤其是伊斯兰文明影响而产生[3]。此外，鹿城区东门河床出土的凤首壶残件，凤头捏塑细腻，尖喙、圆凸眼造型与波斯常见的人物纹鸟口银质水注就颇为相似，极具异域风貌。

在纹饰方面，瓯窑青瓷的动物纹样以鱼纹最具特色和意味，是"瓯居海中"的瓯越海洋文明因子的生动展现。而瓯窑青瓷的花卉纹样则丰富多变，并以莲、荷最为常见，其中既有中国福文化的传统，而之后莲、荷变体并融汇联珠纹及缠枝、祥云元素组合成宝相花纹，又是中西文化交流传播与文明互鉴的产物。当然瓯窑青瓷纹样最富海丝文化印记的当属褐绿彩纹饰。关于褐绿彩，学界认为是长沙窑首创了釉下褐绿彩工艺，生产出大量带有浓郁西亚风格的外销陶瓷产品。而宋代瓯窑青瓷则在发展过程中，继承两晋点彩和唐代褐彩的基础上，又吸收了长沙窑釉下绘画艺术的手法和特点，带来新的突破，出现了不少褐绿彩瓯窑瓷器，如褐绿彩叶片纹（残）碗，碗外壁近口沿处绘饰褐绿色彩叶片；印章纹（残）碗，内底正中所留残缺的纹样复原，是以褐绿彩绘同心两圆。

[1] 金柏东、金丹霞：《重现千年商港盛况，填补海丝考古空白，温州古港遗址入选 2022 年度全国考古十大新发现》，文汇网 2023 年 3 月 29 日。
[2] 冯先铭：《略谈魏晋五代瓷器的装饰特征》，《文物》1959 年 6 月。
[3] 马文宽：《长沙窑瓷装饰艺术中的某些伊斯兰风格》，《文物》1993 年 5 月。

又如北宋瓯窑青釉褐彩蕨草纹执壶[1]，肩腹至颈绘的褐绿色蕨草纹样，用褐绿两色绘出，叶呈褐色，枝干褐绿色，且疏密有致，舒展自如。同时，瓯窑褐彩装饰中的菱形、十字形等各式纹样，与波斯萨珊王朝的联珠纹关系密切。总之，外来文化对瓯窑青瓷尤其是宋代瓯窑纹饰影响是很明显的。

瓯窑作为流传至今的古器物不仅是瓯越文化重要的物质载体，也是瓯越历史经济、人文精神和地域特色的体现与表达，还具有"千年商港"海上丝绸之路而来的许多中外文化交流、传播的印记，可以说，瓯窑是具有物质和精神双重内涵的集成体，同时也是多重符号的集成体。因而观察瓯窑青瓷，往往会发现一个器物上经常会体现出若干个来自不同时代、地域的造型或纹饰。解读这些承载了丰富意蕴的造型、纹饰等陶瓷符号，将有利于我们深入了解瓯窑青瓷的历史和文化。同时，作为海上丝绸之路上的商贸品，瓯窑青瓷也是中外文化交流传播和文明互鉴的媒介、见证物与产物，蕴含丰富的海丝文化信息与印记。解析这些文化印记，对于推进当前温州古港遗迹出土青瓷及其中外文化交流传播的研究，及对于古港海丝贸易及历史文化的研究，都极具实证价值。

比如从瓯窑等外销青瓷的海丝文化印记上梳理、明晰温州海丝之路贸易及其中西文化交流传播的历史面貌，助推温州海丝历史文化研究，从而为打造温州海丝文化标识性符号，构建温州古港海丝文化系统和讲好温州海丝故事提供历史信息和核心元素。

---

[1] 编者注：此执壶 1983 年出土于温州西山一带，为唐宋时期瓯窑的代表性窑址群所在地，1995 年被国家文物鉴定委员会定为国宝级文物，也是目前瓯窑唯一一件国宝级文物，2023 年入选浙江省文物局、浙江省博物馆学会首届全省博物馆"百大镇馆之宝"。

从这里出发的海船用什么来导航

◉ 温州文史馆

古港遗址已发掘出不同时期的码头共九座。而从这么多码头出发航行的船只，除当时温州先进的造船技术作保障外，还需一项必需设备——指南针。

指南针是中国古代四大发明之一。宋代发明了指南鱼、指南龟等，并开始用于航海活动。指南针的发明使古人在观星察月辨别方向之余，有了更稳定确切的导航。温州地处东南沿海，宋元时期出海船舶已运用指南针航行。到明清、近代，关于温州与海外通航的针路记载，及指南针制作销售和传承有了更详细的记录。

宋元温州人运用指南针

指南针在宋代被运用到航海，《宣和奉使高丽图经》中有"是夜洋中不可住，惟视星斗前迈。若晦冥，则用指南浮针，以揆南北"的文字。水浮针是将带有磁力的针放置水中使之指明方向。"水浮法"也是沈括《梦溪笔谈》中提及的四种用法之一。其他还有缕悬法、指甲法和碗唇法。按照指南针指向航行的轨道，被"舟师"记录成"针路簿"，也就是所谓的"海道针经"。

温州港在宋元时期发展达到历史峰值，出海的商船、渔船众多，自然少不了指南针的使用。为适合海上航行，被改进的指南针有了更精准的导航作用。南宋温州人周去非在《岭外代答》书中，就有了依照针法指导航行的文字，被认为是舟师依针法航海的最早记录[1]。元代周达观《真腊风土记》则明确提到航路针法，也被认为是这方面最早的记载[2]："自温州开洋，行丁未针。历闽、广海外诸州港口，过七洲洋，经交趾洋到占城。又自占城顺风可半月到真蒲。又自真蒲行坤申针，过昆仑洋入港。"

这里提到的"丁未针""坤申针"，指的

李良才保存的旧罗盘

---

[1] 吴春明《环中国海沉船》，江西高校出版社 2013 版。
[2] 陈高华、吴泰著《宋元时期的海外贸易》，天津人民出版社 1983 年版。

是指南针盘面上刻制的方位，也就是航行的方向。周达观航海时使用的指南针，专家表示属四十八方位的罗盘，比其他二十四方位、三十二方位的罗盘更加精细准确，基本接近我们如今的指南针。

周达观等人出使的帆船，带着当时最先进的指南针等设备，从温州港出发前往真腊。他把航路针法记载在书中，为后人研究航海提供了最早的针路文字。而指南针作为温州百工制作的重要项目，不仅传承悠久、应用广泛，且坚持传统造型。如盘面刻字针法，与周达观书中描写的几乎相同。

明清温州与日本长崎的航海针路

明清两朝虽然实行海禁，但民间船只仍有往来。明末成书、清初修订的《指南正法》明确记载有温州前往日本的海船针路："温州开舡，用单甲五更，用甲寅六更，用单寅二十更，用艮寅十五更，取日本山，妙也。"

"单甲"指的是罗盘上"甲"位正中点（75°）；行五更后，改为"甲寅"方向，即指针位于"甲寅"两字间缝方向（67.5°）；又行六更后改为向"寅"（60°）方向航行二十更，再按"艮寅"（50°）方向行驶十五更，就到日本长崎了。

"单甲""甲寅"表明航行方向；"更"则是航行里程数，一更为十海里。古人通过距离和方位，即可不迷失目的地，与现代的导航系统异曲同工。

《指南正法》除记录温州到日本的针法、更数外，还有普陀、宁波、厦门、广东、暹罗等与日本长崎之间的来回针路。

夏鼐与康乐坊指南针店

温州考古大家夏鼐先生在回乡探亲时期，与朋友、科技考古学家王振铎，专门前往温州港附近的康乐坊寻访指南针。

1947年5月24日的日记中，夏鼐先生这样写着："于康乐坊一杂货店见及罗针，询问何处制造，据云东门上岸潘聚顺铜店制造出售，乃前往调查，店东谓此乃永嘉唯一制造罗针之所。有二徒弟，一柳姓，住信和街，一住乡下，有家庭作坊。"在日记中，夏鼐先生还提到王振铎先生掏钱买下温州制作的三个罗盘和三种罗针，用于考古研究。此外，夏鼐还绘制了不同罗针的图形。在校注周达观《真腊风土记》一书时，他还对航海针路的文字详细作了注解，指出宋元时期可能就有了四十八

李良才保存的旧罗针

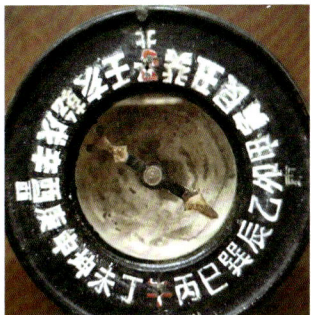
晚清民国时生产的罗盘

向的航海指南针。

夏鼐先生日记中所记有两家指南针店，一家是老店李鸿源，一家就是他们购买罗针、罗盘的潘聚顺家。前几年温州藏家曾从厦门发现一个近代制作的指南针，盘身墨书有制作者姓氏"潘"。那么这家东门上岸街的潘聚顺店铺，除夏鼐所记外，还有没有其他文字记载？本土学者王长明曾通过档案查询认为，20世纪四五十年代，指南针生产在行业中被归属于铜业。在1943年数十位永嘉县铜业公会会员名册中，仅东门行前街一家"潘顺兴铜店"，店主名叫潘如兴，担任铜业公会的执委，店名与夏鼐日记所写的有所区别，但极有可能就是这家。

对于东门行前街潘姓指南针店家，温州人李良才有较深的记忆。李良才出生于1946年，12岁开始从事指南针制作。据他回忆：他的父亲李志文（李子文）曾在鹿城区康乐坊73号（今址）开设有"老正南指南针"作坊，产品远销东南亚、台湾、香港及国内各渔场；并设定点代销到福建、宁波象山、沈家门等地的渔业单位。当时他所知的经营指南针店铺不过二三家。1958年同行业合并，他和三姐李金月随父亲作为指南针老店成员，与东门行前街指南针店潘姓店主及女儿潘秀华等，合并到位于朔门岭背的平水王庙内温州市滑桦轮车木生产合作社，专业生产渔业指南针（原朔门十三层大厦老地基），后单位又合并到温州市车木合作社、温州市纺织器材厂、温州市天平仪器厂。

据了解，清末民国时期温州东门生产销售的指南针作为实物，如今仍有部分存世，温州博物馆、世界温州人博物馆、英国驻温领事馆均有展出。

指南针传人口述传承和制作

"按照我爷爷和父亲的说法，从古代到现在，传统航海指南针的盘身必须以红色为主。"在瓯海岷岗的一幢民房里，区级非遗传承人、指南针制作者李良才这样说。他对面的墙壁上，张贴着从古至今不同指南针的图片介绍；窗台下的桌子上，是他收藏或制作的各类指南针。按功能，大致可分为教学、收藏、文旅文创、手工制作等类别。

"爷爷李应祥出生在同治十二年（1873），他将指南针技艺传给我的父亲李志文（李子文）。我家在康乐坊开了一家老正南指南针店铺。父亲规定指南针制作流程中淬火的药水配置传男不传女。我从十二岁开始就跟随父亲学习制作指南针，到今年77岁，一直从事这个行业。"如今年逾古稀的李良才除了在家庭作坊制作指南针外，还在瓦市小学等学校、新田园社区党群活动中心等处，热心传播传统指南针的制作技艺。李良才又指了指坐在一旁的儿子李峰，"到他手里，我们李家的指南针制作技艺已传承了四代人。"

李峰1971年出生，早年从事印刷行业，从小耳濡目染，对指南针制作流程也是烂熟于心，对于如何将祖辈技艺发扬光大，也有自个儿的想法。前段时间，李峰还探访了祖上开设在康乐坊指南针店的位置，他出示了拍摄的如今康乐坊73号的照片，看招牌目前以经营吸铁石和退磁器为主。

指南针先后传播到阿拉伯、欧洲、日本等地，并广泛运用到航海等其他领域。英国哲学家弗朗西斯·培根、来华传教士艾约瑟都表示，中国古代的四大发明"在世界范围内把事物的全部面貌和情况都改变了"。其他先不说，单指南针一项，可以说如果没有它的出现，人类航海事业会推迟数百年。而最可喜的是，作为百工之乡的温州，除印刷术、造纸之外，对指南针的制作也仍在传承中。其造型、制作流程还保留着不少传统方法，制作工艺也值得进一步去研究和保护。

指南针制作流程

1. 针盘选材：选用印度白木、硬梧桐木、樟木等优质木材，自然阴干二年以上备用。

2. 高温杀菌：将木材去皮，斫成一定尺寸的盘身粗坯。将粗坯放锅里煮24小时后捞出阴干。

3. 车木打坯：将针盘粗坯打磨成圆形，内外直径相差1厘米。再车出针腔、盖子。外部上红色油漆。

4. 盘面处理："净生"上漆。盘面需取生豆腐打灰底，干后多次上黑色油漆，使之光滑细腻。

5. 刻字刻度：在盘面上用模具刻制方位文字和度数等。根据晚清民国制作的指南针，其内圈二十四个方位刻四卦（乾坤巽艮）、八天干（甲乙丙丁庚辛壬癸）和十二地支（子丑寅卯辰巳午未申酉戌亥）；对应子、午刻北、南方位，对应卯、酉位置刻东、西方位。

6. 刷白针腔：用白色水粉粉刷针腔，增加与指针的色彩对比，使指针更显目。

7. 冲压罗针：以钢材为原料，通过冲床冲出罗针形状。

8. 药水淬火：将罗针放在由六种化学药水配制的溶液中浸泡4～5小时，以去除杂质，利于最大限度地储存磁性，保障航海时高温、高盐、高湿环境中不跑磁。

9. 机器充磁：将淬火处理过的罗针放在充磁机里，以南北方向摆好位置，充磁2分钟左右即可。

10. 罗针上色：将罗针指北（N）的一端漆成红色，另一端为黑色（S）。

11. 安装固定：将罗针以一定的间隙安装在细铁线上，用铜帽固定，再将装搭完毕的罗针安放在针腔里。

12. 玻璃封闭：裁两块直径不同的圆形玻璃，分别封闭针腔和盘面。

13. 盖上盖子：盖上车磨精致、涂刷红色油漆的盖子。

（本文原刊于 2023 年 4 月 25 日温州文史馆公众号）

周达观生平揭秘
——兼谈元代温州海运

◉ 潘猛补

  元代航海家周达观，永嘉人，自署草庭逸民。元贞二年（1296）作为翻译随元朝使团前往真腊国，后以其所见所闻著《真腊风土记》。该书成了中柬两国友谊的最好见证和中外文化交流史上的一座丰碑，更是温州作为"海上丝绸之路"重要节点的有力证明。可其生平并不明晰，有进一步探索的必要。

  夏鼐先生据元吾丘衍《竹素山房集》卷二《周达可随奉使过真腊国作书纪风俗因赠三首》诗题中的"周达可"三字认为："如果'可'字不误，则达可当为达观的别号。"此判断虽给我们提供了启发，但因为周达观已有号为"草庭"，故没有必要再取别号，而古代诗题凡涉朋友之名字时，皆不呼名而称字，以示尊重，故"周达可"必不是笔误。而其还缺表字，从古人名与字含义相互关联看，《易经·序卦》有"物大然后可观"，达即大也，可证"达可"当为其字。

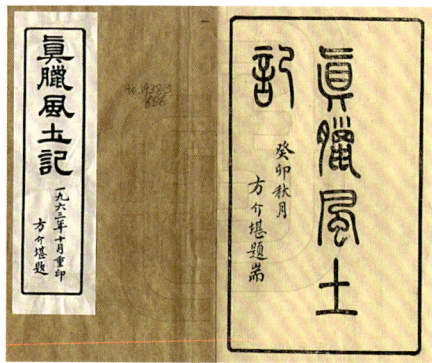

1963 年重刊《真腊风土记》，方介堪题签

  元代十分重视与海外的贸易，在温州设立了市舶司，温州成为全国七大港口之一。至元三十年（1293）温州市舶司被撤销并入庆元港，但由于温州港良好的通行条件，元代温州海运依然发达繁荣，这与刘仁本有着很大的关系，特别是其著作中有号"草庭"的永嘉人周县尉。其人是谁？与周达观有何关系？周达观与刘仁本有交集吗？

  刘仁本（1311—1368），字德玄，号羽庭，台州黄岩羽山人，元末进士乙科，学问淹雅，工吟咏，

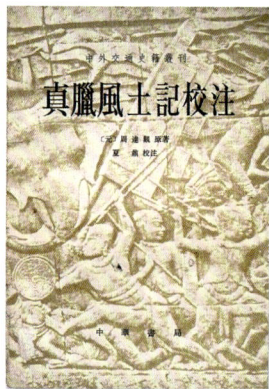

1981 年夏鼐《真腊风土记校注》

有称于时，著有《羽庭集》。元顺帝至正十八年（1358），方国珍"据有台、温、庆元三路，开府庆元"，时刘仁本进入方的幕府，成为其重要幕僚。至正十九年（1359）任江浙行省左右司郎中。至正二十一年（1361）元廷命方国珍运漕粮，授刘仁本为枢密院副使，后官至温州路总管兼任海道防御漕运官。至正二十七年（1367）十月，明将朱亮祖攻占温州，捕获刘仁本，械至金陵。次年三月"太祖数其罪，鞭背溃烂死"。

刘氏为温州路总管多年，但历代温州志却失载。考其具体时间，据刘仁本《庆元路儒学兴修记》落款"至正二十一年十二月，温州路总管刘仁本撰并书"，又《送韩致用之福建谒先庙序》云"至正二十又二年，余拜永嘉郡守之命，及祇事，大惧，学官废弛，人才散逸，干戈暴横，俎豆弗修。青青子衿，挑达城阙，坐皋比者，率藉威武以进，而章甫缝掖，尘氛蓬藋，实有忧之"，而《河朔访古记序》落款"至正二十有三祀，昭阳单阏之岁，蕤宾节日，奉直大夫、温州路总管管内劝农防御事、天台刘仁本序"，知其为温州路总管为二十一年（1361）任命，二十二年（1362）初到任，至二十三年（1363）端午节时仍在任。考虑到最终其在温州被捕，其应该是一直任温州路总管。

其在温州总管任内，又一直负责从海路为元朝运粮任务，并亲历每一次海上漕运，每年运送数百万斛粮食到京都，同时也促进了温州海运的繁荣。至正二十二年三月，刘仁本《饯长信寺经历曹德辅序》云："凡京师信史下江南者，率由海上浮桴以达。若征漕运，若责赏贡，若治兵戎，若亲谋方面，若咨询于宥密，若将命于相府，若持大赉以赏边勋，动则骈肩接踵，悉会于鄞，转而化之。"当时以庆元为中心港，故设市舶司，温州港为支港，也承担大量的海运量。他虽为温州路总管，却基本在庆元、台等地活动。

然其之所以任温州路总管又兼主管三地海运，这又与温州港所处位置有密切的关系。如刘仁本在至正二十二年（1362）五月写的《送户部尚书彻公通理趣漕回京序》记载了当时海运的情况："经国之制，莫漕运为重。自汉唐以来，暨于我朝，虽损益时宜，实未有如今之海舶便利捷径也。故岁常漕东南粟粒以实京师。初由河渠转达，颇涉烦劳。既而即河入江，逶巡浅海，为程稍易。寻又访得捷法，驾大艘入洪涛巨浪，度青黑二海水，占春夏风候，浃旬日间可径达京庾。于是海道之便利，虽罹变故，而不可改也。"又如《送江浙行省检校官章君彦复序》载：

"至正二十有二年春，奉命驾海舶，督粮运，蹈鲸鲵险阻，出没风涛万里，趋京为国家广储蓄。"海舶起于四明，但刘仁本却一直以温州路总管之职兼管之。

温州港当时作为南北漕运的中转港，不仅海运粮食到大都，而且还与广东等地作贸易，如刘仁本《送吴仲明赴广东帅阃经历序》记载："广海在南服万里，为天子外府，联属岛夷，聚落作大藩镇。贾舶所辏，象犀珍珠、翡翠玳瑁，委积如山。"其《跋浙东金宪刘彦常航海传》亦云："余尝一再拜命，皆为海道防御漕运官。既涉舟楫，出没风涛，于灵妃神火之事，屡亲见之。而凡漕舟之值险、将覆溺者祷叩如响，卒获免。"虽然这些海运之事发生于浙东范围，但必包含他任职的温州港，正如刘仁本总结漕粮海运"上供之数始于六七万石，渐加数十万，至甚赢羡三百五十万而止"（《送户部尚书彻公通理趣漕回京序》），可见其在任内温州等港的海运得到长足的增长，元朝才因此而得以续命。这虽然为温州港带来前所未有的繁荣发展，同时对于温州民众来说，海运劳役征发，严重威胁沿海民众的生命，暴政造成严重的民生灾难。

在温州，刘仁本除为温州港海运作出贡献外，还在《羽庭集》中留下有关温州的诗文，如为"永嘉郡平阳邑白沙里人、海道运粮千夫长某女"撰写《郑节妇汤氏节孝传》，与平阳陈高有交集，作有《送四明录事陈子上归乡》诗。

特别是他早年游温州时诗文，更是弥补了周达观生平史料的缺乏，甚为珍贵。那时年轻的刘仁本与年近花甲的周达观在温州交游，想必在周达观那里得到了丰富的航海知识，这也为他后来投身于航海运输打下了一定基础，值得重视。

据夏鼐先生《真腊风土记校注·校注者序言》考证："可见《真腊风土记》于1312年以前便已成书。林坤《诚斋杂记》（《津逮秘书》本）有'丙戌嘉平望日永嘉周达观序'，丙戌系元顺宗至正六年（1346），这时周达观还在世，上距随使赴真腊已五十一年，当已是年逾古稀的老年人了。"

至正六年刘仁本正为福建海运官，据其《跋黄氏夫人贞节传》云"至正丙戌岁，余吏闽海"。在此前，他有三首诗与周达观有关。

一是《自东嘉别刘谷瑞照磨，偕周县尉同舟上括苍》："访旧东瓯驿，维舟傍柳阴。孤城当斗口，两塔涌江心。奈负参谋醉，偶同仙尉吟。括苍何处是，西望白云深。"

二是《自东嘉与周草庭县尉同舟至括苍，诗以送之》："挐舟上括苍，同载得良友。秋日净宇宙，凉飙在林薮。地势行渐高，溪流缘下走。潭影日月寒，滩声风雨骤。篙师拽短缆，伛偻状如狗。险恶勿相角，前呵后挥手。来舟欲挽前，去者那肯后。复有叩舷人，得鱼时贯柳。青山为主宾，挂石还沽酒。白鹤下青田，啄以芝千亩。仙班傥可寻，宦路亦何有。君今去作尉，小邑仅如斗。况乃山水佳，武夷在其右。梅福有古祠，丹台遗药臼。须君一问讯，肯寄刀圭否。"

据清康熙《瓯宁县志》卷二记载"梅仙山在坡南二里。《旧志》：汉南昌尉梅福炼丹于此"，而从诗中得知东嘉周草庭时赴任福建瓯宁县尉，刘仁本与其一同舟过括州，在温州辞别的有刘谷瑞照磨。据弘治《温州府志·宦职》元温州路总管府职官之"提控案牍兼照磨承发架阁"题名之末有"刘世隆"，而《府志》元温州路总管府僚佐及首领官题名皆止于至顺年，故定刘世隆为至顺年间（1330—1333）前后任此职。从时间和名字相关联来判定："瑞"与"隆"都寓意吉祥、吉利、盛大、兴盛，"谷瑞"即刘世隆字。由此得知此二首诗亦当作于此时。该年周达观当已逾花甲，其号草庭逸民，故又可以得出原来"周草庭县尉"就是周达观的结论！[1]

三是《送周译史进表赴京》："驿头官柳拂征衫，重译南来进宝函。绛蜡小书封玉篆，锦衣中使启华缄。山呼万岁龙颜喜，仗立千官凤尾衔。奉职小臣思恋阙，征帆早晚发黄岩。"这与周达观的翻译身份正合，更进一步证实"周草庭""周译史"与周达观为同一人，从诗中得知《真腊风土记》这时呈献于朝廷。

周达观史料还可从元马臻《霞外诗集》中寻找到，其《挽周草庭母氏》："几生种德寿期颐，早适儒门备母仪。追远不求黄面老，送终喜见白头儿。堂萱杳杳承颜日，风木萧萧陟屺时。莫挽灵輀重惆怅，已传书种到孙枝。"周达观母亲享年百岁（期颐），父亲也是个读书人，周达观也长寿，儿孙也继承了他的衣钵。

周达观，温州的骄傲，七百年后终于找到你了！

---

[1] 编者注：《羽庭集》里刘仁本还有一首《过枫亭驿，和周草庭巡检韵就寄》诗："馈粮千里又南征，笑把弓刀拥将星。汗血沙尘前后骑，檄书烽火短长亭。天连闽海团团白，山绕彭湖点点青。遥想环峰三十六，将军晏坐对沧溟。"据明《弘治八闽通志·仙游县》"枫亭驿，在县东南连江里枫亭市……即唐枫亭馆，宋为太平驿……元至正七年改为枫亭驿，十二年火，二十七年录事刘杰重建"，清《乾隆仙游县志》"枫亭巡检司署在县南五十里连江地方，唐为枫亭馆，宋嘉祐间增建厅事，名太平驿……元至正二十六年重建，仍唐旧名曰枫亭驿"，结合本文考证至正六年刘仁本为福建海运官，那么此诗的"周草庭"当也是周达观，他至少至正七年（1347）还在世，时任福建仙游县枫亭巡检。但若据"元至正二十六年重建"才重名枫亭驿，周达观等于活到至正二十六年（1366），岂非百岁，应不可能，且以更早的文献出处（明《弘治八闽通志》）为准。

元代使团从温州港扬帆启程

◉　金丹霞

2022 年 3 月 31 日，一艘"海丰川崎"轮船从温州港状元岙港区起锚，驶往越南胡志明市。这是温州新增的一条海上航线，途经日本、韩国、越南、柬埔寨、泰国等 6 个国家和地区，可挂靠 11 个港口。据悉，如今从温州港直达越南仅需 4 天；直达柬埔寨仅需 6 天；到泰国仅需 8 天。

而在 700 多年前的元代，温州人周达观即从温州港随船队出发，航行 26 日才到达占城（今越南境内），然后辗转到真腊（柬埔寨），时间耗费半年之久。历史上从温州港口出发、往来海外的本土人士众多，在文化、物产等方面与海外诸国有较深度的沟通和交流。周达观是其中较为典型的一位。

温州港在宋元时期发展到鼎盛阶段，港口设施完善，大小码头排布瓯江沿岸。据元代黄潜《永嘉重修海堤记》，当时江边已有延袤数千尺的"大石堤"，旁边即有所谓的"马头"，供各类船只停泊靠岸。远洋大船可直达高丽、日本、南亚和东南亚等地港口。元成宗元贞二年（1296）的二月二十日，一艘载着"圣天子遣使招谕"使团的远洋大船从温州港扬帆启航，驶往遥远的真腊国。没人会想到，这趟异国远航，为历史埋下深长伏笔。使团中随行的温州人周达观，后来将此番远行异国的见闻写成《真腊风土记》。500 多年后的 1861 年，法国生物学家穆奥凭着这本薄薄的小书，寻找到早已湮没的吴哥遗址，由此开启吴哥的发现保护之旅，终使东南亚历史上最辉煌繁荣的王朝古迹重见天日。

周达观（约 1266—约 1346），号草庭逸民，元代温州路永嘉县（今温州城区）人。他在中国正史上并未留下踪迹，但名字却穿越岁月迷雾，与遥远而神秘的吴哥文化紧密联系在一起：他是世界上第一个全面反映吴哥王朝盛况的记录者，是海上丝绸之路文化商贸交流的参与者，中柬两国友谊源远流长的见证者。

从温州到柬埔寨，需近半年时间

元代一度因对外征战而停顿与周边国家的交往，但在元成宗推行"招谕"对外政策后，又开始派遣外交使节出使东南亚各国。元贞元年（1295），朝廷决定派出"圣天子遣使招谕"使团赴真腊。温州人周达观也随团出使。这一趟海上远行颇为不易，他在《真腊风土记》中详细记载了旅途的艰辛。

使船自温州港启航，途经福州、泉州、广州、琼州等沿海海面，七洲洋（海南岛东北）、交趾洋（海南岛西南至越南海面），一路顺风，经 26 天航行，于三月十五日抵达占城新洲港（今越南中部顺化附近）。

稍事休息后，他们继续沿占城海岸南行，不料"中途逆风不利"，只得减慢航速，后总算到达真腊边境的真蒲港口（今巴地或头顿一带），然后转向西南，过昆仑洋，入港。进入湄公河后，再溯河北上，在今金边附近进入洞里萨河，而后到了查南（今柬埔寨磅清扬）。因查南以下水浅，只得换上小舟继续前行，过半路村、佛村（今柬埔寨菩萨），再横穿淡洋（即洞里萨湖）至彼岸干傍。弃舟登陆后，陆行 50 里，于当年七月抵达真腊国都吴哥，历时近半年。使团在真腊国逗留了约一年时间，于大德元年（1297）六月返程，八月航船就已靠泊在四明港（今宁波）了。

这条航线正是海上丝绸之路的部分线路。绵亘几万里、延续数千年的海上丝绸之路，架起了古代中国与东南亚各国之间商贸、文化往来的桥梁。温州出产的大量精美手工业品及农副产品就是通过这条航线输送到世界各地。

四桅船数量居首，善于利用季风和指南针

周达观随使团海上远航，乘坐的应为当时最先进的远洋大船。元代温籍画家王振鹏在《江山胜览图》中，清晰地描画出远洋大船的气派。其中四桅船每船可张十二帆，设四大橹，每把大橹需要四人操作，出海水手多达 200 余人。据载，元代的四桅船常远航至南洋、印度洋一带，数量之多居航海船舶首位。

除造船技术先进外，航海远洋还要懂得利用季风，选择最佳出海时间。中国位于最大的亚欧大陆，又与最大的太平洋毗邻。由于海陆热力性质的巨大差异，形成了随季节而变化的季风。宋代温州状元王十朋有诗句"北风航海南风回，远物来输商贾乐"，生动描写了中国东南沿海商船已懂得利用季风进行海上航行的情景——这也正是元政府在元贞元年（1295）八月作出派遣使团决定，直到半年后才正式启程的原因。

远洋海船还必须使用指南针指引航向。宋代，中国古代的重要发明之一、指

《江山胜览图》里的四桅船

南针开始在航海中使用，一举解决了导航定位这个难题，使远洋航海技术水平显著提高。周达观记录下了这条航路的针法："自温州开洋，行丁未针，历闽广海外诸州港口，过七洲洋，经交趾洋到占城。又自占城顺风可半月到真蒲，仍其境也。又自真蒲行坤申针，经昆仑洋入港。"

"丁未针"和"坤申针"均为指南针指示的方位，据学者研究认为，此系我国文献中关于针路的最早记载。

指南针的针位分为"单针"和"缝针"两类，凡指向正北的"单子针"和正东的"单卯针"，均属单针。而指示针位介于两个方位字之中的称"缝针"，上述的"丁未针"和"坤申针"属于"缝针"。我国古代使用的航海罗盘原先用二十四个字，表示二十四个针位，自从有了"缝针"，就增加到四十八个针位，可以指向四十八个方位。由于南洋各国在中国南部，所以海船从温州出发要用南偏西的丁未针位。《真腊风土记》记载使用的针位，比欧洲的三十二个方位、日本的十二个方位都要精确、先进。

物产常有交流，还有温州老乡

周达观他们当年到达的真腊，即如今中南半岛的柬埔寨，早在公元 1 世纪便建立起统一的王国，历经扶南、真腊、吴哥等时期，是东南亚地区早期的强国之一，秦汉时期就出现在中国古代史书记载之中。

元代使船到达真腊时，正值吴哥王朝鼎盛时期，人口 500 万，经济发达，国力昌盛，文化繁荣。当时的国王是因陀罗跋摩三世，王城占地面积约 10 平方公里，以拥有 54 座四面佛宝塔的巴戎寺为中心。使团在当地逗留约一年，为周达观他们提供了"深度游"的绝佳契机。从没见过的奇珍异兽，令人眼花缭乱的异域风情都深深地吸引着周达观。他通过丈量、观察、访谈等各种方式去了解真腊。如城门内外的布局、皇宫庭院的建筑、服饰发型的潮流、语言习俗的异同、山川物产的种类、贸易市场的状况等等。

周达观时代的元代，温州城区滨江一带商贸繁荣，从王振鹏《江山胜览图》中可见沿江店铺有象牙、陶瓷等在交易。作为生活在商品经济发达的温州，周达观自然也关注到当地的市集贸易，发现真腊做买卖的竟然都是妇女；小额交易用米谷或中国货物，其次用布，大宗交易则用金银。因此当地人特别喜欢中国货品，最喜欢的是中国产的金银，其次是五色质地轻薄的丝织品，再其次如温州的漆盘、泉州与处州的青瓷，以及水银、银硃、纸扎、硫黄、檀香、白芷、麝香、麻布、雨伞、铁锅、桐油、蓖麻、篦箕、木梳、针等。可见宋时称"天下第一"的温州漆器，在周达观时代依然是备受欢迎的外贸物品。

周达观在真腊还意外地遇到了侨居此地多年的温州老乡，"余乡人薛氏，居番三十五年矣"。按照年份推算，薛氏应该是南宋景定年间（1260—1264）来到真腊。当时定居真腊的中国人不少，他们多为水手。当然来此定居需入乡随俗，这些"唐人"娶当地女子，然后由妻子出面做生意。

真腊的节庆活动也颇为丰富。当地以中国的十月为正月。节庆期间张灯结彩，燃放烟花爆竹，在周达观眼中，"尽挂灯球花朵之属"的当地正月风俗，与温州灯会风俗相一致。

周达观还见到了很多奇珍异兽。走兽中的犀牛、大象[1]、野牛、山马，飞鸟中的孔雀、翡翠、鹦鹉都是中国没有的。而真腊原先没有鹅，是被人从中国带去后增加的新品种。周达观还特意提到当地产的"龟脚"可以长到八九寸。"龟脚"之称让温州人感到亲切，温州老乡夏鼐先生在《真腊风土记校注》中指出，多个译本注释将此注解为"乌龟之脚"是不对的，此系温州人用以称"石蜐"的方言，即一种甲壳类动物，生活在海边岩石缝里，外形如龟的脚。[2]

草民的价值：金边周达观纪念馆

山川异域，风俗人情，在周达观看来，无不充满着新鲜奇特的感觉。回到中国后，他将自己在真腊的见闻整理写成《真腊风土记》一书，也由此把自己的名字写在了历史的册页上。

周达观当时本一介草民，因此关于他的生平事迹所知甚少，甚至他的生卒年月也只能从他和友人留下的片言只语中推测。其友吾丘衍曾作诗《周达可随奉使过真腊国作书纪风俗因赠三首》，收入《竹素山房集》。夏鼐先生据《竹素山房集》集末所附墓志，可知吾丘衍卒于元至大四年（1312），由此推断《真腊风土记》1312 年以前便已成书。

夏鼐先生再据周达观存世著作有为林坤《诚斋杂记》所作序言，文末有"丙戌嘉平望日永嘉周达观序"，丙戌系元至正六年（1346），距他赴真腊已五十一年，当已是古稀老人了，因此表明他至少活到了 1346 年。

吾丘衍诗中写道"异俗书能记，夷音孰解操""鴂舌劳重译，龙波极大荒"，由此后人推断，正是因为周达观通晓真腊语，才能以翻译的身份随团出使。

《真腊风土记》是现存关于柬埔寨中古时代文物风俗生活的唯一记载，收入《四库全书》。该书面世几百年来，成为珍贵的域外实证性地方志，对研究 13世纪元朝与吴哥时代柬埔寨的友好关系，有非常重要的史料价值，一直受到国内外学者推崇。

1861 年法国博物学家亨利·穆奥（Henri Mouhot）到东南亚调查采集，凭借 1819 年穆沙翻译的法文本《真腊风土记》，找到了已沉埋 500 多年的吴哥王

---

[1] 编者注：1980 年 9 月 7 日《浙南日报》刊登徐定水《周达观和〈真腊风土记〉及江心象、狮岩的由来》，讲述传说周达观回国时，真腊国王赠送一狮一象。他将狮象装船，先驶回温州港，停泊江心屿前，不料风雨大作而沉船，狮象化为江中两块礁石，即今西塔前的狮岩，东塔前的象岩。与徐文不同，狮岩象岩亦有其他民间传说，而周达观回国是抵达四明（宁波）泊岸，但此传说反映了周达观在温州民间的影响，略补周达观研究之缺。温州开埠后，瓯海关在象岩建有温州港最早的航标，今存，后狮岩亦有航标。

[2] 编者注：2019 年 5 月 22 日《温州日报》风土版刊登金辉《漆盘、龟脚、络麻、乡人薛氏——〈真腊风土记〉里的温州元素》，认为《真腊风土记》里提到的"络麻""起屋"等也是温州方言常用语。

朝遗迹，吴哥文化从此名扬天下，成为珍贵的世界文化遗产。

有感于周达观为传播吴哥文化作出的贡献，柬埔寨当地还流传着周达观的故事：吴哥东北八角山上的荔枝树，传说是周达观当年带来的荔枝种子，如今长势茂盛。为感谢这位中国使者，当地人将山名改为荔枝山，如今又在金边建起周达观纪念馆。

周达观出使真腊距今已有 726 年，他在海外文化交流史上的贡献和价值日益为世人所认知，正如吾丘衍为周达观写的诗句"异书君已著，未许剑埋光"！

M. Henri Mouhot. — Dessin de H. Rousseau d'après une photographie.

亨利·穆奥

（本文原刊于 2022 年 4 月 5 日温州文史馆公众号）

明初来温日僧太初考略

◉ 赖立位

泰顺县城罗阳往东 10 里，南山水库西北侧山坡上有一仅百余人的小自然村，名叫山交。明清两代，村中有一座远近闻名的寺院名叫龙护寺，俗称山交寺。寺院始建于明初洪武年间，建寺僧人是自日本沿着海丝之路而来的禅僧太初。

因为寺院所处之地极其清幽，明清两代是泰顺官员文人时常光顾的地方，留下了许多吟咏龙护寺的诗歌。民国期间寺院衰落，田产被政府充公移作他用。20 世纪 50 年代，随着最后一个僧人离世，寺院彻底荒废。如今仅留下两株桧柏、一方《山交寺开田记》古碑、一只石水缸在默默地诉说着往日的兴盛。

龙护寺大殿前树龄 600 多年的桧柏，相传太初手植（赖立位／摄）

80 年代以来不断有人前往山交村查考，撰写山交寺和太初和尚的文章，发表在《温州日报》等媒体上 [1]。但由于缺乏翔实资料，太初和尚的总体形象相对模糊，恍如雾里看花。

---

[1] 编者注：《温州日报》1984 年 11 月 18 日墨池版刊登《第一个到泰顺的日本僧人》，1985 年 10 月 25 日旅游版刊登《龙护寺与日本僧人》，1995 年 10 月 18 日大榕树·文史版刊登《日本太初和尚与泰顺》。

碑刻与志书的记载

明代温州碑刻与志书已有太初和尚的记载，如明天顺三年（1459）《山交寺开田记》碑云"有寺曰山交，开创自国初。山之僧太初者，日本国产也，航海道东瓯而至，止于斯"，应该是乘船从温州港进来。

《万历温州府志·仙释》载："启原，姓张氏，号大（太）初，日本人。九岁祝发学禅。吴元年航海入中国，历游海内禅林。洪武丙寅入安固，抵沓石山梅公洞，见四山环翠，两石相沓，遂住锡焉。先是，巨蟒群虎怪异甚多。原至，禅诵其中。忽一夜，山下居民见峰顶火炬人马南飞而去，怪遂息。民因岩洞筑庵，师事之。续建山交寺，徒众四百。永乐丙戌仍立生塔于寺南，以为退修待寂之所。丁亥三月初一日，入塔端坐而逝。师儒释皆通，有语录三卷。相传宣德间开塔，见头发披垂，指甲长曲，闻风雷震，即闭之。"

《山交寺开田记》碑（赖立位／摄）

泰顺存世的三部县志即明崇祯《泰顺县志》（残卷）、清雍正《泰顺县志》、光绪《分疆录》，都有龙护寺及太初和尚的相关记载。

《崇祯泰顺县志》载："三峰寺，旧在县左，后晋天福、宋祥符赐额。元至元毁，复建。嘉靖六年，僧真喜重建。三十三年，知县蔡芝以太平桥左学基易，改建儒学，迁寺于太平桥左。僧道员重修，新建钟鼓二楼及僧舍、垣墙。近因公馆圮坏，凡有使客，率假寓于此，供亿之繁，几等驿递。舍宇不修，物力为耗。观者有率替憾焉。得僧员宗勒以干理，俭以蓄储，增饬墙垣，修建楼宇，焕然一新，皆捐衣钵之资，不以募化。自太初之后，可称中兴云……山交寺，在县东十里许，洪武间僧太初建。成化五年毁，重建。"

清雍正《泰顺县志·仙释》载："张

启原，日本人，号太初。九岁祝发学禅，航海入中国。值明混一天下，乃历游海内禅林，讲求佛法。洪武丙寅偕徒大方入安固，抵沓石山梅公洞，见四山环翠，两石相沓，下可留二十余人，遂住锡焉。先是，巨蟒群虎怪异甚多，原至，禅诵其中。忽一夜，山下居民见峰顶火炬人马南飞而去，怪遂息。民因岩洞筑庵，师事之。续建山交寺，徒众四百。时王师讨叛，启原偕徒为乱军所获，总兵富爵异之，相与谈空结聚，乃获免。永乐丙戌仍立生塔于山交寺南，以为退修待寂之所。丁亥三月一日，入塔端坐，偈毕而逝，年七十五。儒释皆通，有语录三卷。后宣德间有开塔者，见头发披垂，指甲长曲，骤闻风雷震，即闭之。"

光绪《分疆录·坛庙》载："沓石庵，在莒冈村前西山后石室，古名梅公洞，在悬崖之半，右有石门，沿壁而入，洞上有细泉，下注如珠帘。明僧太初卓锡于此。僧俗姓张，名启原，号太初，日本人。洪武间入中国，遍游名山，后偕徒大方入安固沓石山梅公洞焚修，续建山交龙护寺，预为生塔于寺南。永乐丁亥三月朔，入塔端坐，偈毕而逝，年七十五。著有《语录》三卷……仙岩庵，在江口北山后，有石峡。明僧太初于中辟为兰若……古龙护寺，在山交山麓，景最幽胜。明僧太初建，俗呼山交寺。"

禅宗典籍的记载

年前，笔者发现明清禅宗典籍也有太初和尚的记载，如明《释鉴稽古略续集》记载："太初禅师，讳启原，号太初，日本国人。九岁礼物外禅师得度。年十九与宗猷等十八众游参上国。丙午二月进京，见季潭禅师，后见了堂、天童、无著、懒牧等四十五员大善知识，末于杰峰和尚处入室，付顶相大衣拂子法语。后住罗阳三峰寺，及山交龙护禅院。有三会语录。是年三月一日卓午说偈曰：'生也铁面皮，死也铁面皮。一椎百杂碎，白日绕铁围。'掷笔坐逝。寿七十五。行化四十余年。塔院南。"

明《继灯录》记载："罗阳三峰寺太初启原禅师，日本国人。年十九，参上国四十五员知识，末于杰峰得法，后住三峰。一日书偈曰：'生也铁面皮，死也铁面皮。一椎百杂碎，白日绕铁围。'掷笔而逝。塔于院南。"

清《续指月录》记载："温州瑞安护龙太初启原禅师，日本国人，姓源氏。九岁入建长寺出家，十八请告南询，历三年抵福州时，吴元之丙午二月进京，贡上表物。受斋衬毕，敕见季潭泐公，指令遍参。后谒乌石愚禅师。一日愚上堂曰：'雪覆千山，因甚么孤峰不白？'师示众曰：'雷声隐隐，雨点全无'。峰曰：'草庵上盖琉璃瓦，石室中藏玛瑙瓶。'师曰：'大虫骑却南山虎。'愚曰：'虎生七子，阿那个无尾巴？'师曰：'第七个。'愚曰：'且放汝三十棒。'由是许师入室。后结茅庐阜，复移石龙，出世广度，迁罗阳三峰，再迁护龙。尝垂三关语：'舜若多神，因甚么向平地上拖泥带水？金翅鸟王劈海取龙吞，因甚么被泥鳅吞却？三世诸佛说不得，因甚么狸奴白牯念摩诃？'一日集众说偈曰：'生也铁面皮，死也铁面皮。一击百杂碎，白日绕（铁）围。'掷笔坐逝。"

按《续指月录》，启原是临济宗南岳下 24 世。其上师承依次为天童颖禅师、灵隐如珏禅师、天竺有禅师、天池信禅师、大慈成禅师、乌石世愚禅师。

清《南宋元明禅林僧宝传·乌石愚禅师》记载："禅师世愚者，号杰峰，衢州余姓子也……继愚后事者有二人焉，曰无涯幻，曰日本太初原。原归化本国。"

交往三位高僧

根据典籍记载，太初到中国后，与三位中国僧人关系密切：

其一是南京天界寺季潭宗泐禅师（1318—1391），字季潭，号全室，浙江台州临海人，元末明初禅宗临济宗著名禅师。8 岁师从杭州净慈寺大欣笑隐学法。元末隐杭州径山寺。后相继主持中天竺寺、径山寺。洪武四年底至南京，得朱元璋赏识，主持南京天界寺。曾被授僧录司右善世。

其二是衢州乌石山杰峰世愚禅师（1301—1370），号杰峰，大慈止岩成禅师之法嗣，俗姓余，浙江衢州人，大慈止岩成禅师法嗣。得法后居乌石山 16 年，道望四布，门庭兴盛。元至正三年移住广德石溪兴龙寺，三年后回乌石。宋濂为之撰写《杰峰禅师愚公塔碑铭》。

其三是南京灵谷寺无涯非幻道永禅师，字无涯，号非幻，衢州人，俗姓吴，世愚禅师法嗣。永乐年间受明成祖赏识，主持南京灵谷寺，擢为僧录右阐教。

出入歧异处的考辨

综合各种记载，把有出入的地方统一表述如下：

一是太初到中国的时间是吴王丙午年即 1366 年。现有记载里，太初到中国的时间有"年十九"即 1351 年，"吴元年"即 1364 年，"吴元丙午"即 1366 年，"明混一天下"约 1368 年以后，洪武十八年即 1386 年等数种提法。现综合各种记载及其师承，认为以吴王丙午即 1366 年较合理。

二是太初的中国师傅是衢州世愚杰峰禅师，太初是他的法嗣。

三是太初在泰顺县域先后主持过广度寺、三峰寺两座寺院。《续指月录》《继灯录》《释鉴稽古略续集》三种典籍都提到三峰寺。尤其是《继灯录》直呼其为"罗阳三峰寺太初启原禅师"，结合崇祯《泰顺县志》，太初曾经住持三峰寺。

四是太初归化了中国。《南宋元明禅林僧宝传》"原归化本国"，《释鉴稽古略续集》"太初禅师……行化四十余年"，即指太初归化中国后至去世 40 多年，否则以他 9 岁出家，僧龄达 67 年。

各种记录间存在一些歧异，有待进一步考证。

其一，俗姓是张还是源。明《万历温州府志》、清《雍正泰顺县志》、光绪《分疆录》均称太初俗姓张，名启原。《续指月录》称其俗姓源。

其二，见宗泐时间与地点。有关记载显示宗泐元末在径山寺，洪武元年主持中天竺寺，洪武四年主持径山寺，年底才到南京。太初于吴元丙午年二月到南京，如果"赐见季潭宗泐"，只能到径山寺去见，在南京是见不到的。如果是在南京见到宗泐大师，那只能是洪武五年以后了。如果这样，太初就无法成为世愚禅师的弟子，因为世愚禅师于洪武三年十二月圆寂。

其三，入泰顺时间。库村包氏宗谱载："太初和尚至我朝，太祖高皇帝洪武龙兴，始去广度寺，寄迹山交寺。"按照这一表述，太初在洪武龙兴之前已经到达广度寺，洪武龙兴之后离开。仙居徐氏谱提到"大明洪武初年遭兵煨烬，寺宇荒墟……助建三峰寺大殿并钟鼓楼三所"，结合崇祯《泰顺县志》的记载，洪武初年太初已经在三峰寺重建中现身。综合吴、包、徐三族的家谱记载，雍正《泰顺县志》太初洪武十九年进入泰顺的记载不成立，同时也与雍正志中太初被官兵抓了又放不相吻合。

其四，建龙护寺时间。有关记载只说是洪武年间，没有具体哪一年。1998 年版《泰顺县志》称"寺系日本僧人太初禅师来县的次年（1385）创建"，但是未注明出处。洪武共 31 年，如以 10 年为一段，可分为初、中、后三段。假如太初和尚于洪武十九年进入泰顺，在经历仙岩庵、沓石庵、广度寺、三峰寺后，到山交建龙护寺应是洪武后期了。参照仙居徐氏宗谱的记载，三峰寺的重建是洪武初年，那么建造龙护寺的时间可以提前到洪武初、中期。

太初生平事迹

根据文献记载，太初的大致情况概述如下：

太初（1333—1407），俗姓源，法名启原，号太初，日本人。九岁（1341）时到建长寺出家，拜物外可什禅师为师。物外禅师曾于日本元应二年（1320）来中国，元德二年（1330）回日本，观应二年（1351）圆寂。建长寺是镰仓幕府第五代摄政者北条时赖1253年创立的日本最初的禅宗专门道场，位于神奈川县镰仓市，创建时邀请中国去日本的高僧兰溪道隆作为其开山祖师。

太初18岁时，向师傅提出请求，到中国江南学习佛法。吴王朱元璋丙午年（1366）抵达中国福州。二月到达南京，呈上相关文书和上贡物品。获得指令前往拜见宗泐大师。宗泐大师接见后，告诉太初到各处走走，向各处高僧大德学习。最后，太初投入浙江衢州乌石山世愚杰峰禅师门下，成为世愚杰峰的法嗣。世愚禅师法嗣一是太初，二是非幻。非幻后来去了南京灵谷寺，即明朝永乐年间全国第一禅寺，担任全国佛教组织的领导，成为明朝初期全国的宗教领袖。

世愚禅师于明洪武三年（1370）年底圆寂。此后，太初离开乌石山，开始了在中国江南的行走历程。

首先是"结茅庐阜"，就是在庐山搭建茅屋修行。庐山在江西九江，离浙江衢州不远。

其次"复移石龙"。石龙在哪里？是石龙山还是石龙寺？从《续指月录》的行文来看，如依前句"结茅庐阜，复移石龙"，石龙是山；如接后句"复移石龙，出世广度"，石龙是寺。湖北恩施的石龙寺，建于洪武初年，在那个时代是最为出名的石龙寺。笔者依据师承渊源、地理方位等多个因素，判断太初所移住的石龙，不是石龙山，也不是石龙寺，而是"石溪兴龙禅寺"的缩写。"石溪兴龙禅寺"在安徽广德，与浙江衢州邻近，太初的中国师傅世愚禅师曾应邀在此住持，弘法传道三年，给该寺带来历史上第一波兴盛。既然是师傅曾经住持过的寺院，太初前往驻足，当属情理之中。抑或是出于对世愚禅师的敬重和感激，兴龙禅寺邀请作为其法嗣的弟子太初前往，给后学禅者传授世愚禅师的佛法，也符合常理。

石龙之后，就开始了在今天泰顺县域内的修禅弘法岁月，《山交寺开田记》碑文曰"航海道东瓯而至，止于斯"。

雍正《泰顺县志》称太初于洪武十九年进入今天的泰顺境内。依据《分疆录》记载，太初先后在南浦溪流域的江口、莒江落脚，第一是江口村仙岩庵，第二是莒江梅公洞沓石庵。也正是因为这一走向，当代的有关文章都认为太初是溯飞云江而上抵达今天的泰顺境内。也许在江口、莒江都只是暂时停留，正式的禅宗典籍没有记下这两处驻足的相关信息。

太初在莒江的焚修，使"巨蟒群虎等怪异""遂息"，得到周边信众的充分认可，"民因岩洞筑庵师事之"，很快地在周边乡里广为闻名，于是接下来就有了"出世广度"。

广度寺在今天南浦溪镇库村后坪。传说唐末吴家迁居此地后，夜里常闻钟磬之声，后来僧人告诉吴家人此处应是僧人住处，于是吴家东迁库村，将屋基改建为僧院，名为瑞峰院，北宋大中祥符壬子年（1012）请额改为广度禅寺。

禅宗所谓"出世"指修禅者在得法且潜隐修行之后，为信徒迎请出来住持寺院，接引后学。太初在世愚禅师门下得法，之后经过仙岩庵、沓石庵等系列潜隐修行，积聚了足够的法力。当广度寺重建，太初应库村吴、包等世家之请，到广度寺主持寺务。库村包氏谱载："太初和尚至我朝，太祖高皇帝洪武龙兴，始去广度寺，寄迹山交寺。"根据库村吴氏谱记载，广度寺大殿于洪武二年由吴景名公为首重建。

第四"迁罗阳三峰"。洪武初年，现在泰顺县东北部隶属瑞安县，现在的县城罗阳镇比库村更远离瑞安县城。罗阳三峰寺是一座创建于五代后晋时期的寺院，在今天北大街儒学路尽头。据仙居徐氏宗谱记载，三峰寺的前身是罗阳金姓建造的水月庵，开宝五年（972）仙居徐家始迁祖徐暹从金家购得水月庵基，建造寺院，舍田招僧。天禧三年（1019）徐暹之子徐昶至京城请额，改名为三峰寺。"洪武初年遭兵煨烬，寺宇荒墟。各房嗣孙将校书公遗下祭扫会拜茔田，递岁捐租存积，舍入一千担，又伯正公自己舍银五十两，助建三峰寺大殿并钟鼓楼三所，功果完成"。

洪武初年的这次重建，让太初离开广度寺，来到三峰寺。是过来主持重建，还是建成后来寺住持，没有明确记载。崇祯《泰顺县志》称之为"自太初之后，可称中兴云"。从县志的这一表述看，三峰寺在洪武年间的重建，是太初主持营建事务，因此才会有"太初之后可称中兴"之说。

最后"再迁护龙"。不论是广度寺还是三峰寺，都是当地世家大族捐资兴建的颇有年头的古寺，换句话说都是别人留下的基业。从后来其徒子徒孙的口口相传里，可以发现在别人创建的基业中坐享供奉，不是太初想要的生活，"无功而食于人，曷若自食其力"，终于在三峰寺转入正常轨道后，太初在离罗阳10里外的山交村开始最后的创业：建造山交龙护禅寺。

山交村，得名于村东侧溪水两岸山的形状。从南院发源的察溪，流经今天的南山水库坝头处时，遇到悬崖突然下坠，一道飞瀑直冲溪底，形成20多平方米的深潭。自古相传潭中有龙栖息，故名龙潭。龙潭上方溪水两岸的山峰，斜向相迎，几欲相交，山交由此得名。其下的龙潭因此名为山交龙潭。唐末库村吴姓始迁祖吴畦慕名前来游览，留下《山交龙潭》诗："两岸相交臂，溪穿混沌地。臂下无底潭，云雨鱼龙戏。"可以想见此处溪山境况。

太初于此建造的新寺院取名龙护禅寺，融入了山交龙潭的传说。"龙护"，顾名思义，就是得到龙潭下潜伏神龙的庇护。当然也不排除太初自己的意愿，希望自己做一条龙，护佑周边的乡民，让他们免受灾患侵扰，平安生活。洪武初年，今天的泰顺境内战乱频仍。特别是洪武十四年(1381)叶丁香农民起义军入境活动，带来了巨大的破坏。为此朝廷派遣延安侯唐胜宗入山剿灭。泰顺建县后第一任教谕熊相撰写的泰顺《建置记》记载："洪武辛酉，青田叶丁香叛掠至境，众附之。安远侯（应是延安侯之误）帅师至罗阳，戮亡者十九。"从中可见，这方土地上的生民确实需要护佑。清雍正《泰顺县志》关于太初的记载里提到"时王师讨叛，启原偕徒为乱军所获，总兵富爵异之，相与谈空结聚，乃获免"，讲述的就是这一时期的遭遇。

龙护寺建成后，太初再没有离开，直至永乐五年（1407）三月初一圆寂。其间，太初与刘基的孙子在龙护寺有过一次交集。《分疆录·寓贤》："刘㸖（廌）：青田诚意伯文成公孙、阁门使璟次子，博学笃行，居盘谷，著有《盘谷集》。永乐壬午寓龙护寺，与僧启元（原）谈禅，最为相得。归时元饯以诗，有'道服再传韩文公'之句，见夏存《龙护寺碑》。按：壬午靖难之际，凡不屈诸臣多没及家族，㸖殆为避祸来游欤？"

泰顺建县于1452年，太初圆寂时山交、罗阳都还是瑞安县辖下，因此禅宗典籍里称呼瑞安罗阳、瑞安山交。至于《续指月录》里将龙护寺写成护龙寺，属于笔误。也许正是因为"瑞安护龙"的笔误，致使地名难以查考，也让太初的栖身处更为隐秘，不易为后世所知悉。

（本文简略版原刊于 2024 年 3 月 19 日《温州日报》风土版"千年古港，宋韵瓯风"专栏）

回族民间航海家郭祖金

⊙ 杨道敏

清宣统年间，平阳县镇下关（今为苍南县霞关镇）商人便将本地盛产的大米、明矾等转运台湾出售，以赚取差价，促进了镇下关商港的形成。镇下关港地处浙江、福建接合部，福建惠安、峰尾、崇武、百崎、海增等地很多商人历来就利用海路之便，在镇下关做生意，使镇下关港于清末至民国年间便成为浙南、闽东对台海上贸易中心。

航海少年脱颖而出

郭银法，福建省泉州市惠安县百崎回族乡人，1921 年迁居镇下关，1925 年创办"同益号"商行，经营水产品、南北货生意，兼营航海运输。

郭银法之子郭祖金（1911—1980），少年时就读于泉州教会学校，1923 年高等小学毕业时，天资聪颖的他已能写得一手漂亮的毛笔字，打得一手好算盘，在百崎民间已称得上"土秀才"了。当年 13 岁的他即开始跟随航海经验丰富的父亲出海，学习航海技术和贸易经验，为"同益号"商行供销商品。同年移居镇下关，协助父亲管理"同益号"商行。

为扩大经营范围，"同益号"商行在 20 世纪 30 年代独资建造两艘大型三桅木帆船（俗称"山东船"），吨位均在 100 吨以上，营运于泉州至青岛航线。每年四五月，这两艘"山东船"满载南方土特产自泉州乘西南季风北上，到达青岛；八九月又载着北方物品南下，利用价格的地区差赚取利润，增加资本，扩大再生产，郭祖金都亲身参与。既有文化又有丰富航海经验的他，不出几年时间，便在同族子弟中脱颖而出，毫无争议地成为船队老大。到了 1941 年，"同益号"已经拥有 20 多间二至三层楼房的营业大厅以及仓库、宿舍等，成为浙闽沿海比较有名的商行。

郭祖金的家乡百崎是华东地区最大的回族聚居地，地处泉州港外港，是海上丝绸之路的重要节点。民国时期的惠安是一个石头加地瓜的穷县，连年干旱，农业歉收，人民生活困苦，一日三餐多吃稀饭。不少居民南下北上，有的远渡南洋，以求新的发展；有的北迁江浙，另找生路，郭祖金的亲属就有很多人到镇下关谋生。由于"同益号"商行的生意做到青岛、上海、舟山、石浦、温州、台湾和菲律宾、马来西亚等地，这些港口城市都有郭祖金的亲属在经商，为他的供销商品和海上运输货物提供了极大的方便。"同益号"商行鼎盛时期，开辟了北至山东、辽宁，南至福建、台湾甚至东南亚等多条航线，跨越中国南海、东海、黄海、渤海四大海域，商贸活动遍及中国多数沿海港口。

三次支前腿部受伤

1939 年至 1942 年，侵华日军飞机先后五次轰炸镇下关，人民受害，百姓财产损失惨重。尤其是 1942 年 6 月 9 日，日舰 9 艘侵犯镇下关，先用大炮轰击，继而日军登陆，杀死、杀伤数十人，毁房 214 间，抢掠大批大米、白糖等物资而去。"同益号"商行 20 余间房屋全被烧毁，财产损失殆尽，两艘"山东船"连同运载的货物也分别在舟山、福建被日军烧毁，"同益号"商行被迫倒闭。从此，郭祖金只能购买一艘载重量十几吨的小船继续搞海上运输。

1949 年 8 月 17 日福州解放后，解放军组织解放平潭战役。是年冬，郭祖金的货船在运本地产三矾海蜇皮赴福州港销售时，被解放军征用，船中包括他自己在内的 3 位船员全部被动员去参加攻打平潭的战斗。郭祖金经常在这一带航道航行经商，对这一带海域十分熟悉，该船在他的引领下，一路航行顺利，乘船的解放军官兵全部顺利登陆平潭岛，解放了平潭岛，但郭祖金腿部在战斗中受了伤。

1953 年初，郭祖金为购买一艘上百吨的机帆船，将海上运输生意做大，狠狠心变卖了靠近霞关港的海边房子，得银圆 501 块，全家搬到山腰上的"同益号"商行库房居住。1955 年 2 月 10 日晚 10 点左右，驻守温州的解放军步兵一〇三师三〇七团第二营 4 个连，在第一营的密切配合下和海军温州水警区巡逻艇大队的护航下，从鳌江海防沿线启航，前往解放浙江最南面的台山列岛（今属福建省福鼎市），对当地海况极为熟悉的郭祖金义无反顾地负责驾驶自家机帆船火线支前，运载登陆部队，并负责领航引路。这一条航路暗礁很多，夜间航行更加危险，很容易出事。但郭祖金的航海图中，对这一条航路特别是台山列岛各岛礁的方位、航道、潮汐情况都有详细记录，胸有成竹，顺利运载部队登陆，攻占了台山列岛。

2月17日零时，海军温州水警区巡逻大队第二分队全部舰艇4艘53甲（黄埔级）50吨级巡逻炮艇掩护陆军7艘登陆艇和郭祖金所率"同益号"商行的1艘机帆船，在鳌江口运载第二批驻岛部队1个高炮营与1个野炮连去支援台山列岛，并将部队的生活物资按时运到台山岛。"同益号"商行的这艘支前机帆船在台山列岛港口受到敌机猛烈扫射，船上3位船员中，有一名年轻水手大腿被子弹贯穿，受了重伤。郭祖金因为出色完成了支前任务，而受到霞关驻军独立二支队一营教导员马继堂的赞扬，两人的良好关系保持终身。70年代，马维堂担任福州军区直属门诊部政委，成为正师级高级军官，当他得知郭祖金患肺部疾病，两次从福州寄特效药"利福平"给郭祖金服用。

手工绘制航海图册

1955年国家对海上运输船进行公私合营，郭祖金家的机帆船入股，大家公推他担任新成立的霞关运输站船老大，因他为人公道，能够服众，富有航海经验，各地又有各种关系。此后他长期担任老大。他经常航行于东南沿海，南起泉州港，北至青岛港是其主要航线。温州港也是他经常去的港口，南下时，主要是把北方的煤炭和石浦、舟山的海鲜运到温州，再把温州的百货运到鳌江、霞关甚至更南的地方；北上时，也把霞关、鳌江的水产品运到温州，再把温州的产品运往北方。温州港有一批郭祖金的百崎族亲，早在清末民初就来到这里经商定居，给郭祖金的运输提供极大的方便。

郭祖金少年时代就不像其他年轻人一样，耐不住海上生活的枯燥和寂寞，反而一直对经过的港口岛屿、潮涨潮落极感兴趣，有空时就写写画画，零零碎碎地记录沿海的山海岛潮等信息，为他以后整理绘制航海图提供了良好的基础。在长达57年的漫长

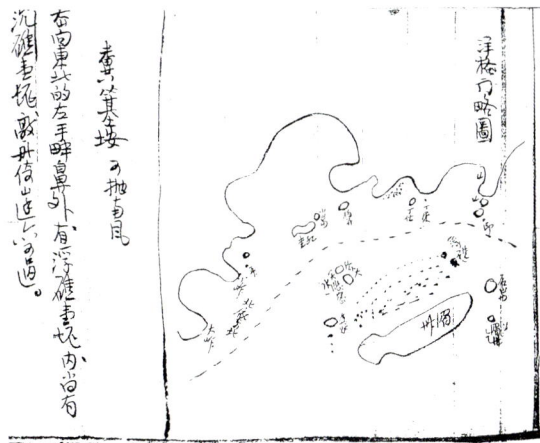

郭祖金航海图里福建湄洲岛洋格门航道略图（郭琼林／提供）

航海生涯中，郭祖金几乎有一半的时间生活在海上，积累了非常丰富的航海经验，熟悉船舶性能、航运技术和航海路线。长期航行于波涛汹涌的大海上，他深知航海的艰辛和风险，为帮助同行业者更好地熟悉海运状况，最大程度地避开风险，他每到一地，都要详细观察当地的海洋环境，并亲手绘制当地的航海图，记录下

苍南霞关镇老街"镇下关口述馆"（杨道敏／摄）

中国沿海各地甚至东南亚各地的港口、航道和海况，几十年间详细记录了中国四大海域主要航道和主要港口的潮汛、洋流等，探索航海必须遵循的自然规律，形成了青岛—泉州—东南亚各国的海上航海图。在这些航海图中，他对南至台湾、东南亚，北至山东、辽宁这一航线中所涉及的山岰、岛屿、礁石、港岙等情况都有详细记载，同时配有部分示意简图，作上标注，还补充了如何行船、如何泊船和潮涨潮落等，成为当年本地民间航海者的指南。

在山东行船的记载中，他以"山东针路"为名，对青岛胶州湾、刘公岛、鸡鸣岛、崆峒岛、芝罘岛（子午岛）、靖海卫等地方及周边的礁石、地质等情况分析得较为透彻，多达 10 余页。他把这些航海资料装订成册，保留至今。其中 1～38 页是郭祖金长期航海经验的亲笔记录，第 39 页以后是郭祖金从民间收集来的中国沿海航海指南手抄本。

2017 年 8 月郭祖金之孙郭廷坚、郭廷源和孙女郭琼林根据手头资料，编辑了《郭祖金航海指南》第一集，使之成为霞关航海文化的原始资料，为研究当年霞关的航海情况和海上贸易提供了详尽的第一手资料。2020 年，为纪念"同益号"商行和郭祖金对霞关的贡献，郭祖金孙女郭琼林投入大量资金，并广泛搜集资料，在霞关镇老街建立"镇下关口述馆"，通过手绘航海图复印件、挂图、音像等形式，展示"同益号"商行的创建历程和郭祖金的航海经历。

（本文原刊于 2024 年 4 月 7 日《温州日报》风土版"千年古港 宋韵瓯风"专栏）

商港经济

贾客四方民
——温州为何能成为千年商港

⊙ 金柏东　金丹霞

　　"温州好，贾客四方民。吴会洋船经宿到，福清土物逐时新，直北是天津"，清代孙扩图在《江南好》组词中除点赞温州"宜晴宜雨天较远，不寒不燠气恒温"的温润气候外，还写出温州四方商家云集、各地商船泊岸、时新货物荟萃的繁荣商港场面。早在战国时期，温州就已形成港口雏形，因"控带山海，利兼水陆"，被南北朝郡守丘迟称作"东南沃壤，一都巨会"。唐代后期温州成为中日交通往来的重要港口，宋代又得以长足发展。尤其在南宋，温州港口商贸达到全国前所未有的优势，在随后的元明清也一直保持。一座千年商港的形成，必然是多方因缘的会合，本文试从历史上温州水上交通、农产品手工业品发展以及港口经济腹地等方面，略述温州形成繁荣商港且经久不衰的密码。

水路发达，畅通各地港口城市

　　温州地处东南，通江达海，拥有 355 公里黄金海岸线；兼备河港、海湾港，水路交通便捷。汉武帝建元三年（前 138）闽越发兵围困东瓯，汉王朝派兵"从会稽浮海救东瓯"（《史记·东越列传》），可见在西汉时温州与会稽之间已有水路交通。唐时，温州与福州、处州、台州等地都已有水陆相通。如《元和郡县图志》载温州"西南至福州水陆相兼一千八百里"。唐天宝二年（743）浙东海盗吴令光曾攻占温州，封锁海上交通，于是"海路塞，公私断行"，可见当时交通往来多仰仗海路。温州不仅通达国内港口城市，唐时已有航线与日本、新罗相连。中日之间僧人、客商往来，常通过温州作为中转。唐天宝三年（744）鉴真和尚准备第四次东渡日本时，即打算先由宁波南下至温州，再乘船前往福州渡海。

　　温州最早与日本直航，有文字记载的应属海商李处人。据日本《安祥寺惠运传》载，唐会昌二年（842）海商李处人花了三个月时间，用楠木造了一艘大船，由日本值嘉岛（即平户岛）出发，经六天航行抵达温州。到唐后期，温州已成为中日交通往来的重要港口。日本木宫泰彦《中日交通史》载，开成四年（839）

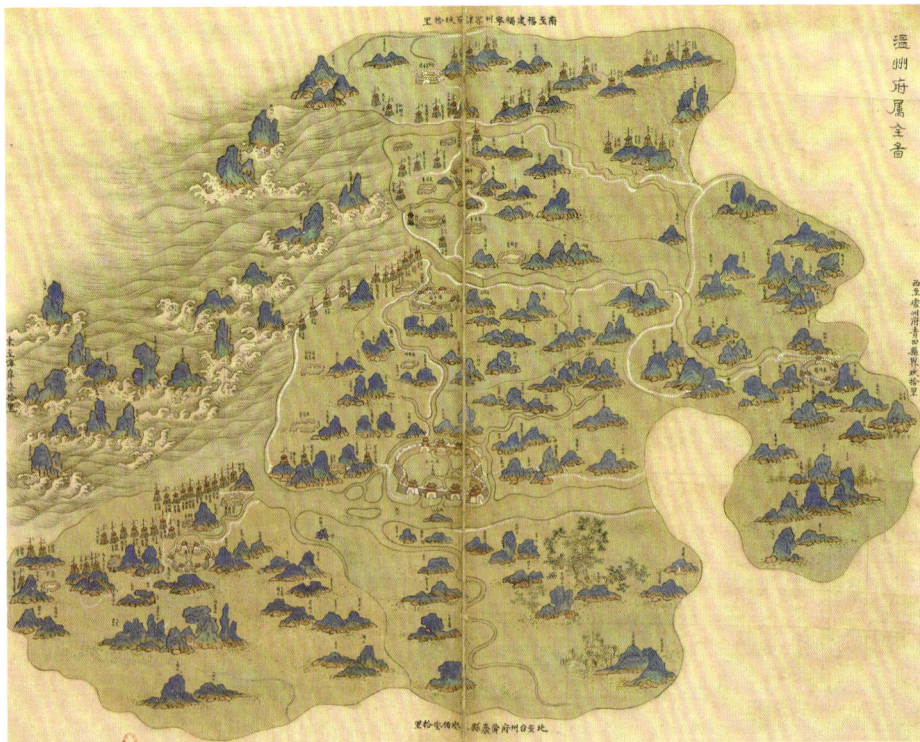

约清康熙年间《温州府属全图》，方位为左东右西，上南下北（法国国家图书馆／藏、陈斌／提供）

至天祐四年（907）约70年间，温州是中日商船进出、停泊的沿海港口之一。日本名僧圆珍、慧运都曾搭乘商船入唐求法，经过温州后再转往天台山、五台山等地朝圣。圆珍经过温州时获取三张路证公牒（横阳县公验、安固县公验、永嘉县公验），现均藏于东京国立博物馆，成为温州与日本往来交流的重要物证。

"江城如在水晶宫，百粤三吴一苇通"，这是南宋陈傅良对温州交通便利、城市繁荣的生动描述。南宋陈则翁在《回回僧》中有"秋风响耳环，古怪聚人看""亦有西来意，相逢欲语难"等诗句，形象描述了异域人士纷至沓来的景象。南宋洪迈在《夷坚志》中还记述了海上巨商为避风泊船于江心孤屿和麻行码头，并举行祭风的水陆道场的情形。及至元代，温州港口设施日趋完善，城区北门沿江一带筑成"大石堤延袤数千尺"，并建有"以俟官舸"和"以达商舟"的两类码头，分别供官船和中外商船靠泊之用。海船可直达高丽、日本、西亚、南亚和东南亚等地的许多港口。元贞二年（1296）二月二十日，温州人周达观就是从温州扬帆出使真腊（今柬埔寨）。

明代弘治《温州府志》记载：温州港南至闽、广，东至日本，北至淮扬，"无适不达"。因海路相通，常有外国船只在海上发生不测，漂流至温州的记录。据《温州府志》载，元延祐四年（1317）婆罗国（今文莱）60余名商人乘大小两艘船出海贸易，不料途中遇大风，大船被吹坏，14人所乘小船漂流到温州海面，停泊于中界山。次年冬又有载着金珠、白布等物品的日本商船漂流至平阳大岙海滨。温州是暹罗国（今泰国）出使中国的必经之地，明洪武八年（1375）八月暹罗国正使冒罢坤信、副使诏毡哆罗，携带大象、西洋红布兜、罗锦被、象牙、胡椒、黄蜡和真香等贡物，乘坐海船进入温州。大象这庞然大物想必已难以再继续长途跋涉，于是被寄养在开元寺（今城区公园路口）。使节转赴京师（南京），至第二年始回本国。

福州至琉球国那霸航线，也必经温州近海。"回福州出那霸港，由姑米山取温州南杞山、台山、里麻山（一名霜山），收入定海所，进五虎门。"（清周煌《琉球国志略》）南杞山即今平阳南麂岛。

移民会聚百工之城，商品经济发达

当时民间商船运往日本的货物品种繁多，主要有瓷器、丝绸、蠲纸、经卷、书画、佛像雕塑等。进口主要有砂金、水银、锡等金属以及棉、绢、香料等物品。

温州是个移民城市，历史上有数次人口大进的记载。除晋代衣冠南下，唐中期至五代，北方人口大量迁移江南，温州流入的人口增加。据《旧唐书·地理志》记载，唐天宝年间温州户数四万二千，人口已达二十四万余。宋明清时期，温州也有多次人口大量迁入的记录。人口流动带来的文化、手工技艺，再结合温州人多地少等地域特点及温和气候，使得温州成为"百工之城"。其中农副产品和手工业高度发达，成为出口商贸主要物品。如五代十国时期，温州隶属吴越。吴越沿海航运发达，"航海所入，岁贡百万"。朝廷为增加财政收入，在温州设立博易务[1]，管理海上贸易。温州主要出口的物品包括瓷器、茶叶、蠲纸和丝绸等。

北宋大中祥符年间，政府为提高水稻产量，大力推广高产、早熟、耐旱的占城稻。占城稻在温州引种成功，粮食更加丰足，人口数量明显增加。北宋太平兴

---

[1] 编者注：此说学者有不同看法。2003年6月《海交史研究》刊载何勇强《吴越国对外贸易机构考索》，认为五代吴越国并无管理对外贸易的官方机构。博易务是商业机构，并不设在吴越国内，而是中原王朝的沿海。

国年间，温州户数四万出头，多于宁波的近三万、台州的三万多、金华的三万多（《太平寰宇记》）。到元丰年间，温州户数中，主户八万余，客户四万余（《元丰九域志》）。南宋嘉熙四年（1240）知府吴泳到任上奏说温州"户口几二十万家"，即有八九十万人。温州城内居民当有十万人以上，又有大量的流动人口。

人口的增加，手工业的发达，推动了经济社会的发展，温州城逐渐发展为繁华的商贸城市。城内大小店铺密布，诸行百业齐全。北宋熙宁十年（1077）温州商税全年收入达25391贯，超过已设市舶务的宁波全年商税（其税额为20220贯），也比福建路的泉州城、广南东路的潮州都多。宋绍兴年间中书舍人程俱不由发出"其货纤靡，其人多贾"的感叹。

设立外贸口岸，位列全国十大港城

温州港在宋代进入鼎盛阶段，港口桅樯林立，商旅众多。名臣赵抃在《自温将还衢郡，题谢公楼》诗中描述了当时"城脚千家具舟楫，江心双塔压涛波"的情景。瓷器、漆器、木雕、丝绸、蠲纸等制作精良的手工业产品，大多经水路运销国内东南各省，有的也销到国外，可谓产销两旺。水稻、茶叶、柑橘得到大规模栽培和种植。茶叶、柑橘也随同瓷器、漆器等工艺品销往外地。

南宋时期，温州正式成为官方外贸口岸。这事说起来与宋高宗赵构避难温州大有干系。宋建炎三年（1129）年底，宋高宗赵构为避金兵，从扬州仓皇南奔。后在金兵追击下，被迫与大批随行人员乘船避于海上。直至次年正月，高宗御舟经台州洋，向温州港靠拢，二月初二到达温州江心屿。赵构回杭州后，即提出开放政策，以开拓海疆为发展战略，并在温州设立管理对外海上贸易的机构市舶务[1]，使温州成为继广州、杭州、宁波、泉州等之后，全国沿海设立市舶务的十个港口城市之一，同时还设立来远驿等接待外商外宾。

温州市舶务曾不慎遭遇火灾。《宋史·五行志》载："（绍兴十年）十一月丁巳，温州大火燔州学，酤、征舶等务，永嘉县治及居民千余。"征舶务就是市舶务，临近州学和县治。宋代州学就在今温州城区公园路原工人文化宫旧址。[2]

日本、高丽、真腊等国商人纷纷涌入温州进行贸易活动，大量漆器、丝绸、蠲纸、

---

[1] 编者注：据2013年12月《浙江海洋学院学报（人文科学版）》刊登邱志诚《宋代温州市舶务设置时间考辨》，温州市舶务设置时间在建炎二年至建炎四年之间。

[2] 编者注：据南宋乾道四年至五年任温州知州的王之望《温州遗火，乞赐降黜奏札》记载"龙兴宫、开元观、嘉福院并当风头，不容拆救。内龙兴宫有市舶务一所，并皆焚毁"，可见温州市舶务后来再次遭遇火灾，其地址在城内龙兴宫内。另据明《弘治温州府志·古迹》"市泊（舶）务在龙首桥北"，同书《桥梁》"龙首桥在袭庆坊"，同书《桥梁》又有"市舶务前桥在兴仁坊"，而同书《坊门》"兴仁坊俗名油车巷"，市舶务或有过迁址，设在百里西路象门街一带。

经书和瓯窑青瓷、龙泉青瓷等物品由温州港销往海外各国。元代在温州继续设立海外贸易的管理机构市舶司，为全国七家之一，被称为"番人荟萃"。

对内贸易异常发达，货物商船交汇

明朝建立后，实行与宋元时期完全不同的"海禁"政策，规定只有"朝贡"的船只才可以附带其他物产来华，与民互市贸易，致使温州的海外贸易几乎处于停滞状态。在外贸萧条境况下，对内贸易却异常活跃，"蛮海、闽广、豫章、南楚、瓯越、新安之货，日夜商贩而北"（明李鼎《李长卿集》）。

明《天下路程图引》所列全国水陆行程100条，其中有一条"徽州府由金华至温州府路"。徽商由此而来，"始贾瓯括，驺驺取赢"（汪道昆《太函集·松山翁传》），在温州设有徽州会馆。姜准《岐海琐谈》记载，万历二十九年（1601）苏州七艘商船驶至温州港进行贸易活动。吴宽在《鹿城书院记》中评说"浙水之东，惟温为上郡"。温处兵备道王景澄在《重辑温州府志叙》中说"人民辐辏，城郭楼橹屹然据东南，诚浙中一都会也"。明张邦奇在《后西亭饯别诗序》中记述："大舶数百艘，乘风挂帆，蔽大洋而下，而台温汀漳诸处海贾，往往相追逐。"可见当时贸易活跃，商船竞发。

清朝廷宣布"海禁"，严禁商民下海交易，"片板不准入海，犯禁者治以重罪"；顺治十八年（1661）又下"迁界"令，强迫沿海居民内迁，温州海外贸易完全处于停顿状态。朝廷的海禁政策对东南沿海影响巨大，温州经贸颇为萧条。康熙二十二年（1683）清政府平定台湾后，废"迁界"令，开"海禁"，二十四年（1685）清政府在宁波设置浙江海关，下辖温州、瑞安、平阳（鳌江）等各海关分口。温州海关分口的设立，标志着温州海外贸易的复苏。

浙江海关下属15个分口，温、瑞、平三关征税银一万多两。出口货物有白丝、茶叶、药材、纸、笔、墨、纸伞、草席等。诸定远在康熙《温州府志序》中描述当时商船云集的景象："联闽跨粤，航海而至者，风帆云集焉。"

200多年后，在洞头霓北乡发现的西班牙银币，正是当时海外贸易的见证。1987年3月出土的这两枚银币直径39厘米，分别重24.1克、24.4克。银币正面为双柱、王冠，背面为查理三世头像。银币上分别标有年号，一为1787年，另一为1790年，均为清朝乾隆年间。

带来城市发展，转型为现代化商港

经济的兴盛同时促进了城市的繁荣和市民阶层的扩大，为城市文化生活的丰富和多元提供了必要的物质基础和社会条件。

温州城区功能逐渐完善后，形成了"东庙、南市、西居、北埠"的格局。随着商业区和商业活动的增多，原先这种市（商业区）内不住家、坊（住宅区）内不设店肆的"坊市制"被突破，商业与居住逐渐混杂起来。"尚歌舞"的温州还迅速吸收了外来文化的影响，唐代顾况有诗句"东瓯传旧俗，风日江边好。何处乐神声，夷歌出烟岛"，即描述了这种文化交融、市民开心娱乐的情形。至宋代已是"十万人家城里住"（徐照《题赵明叔新居》），城内有"纵横一里""人群欢会"的"众乐园"与"八仙楼"等官家酒楼、娱乐场所。华灯初上，酒楼、歌馆便开始喧闹起来，坊市间演出南戏、小曲和杂技等，繁华程度与被称作人间天堂的杭州不相上下。

宋代温州城内街区格局方正，一坊一渠，舟楫毕达。北宋知州杨蟠对城内的巷弄重新规划，设为三十六坊。南宋戴栩撰有《重建三十六坊记》。叶适《东嘉开河记》载温州经杨蟠整治后，"环外内城皆为河，分画坊巷，横贯旁午，升高望之，如画弈局"。南宋咸淳元年（1265）又增设了状元、袞绣、祈报、丰和四坊，共计四十坊。坊内酒楼、茶坊、饭铺、浴室、瓦舍、勾栏应有尽有。

元代温州城内也有相当数量的商铺和行业。由于居民多，城市小，温州城显得十分拥挤。元代诗人陈高说："温城环十八里，居者二万家，薨连栋接，簇簇若蜂房，咫尺空隙，地不易得，故各为重屋以处。"（《不系舟渔集》）有"元代界画第一人"之称的温州画家王振鹏所作《江山胜览图》，真实描绘了当时温州街肆上的热闹场景——各类商品集中贩卖的药市、鱼市、马市、供品市等鳞次栉比，象牙、陶瓷等工艺用品琳琅满目，商贩、买家熙来攘往。街头还有背着琵琶和琴类乐器的艺人，有兴高采烈玩着蹴鞠游戏的市民，有围拢来看杂剧表演的行人，喧闹的市井氛围、浓郁的娱乐气息扑面而来。

明代温州府城内划分为东南、西南、东北、西北四隅，街坊数量大大增加，城墙外还有城南、广化、集云、望京四个厢。西郭、西山、永嘉场、瞿溪、荆溪、南郭等市集分布城市外。清康熙九年（1670）朝廷设温处道，辖温州、处州二府，治设温州。"海禁"解除后，城区复归繁荣景象。"万家城郭海天秋，几处园林任客游。烽火幸留完善地，繁华依旧小杭州（温郡富庶，俗尚繁华，向有'小杭州'之目）"（郭钟岳《瓯江竹枝词》）。夜间犹有一道亮丽风景线，"三更灯火映窗栊，宵市居然晓市同。夜禁七城都上锁，轻舟还有水门通"（方鼎锐《温州竹枝词》）。

沿着长长的海上通道，运走了一船船中国制造的精美瓷器、丝绸，却也迎来了西方列强的船坚炮利。大清封闭的国门在猝不及防中被轰然打开，中国被迫开启了近代化历程。清光绪二年（1876）《中英烟台条约》签订，增辟温州等四处通商口岸。随着温州海关和英领事馆的相继建立，温州逐渐向现代化港口城市转型，社会经济发生前所未有的巨变。

（本文原刊于 2022 年 3 月 1 日温州文史馆公众号）

木球盐舶纷如织
——温州曾是全国盐业产销中心之一

◉ 孤屿志

走遍天下离不得钱，山珍海味离不得盐。盐在古代有多重要？被誉为"国之命脉"。

地处东海之滨的温州，曾是盐业产销中心。海涂广阔，海水资源丰富，温州在生产海盐方面拥有有利的天然条件，因而产盐历史悠久，曾拥有五大盐场，是两浙海盐的主要产地。

温州所产出的大量盐货，经瓯江航运行销到两浙和江西等地。可能是为了便于商人贩盐至各地，元代瓯江边港口码头附近有永和盐仓。明清时期，朔门附近有一官方设置的批验所，用以核验从盐场运出的盐斤。

清代诗人方鼎锐《温州竹枝词》感叹道："木球盐舶纷如织，都付瓯江上下潮。"描绘出一幅盐舶交织在瓯江上的繁忙景象。

古人如何制盐？

先秦《世本》中有"夙沙氏煮海为盐"。相传在远古时期，炎帝神农氏属下有一部落住在山东一带，部落中有个人叫夙沙氏。有一天，他从海里打了半罐水放到火上煮，突然有一头野猪从他面前飞奔而过，他见状拔脚就追。等他捉住野猪回来时，发现罐子里的水已经烧干，只剩下一层白白的细末。他突发奇想，用烤熟的猪肉蘸着细末吃，味道竟很鲜美。这细末便是从海水里熬制出来的盐，夙沙因此被后世誉为"盐宗"。

温州地区也有着源远流长的制盐历史，先民"煮海为盐"，"积沙成城，以捍潮势……亭民取咸潮溉沙"，晒卤而成盐，制盐技术已经出现。

北宋乐史《太平寰宇记》记载刺土成盐法："凡取卤煮盐，以雨晴为度。亭地干爽，先用人牛牵挟刺刀取土，经宿铺草藉地，复牵爬车，聚所刺土于草上成溜，大者高二尺，方一丈以上。锹作卤井于溜侧。多以妇人、小丁执芦箕，名之为'黄头'，舀水灌浇，盖从其轻便。食顷，则卤流入井……"这说的是"刮泥淋卤"法。

简单来说，就是刮取海滨的咸土，将咸土堆在铺有茅草之处，茅草下埋有装卤水的"卤井"，利用潮汐获取高盐度的海水。卤制之后便是煎煮制盐。

在温州制盐史上，宋、元、明代大多采用刮泥淋卤、煎煮制盐。清代则推行摊灰淋卤、坦晒制盐，与前者相比，坦晒法成本低，劳动负荷轻，成卤快，产量高。洪炳文《瑞安乡土史谭·盐政》中这样描述："砂铺平坦地，旁开水沟，引潮入沟，泼水于坛，摊灰于砂上，至晚则推积成堆。次日仍拨水摊晒，约经三日，方好入漏。每卤一担，成盐十五斤。其色白，其味咸。"

温州地区有五大盐场

唐乾元元年（758）朝廷于温州置永嘉监盐官，这为永嘉场之始。永嘉场是"永嘉盐场"的简称，这里不仅是温州地区第一个产盐场所，也是全国古代重要的盐场之一，列为全国十监之一。唐代诗人顾况于唐代宗大历六年至九年任永嘉监盐官，衙门设在温州灰桥浦，盐场则在今龙湾永强一带。

宋代，随着全国政治、经济中心的南移，永嘉盐业蓬勃发展。朝廷在温州沿海共设置了 5 个盐场，分别为乐清天富北监场（今台州玉环境内）、乐清长林盐场、温州永嘉盐场、瑞安双穗盐场、平阳天富南监场。[1]

温州盐产量之多，一度成为两浙海盐的主要产地，甚至还出现了供过于求的食盐过剩危机。宋孝宗乾道年间，浙东温、台二州年产盐量 338692 石，然而年销量仅占年产量的三分之一。淳熙元年（1174）温州再一次发生积盐事件。据当时浙东提盐司奏称"温台州……常有积剩，不惟坐放卤沥消折，兼发泄不行，致拖欠亭户本钱……"南宋政府不得已下令"将亭灶相度斟量减并"，其中将永嘉场的 39 灶减为 34 灶。

盐政管理机构还设有盐仓，掌管本地产盐的收纳和支拨。瓯江堤岸边有永和盐仓，元至顺二年（1331）曾遭台风毁坏。《永嘉重修海堤记》有载"水暴溢括苍山中，被郡境，飓风激海水，相辅为害，堤倾路夷，亭随仆，永和盐仓亦圮"。

在清代叶应宿的《孤屿全图》中可以看到批验所的身影，这是产盐区到行盐各区间建立的盐引检验机关，对盐商从盐场运出的盐斤进行抽查核验。明洪武元年（1368），设两浙转运司专掌盐政，在温州拱辰门外设立批验所，清初盐政沿袭明制，温州批验所沿用了明旧址。[2]

---

[1] 编者注：据《宋史·食货·盐》、清《雍正浙江通志·盐法》（北宋至道三年）"温州天富南北、密鹦、永嘉二场七万四千余石"，清《光绪乐清县志·田赋·盐法》载北宋政和年间又置长林场，那么先后有过六个盐场。

[2] 编者注：据清《乾隆平阳县志·贡赋·盐政》，北宋熙宁五年已立温州检校批验所。

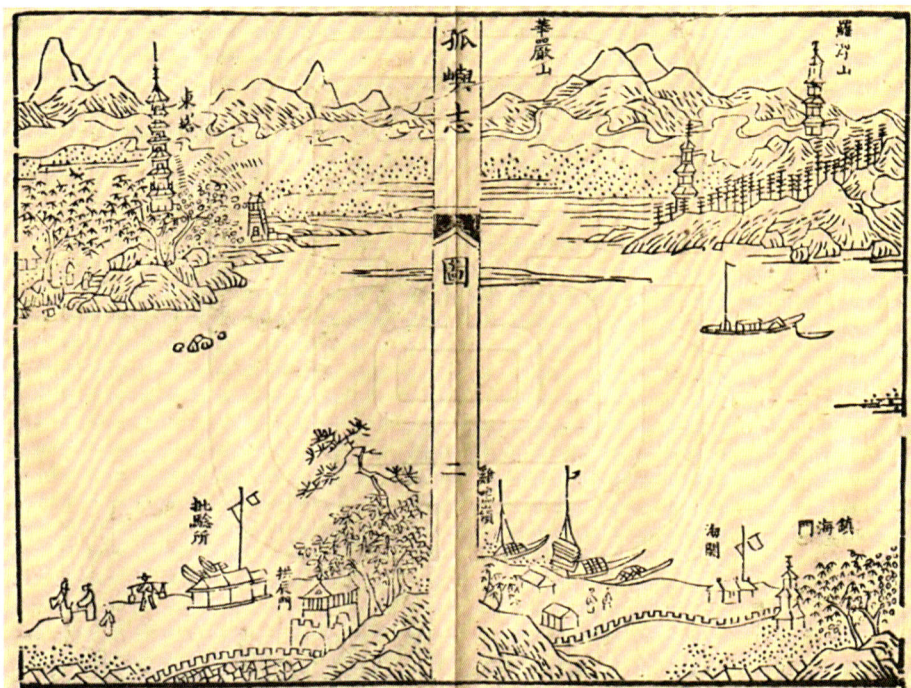

《孤屿全图》里的"批验所"（图左下方）

对盐的管控极为严格

盐的税利收入是历代官府的重要财源，唐朝有所谓的"天下之赋，盐利居半"。唐乾元元年（758）官收盐每斗（5斤）价10钱，而官卖价竟高达110钱，每斗盐盈利100钱，是原价的10倍。盐虽为微物，但利润极高。这也造成了许多盐官贪污钱财，中饱私囊。

为了防止腐败现象发生，皇帝制定了各种考核和业绩要求。没有完成绩效指标的，就要被责罚或撤职。比如清朝的盐务官更换频率非常高，基本是一年一换，偶尔才有两三年一换的。

古代，政府对食盐买卖的管控极为严格，贩卖私盐是不被允许的。但是私盐较之于官盐价格低廉，且质量好。盐价越高，私盐就越盛行。元代运输食盐由纲官押运，以防途中食盐走私偷漏，元贞二年（1296）八月命江浙行省调集船舰50艘、水兵2300人，沿海巡禁私盐，但私盐终难禁绝，仅延祐三年（1316）这一年之内，两浙私盐案就发生 200 余起。

明代私贩更是将其发展为武装走私。明洪武七年（1374）瑞安周广三（或云周大豹）贩卖私盐，集众 600 余人，出没平阳，瑞安筱村、百丈等地，杀三魁巡检。温州卫指挥王铭调处州守御副千户谢成，会同平阳守将谭济加以剿捕。

清代贩卖私盐的规模更大了，从事贩私的"游手之徒"已有数十万人。乾隆二十八年（1763）温州府总巡通判衙门有盐捕 20 名，各县盐区也配兵工防守。各个销岸又委托商人自设商巡武装。尽管如此，仍然无法堵截走私活动。

（本文原刊于 2023 年 12 月 8 日孤屿志公众号）

参考资料

温州市盐业志编纂领导小组《温州市盐业志》，中华书局，2007 年 6 月；陈彩云《元代温州盐政考述》，《盐业史研究》，2011 年 6 月；张方华《清代温州盐业考述》，温州大学硕士论文，2014 年 3 月；王兴文、张振楠《宋代温州盐业初探》，《盐业史研究》，2015 年 12 月；林伟昭《永嘉场制盐业史话》，瓯海发布公众号，2021 年 2 月。

千年商港之"商"是怎样炼成的

◉ 陈 复

楔子：叶适邻居是谁？

继唐五代稳定发展以来，宋代温州的生产力和经济水平不断提高，开始进入商业繁荣时期。尤其在城区、瑞安等地，商贾巨富尤多。如南宋时期瑞安城，住着一位名叫林元章的商人。与之比邻而居的，是从处州龙泉迁居此地的叶家。叶家在瑞安出生的孩子名叫叶适，其父课徒为生，家境清贫。长大后的叶适曾评价这位邻居"能敛喜散，乡党乐附"，是位经商能力强，为人有义气的乡贤。叶适师从的宋代名儒陈傅良是"永嘉之学"承上启下式人物。永嘉之学又被称作事功学派，主张"经世致用"，提倡"通商惠工"等理念。后叶适继承并将该学说推向成熟，成为集大成者。

工商互促，古代三次官方开放

在叶适与商人林元章比邻而居时，温州已作为天然良港被朝廷设为口岸开放数十年。当时的宋代连年战乱，西北"丝绸之路"受阻，偏安南方的朝廷急需开辟新的外贸途径。因受战乱影响小、经济相对发达，温州是知州杨蟠眼里的"小杭州"。对一个开放城市来说，社会稳定是先决条件，因此约在南宋建炎四年（1130），高宗赵构在温州设立市舶务，管理港口船只及商贸。这是温州历史上官方准许的第一次对外开放，延续到庆元元年（1195），共60多年时间。

开放给南宋温州商贸带来繁荣，国内外大贾商船纷至沓来，输入大量商品；同时，温州也输出青瓷、丝织品、漆器、柑橘、茶叶等。因温州水运便捷价廉，适合运送柑橘等大批量商品；又当时售卖柑橘的利润可观，宋代词人叶梦得在《避暑录话》称"橘一亩，比田一亩利数倍"，因此民间大量种植。叶适迁居温州城区时写有"有林皆橘树"之句，他是了解柑橘作为商品带来"富民"的作用。南宋温州的手工业中，以漆器、蠲纸等产品质量全国居前。这些农产品、手工业品除自足外，大部分被商品化。商品化是手工业发展的必然条件，"工"发展了"商"，

"商"促进了"工"，两者相辅相成，使得南宋温州"百工之乡"随商品经销海内外而名闻遐迩。

到元代至元十四年（1277），政府在温州设市舶司[1]，温州港重新开放。这次官方开放延续了十几年，到至元三十年（1293）温州市舶司被并入庆元（今宁波）。元代温州市舶司有"掌番货海舶征榷贸易之事，以来远人、通远物"之责，即除了管理港口进出船只外，还有对"进口货物征税、收购，接待客商"等事务。

为发展外贸，元政府提出优化"营商环境"的"引商"举措，宣布海外诸国商船"诚能来朝，朕将宠礼之，其往来互市，各从所欲"。具体做法有对商人及船工免杂役、给予自由交易等特权。此外，元代还推出"官船官本商贩之法"：政府提供船只、本钱，派出合适人选出海经商，所得利益三七分成（官七商三）。元代温州开放仅十几年，但商业规模较前朝有了很大进步，温州城区江滨一带呈现的繁荣景象，或可从王振鹏《江山胜览图》管窥一二。

明及清代前期实行海禁，官方贸易关闭，但民间走私频仍。从康熙二十四年（1685）浙海关设立温州分口恢复对外贸易后，到光绪二年（1876）温州被辟为对外开放商埠，这是温州第三次官方开放。进口洋货使得温州多数小手工行业受到影响，但同时也刺激了温州的茶叶、纸伞、柑橘、草席、屏纸等生产及出口。据《1920—1930年瓯海关贸易册》，1920年到1930年十年间，温州港出口茶叶近31万担，最多的一年为38000多担；纸伞1700多万把，最多一年达255万多把；柑橘28万多担，草席700万多条，屏纸21万多担。而随着进出口商贸的发展，温州民族工业也在逐渐兴起。

古代温州三次官方对外开放，虽然历时、广度、深度都不相同，但"工商互促""优化营商环境"以及民族工业兴起等，均为推动温州地区商业发展起决定作用。

内商繁荣，各地形成众多市镇

宋代温州商业发展，水路起到极为重要的作用。温州城乡水系发达，繁密河道给商品批量运输带来便利。城区之外，市镇经济逐步发展。市，即做买卖的地方；镇，较大的市集。温州城郊及诸辖县"以府城、县城为中心，形成卫星市镇群体"。

《元丰九域志》载宋代温州的瑞安、平阳、乐清三县有市镇7个，分别是瑞安：

---

[1] 编者注：参见明胡粹中《元史续编》卷一记载："（至元十四年十二月）立诸路市舶司：泉州一，忙忽带领之。庆元、上海、澉浦各一，令福建安抚使杨发督之……增杭、广、温三州市舶司，通七所。"

瑞安（今瑞安城关镇）、永安；平阳：前仓、舥艚、泥山；乐清：柳市、封市。

《宋会要辑稿》载北宋政府在温州设置了州城、瑞安、永安、平阳县、前仓、柳市镇等六务，以征收税务。这些市镇是随着各地农产品、手工业品的固定聚集销售发展而成。到南宋时，更密集的商品交换带来更多的人口定居，温州城区也在一步步扩大。州城周边兴起望京、城南、集云、广化四厢，温州成了当时浙南最大的工商业城市。到清乾隆年间，温州较大的市镇已有 38 个（据清《乾隆温州府志》）：

> 永嘉县：南郭市、西郭市、新桥市、永嘉场市、瞿溪市、荆溪市、外沙市、白沙镇、吴田市。
>
> 乐清县：柳市、新市、蒲岐市、窑岙市、万桥市、大荆市、水涨市、石马镇、馆头镇。
>
> 瑞安县：程头市、永安市、陶山市、瑞安镇（今瑞安城关）、三港镇。
>
> 平阳县（含今苍南境域）：县市、径口市、仪山市、南监市、将军市、垂阳市、南湖市、白沙市、平阳镇、钱仓镇、松山镇、蒲门镇、舥艚镇。
>
> 泰顺县：洪口市、百丈口市。

综观上述市镇，可发现大多位于水道汇集处。这些市镇经数百年烟云，部分仍是行政地名；市镇里的部分专业市场也依然留在地名中，如城区蒲鞋市等。

除形成的较大市镇，另有一种固定时间、地点，每年举行的会市，在温州城乡仍然活跃。如瓯海瞿溪二月初一会市、瑞安海安所清明会市，乐清的大荆、白溪、白石等地会市。本土经济学家将这种定期的市集定义为"较低级、较小范围内的农产品及生活用品的交易集市，是大中城市与较大市镇商品经济的补充"。

市镇发展带来密集人口和流动资本，"争权夺利"的纠纷难免增加。《隋书·地理志》曾载"永嘉之俗少争讼，尚歌舞"，到宋代温州判官郑刚中《北山文集》中则有"永嘉民顽喜讼"的印象。这也是因经济发展程度较高，财物流通频繁所出现的正常现象。

商之货币：纸币准备金与金叶子

商品交易离不开货币流通。宋代货币以铜钱为主，部分地区流通铁钱。但无论铜钱、铁钱，在商品交易发达地区，均不利商贾大量远程携带。北宋温州人、"元丰九先生"之一的周行己就关注到这个问题。

周行己（1067—1125），字恭叔，世称浮沚先生。他生活在商品经济发达的温州，深知商贾经销携带"体大值小"的铜铁货币不易。他在《上皇帝书》里表示"铁钱脚重，转徙道路，不便于往来……不便于商贾"，因此提出"欲各于逐路转运司，置交子（纸币）……约所出之数，桩钱以给，使便于往来""朝廷岁给逐路籴买之数，悉出见钱公据，许于京师或其余铜钱路分就请，以便商贾"。他提出用发行纸币准备金兑换的方式，减轻商贾行囊。周行己是中国提出纸币发行准备金第一人，被称作北宋时期货币思想的集大成者。

除纸币准备金，宋代发达的商品经济使得贵金属货币被普遍使用。1992年，位于温州城区古永宁门和古仓基附近的水仓巷（今温州人民路小南门一带）出土四件黄金叶子和银铤。出土的金叶子"由四层金箔正面朝背折叠轧压而成"，长宽分别约为10厘米、7厘米，重近38克，上钤"霸北街西""韩四郎""十分金"等铭文。据浙江财税博物馆李小萍《南宋黄金货币的瑰宝：金叶子》一文，"霸北街"是南宋临安地名，表示金叶子属开设该处的金银交引铺所制。金银交引铺是宋代一种特殊店铺，除金银首饰等日常业务外，还具有"兑换政府专卖品钞引"的功能，如"金银茶盐钞交引铺"等，显示了与当时盐、茶等国家专卖制度的关联。这类店铺是具有官商性质的民间金融机构。"韩四郎"是店铺名号，"十分金"表示黄金成色。据屠燕治《南宋金叶子考述》文字，一枚近40克的金叶子，可兑换铜钱35千文。

随四件金叶子出土的，还有一枚银铤。其实早在1985年，洞头已出土有四件银铤。其中完整的银铤重约283克，其余三件被切割成小块。银铤表面也有"霸南街北""京销银铤"等铭文，可见同样是流通自南宋京城临安的金银交引铺。

那么温州作为当时经济较发达的地区，有无开设类似金银茶盐钞交引铺呢？这里有两件出土的银铤，或可证温州是有官方性质金银铺

1992年鹿城区人民路出土南宋金叶子

的：一为南京出土（今藏浙江博物馆），上有"康乐坊西""孙宅渗银""重二十五两""循州上供银"等字号。可见这是一件在温州打造的银铤，被广东循州府作为贡银上供朝廷。另一件银铤为外地收藏家所藏，上有"温州马曹头""重十贰两""谢铺"等戳记，表示这件银铤为今温州马槽头一谢姓金银铺所打造。

黄金白银作为贵金属货币，并不宜直接参与日常小额交易，但可随身轻松携带，方便兑换铜钱、钞引，或直接从事大宗买卖等其他更多功能。南宋金叶子、银铤等特殊货币在温州的出土，成了温州城市商业交易繁荣的佐证。

商之理念：理财、富民、重视工商

周行己的货币思想与永嘉之学一样，都是植根于温州这片商气、文气兼具的港口城市。

永嘉之学形成于南宋乾道淳熙年间，其重要思想之一即为"理财、富民和重视工商"。这或许是该学派诸位代表人物从自身感受出发，推及众多温州人"为工、为匠、为负贩"现象而形成。作为将永嘉之学推向成熟的集大成者，叶适从自身实际生活出发，深切了解物质于人民幸福生活的必要性，明白城市工商发展的重要性，认识到商品经济对国家、社会发展的作用。

叶适生活的南宋，封建政府长期以来实行的"重农抑商"已不利于商业进一步发展，因此叶适一是提出"农商皆本"，认为商业是农业的补充，要求废除对商业发展不利的税赋等政策；同时鼓励工商发展、提高商人地位（如商人可入仕等）。二是要求政府打破垄断行业；允许百姓"理财"等。所谓理财，是请求政府放宽政策，让民间资本参与经营活动。"理财"可以"富民"，富民才能强国。此外，叶适也倡导了南宋的货币政策，为调整纸币过量发行带来的弊端，提出解决方法和具体要求。

有人说，永嘉之学的思想是从实践中来，再到实践中去，因此"经世致用"千百年来影响这片土地上生活的人们，从而"奠定了历代温州人重实际、求实利、讲实效的思想基础"。我们不妨通过"叶适论语"找出与如今温州商人的部分共性："以天下之财与天下共理之"——鼓励民众参与商业活动、扩大商业视野；"既无功利，则道义乃无用之虚语尔"——永嘉之学中不空谈道义的"务实"观点，被多数人赞赏和接受；"迎其端萌，察其逆顺而与之始终"——敢为人先、勇于创新并坚韧不拔的精神是如今多数温商的写照；"以利和义、崇义养利、成利致义"——对商人品格提出要求，取得财富的人要"好义"，既能"敛"，也善"散"，为社会、国家作贡献。

叶适等人倡导的"经世致用"理念，被晚清一代大儒、温州人孙诒让所继承和实践。他也"重视经史和政治制度的研究"，通过《周礼正义》《墨子间诂》等经典的诠释，寻求新的救国富民途径。他以兴办教育、实业等理念，为晚近温州教育、工商发展作出贡献。

"商"行天下，温州人怎样走出国门？

经济的发展带来文化的昌盛，宋代温州在教育、文学、学术等多方面迎来高峰，走出无数学有所成的读书人，科举进士数量居全国前茅，被称作"温多士，为东南最"。除从科举走上仕途外，还有不少温州人凭借家门口的良港下海经商。因此，宋代温州如叶适邻居这样的商人并不少见，而且一批商人开始走出国门，成了较早侨居海外的温州人。

如早在北宋，城区人周伫就随商船出海，到朝鲜半岛的高丽经商、定居。他积极参与高丽的政治活动，并对该国的科举改革、编修国史、建立外交等作出贡献，俨然一国之栋梁。南宋知名出洋做生意的温州巨商还有张愿，"世为海贾"，海上往来频繁，所得颇丰。另据俞文豹《吹剑录外集》载，宋理宗淳祐年间，温州人王德用因屡试不第，弃文从商，侨居交趾（今越南境内）。在交趾，王德用也参与国事，以才能获得外国人尊重。此外，元代温州人周达观出访真腊（柬埔寨）时，还提及南宋温州有商人薛氏已在当地侨居35年。

宋元时期出海经商、定居的温州商人，大都属读书人出身，在侨居地担任文职等官员。而晚近温州开埠，不少手工业者、农民脱离土地，随商船出国讨生活，成为温州海外移民。今文成县玉壶镇光明村是其中之一。该村从清代嘉庆二十五年（1820）后开始种植靛青这种经济作物，以提取染料。因有着不错的收入，村民为扩大生产规模，雇佣了不少工人。村民还开起染坊，对外加工染布等。但随着洋布、洋纱、化学染料占据温州城乡市场，他们失去赖以生存的市场，于是在外地亲友携带下纷纷出国谋生。该村如今是温州远近闻名的华侨村。

另外还有鹿城区七都街道，也是温州出国侨民较为集中的地方之一。当地农民在晚近开埠后多数受雇于在沪、温开设的洋行、洋公司，从事厨工等工作。他们随洋行辗转大城市，后大部分旅居欧美或中国香港等地，有的做餐饮经营，有的从事服装和皮具加工，也有部分从事商贸工作，成了岛上较早走出国门的侨民。

结语

历史上温州宋元两次官方开放，带来与东南亚、朝鲜半岛等周边国家、地区人员、经济、文化的沟通和发展；晚清时期，作为第三次官方开放的港口，温州商贸的触角延伸到欧洲各国。温州人在海外生活、创业，不少融入当地社会。到20世纪80年代以来，温州被辟为全国14个开放城市之一，温州港也被确定为全国沿海20个主枢纽港之一，进入改革开放模式。温州人以"小商品大市场"的理念，以"以天下之财与天下共理之"的视野，将温州这座历来人文渊薮、前辈读书多的城市，再次推向前列。如今，崛起的新一代温商或将"千年商港"与"幸福温州"再链接，走出与先辈相同却又迥异的现代儒商之路。

（本文原刊于2022年3月30日温州文史馆公众号）

参考资料

章志诚《温州华侨史》，今日中国出版社1999年5月；周厚才《温州港史》，人民交通出版社1990年2月；胡珠生《温州古代史》，中国文史出版社2019年11月。

千年商港的秘密贸易

◉ 潘猛补

温州地处东海之滨，自古以来靠海为生，海洋赋予了温州人独特的性格和心理：强烈的致富欲望和敢于冒险的精神。温州人不怕海，漂洋过海谋生对于温州人是一件很平常的事。日前温州古港遗址发掘出数以10吨计的龙泉青瓷产品，展现了当时海上贸易的繁华。除这些商品走向大海，走向世界外，同时还存在秘密的贸易，最典型的就是商品走私的出现，这不仅带动了温州的发展，也产生了严重的社会问题，但未被研究者所关注。

温艚之名盛传海上

由于宋朝实行食盐专卖，官府垄断盐业生产销售，盐商为逃避苛捐杂税和稽查，私盐贩往往多选择海路向外运售盐货走私。如《宋会要辑稿》记载："苏州界海内，捕得温州贩私盐万四千斤""温、明州私盐百余舰往来（长）江中，杀掠商贾，又各自立党，互相屠戮，江水为丹。（江阴）军城外公然卖盐，一斤五十钱。西上晋陵、武进境上数十聚落，皆食此盐。"

南宋前期，温州的私盐船更多地活跃于浙东及其北面海域，而到了南宋中后期，这些私盐船更多的是向南航行，开往闽粤沿海。这些走私私盐商人，泉州与广州的地方官曾用"温艚"一词称之，可见当时温台两州的私盐走私问题严重。如《宋会要辑稿》记载嘉定六年广东"肇庆府常于冬春之时，有温、台、明州白槽船尽载私盐，扛搬上岸，强卖村民"。知泉州真德秀惊呼："贼船只递年往来漳、潮、惠州界上冲要海门，劫掠地岸人家粮食，需索羊酒，专俟番船到来，拦截行劫。今来贼船已有一十二只，其徒日繁，于番船实关利害……贼船到此，多与居民交通，因而为盗……寻常客船贼船，自南北洋经过者，无不于此稍泊……当处居民亦多与贼徒交通贸易，酒食、店肆色色有之……居常客船、贼船同泊于此。"客贼之间关系密切，居民在此设置各色店肆，交易繁盛，海上民间自由贸易在这里悄然兴起。海商活动给当地居民带来经济利益，因此入港贸易颇受欢迎。

淳祐元年知广州方大琮也提到"又有番货，而自温、台、明、越来，大艑以十余为艜。有所产以养人，自外运去者，反以害人"，认为温州等处海商的商品流通行为没有积极意义而有害。实际上这是一场海上官私贸易战，是反对官方市舶垄断斗争，这在中国经济史是值得重视的现象，不能像方大琮那样予以负面的评价。

杨简之政誉满温州

南宋温州在海商贸易方面最值得称赞的温州官员是嘉定三年（1210）知温州的杨简。杨简（1141—1226），明州慈溪人，字敬仲，世称慈湖先生。其对温州发生的几次走私案断案公正，既不畏强权，惩恶劝善，又保护百姓，鼓励贸易，为温州繁荣而作出贡献。当时温州发生了一件重大走私案，"有私醢者五百为群，过境内，分司干官檄永嘉尉及水寨兵捕之"。根据宋法律，每都以文臣知州，管辖军事，出兵得经知州批准。可是永嘉巡尉轻薄傲慢，没有上报知州就擅自行动。杨简得知惊曰："是可轻动乎？贼徒五百，合家族何啻二千口？拒捕相杀伤，变在顷刻耳。万一召乱，贻朝廷忧，百尔其死，奚赎也？且兵之节制在郡将，违节制是不严天子命。违节制应斩。"认为将500人进行追捕会使社会动荡不安，而巡尉又属违法出兵，要杀一儆百，后经群官恳求，巡尉又有悔罪意，才将其释放，又奏告朝廷，还将分司干官罢免。可见当时走私商贩规模之大，杨简处理得当，社会得以和谐安定。

当时法律还规定商人出海贸易，须向市舶机构申报，领取海船出港凭证后方可出行。而这经官方同意的商业贸易，一般都是由官员或者是贵族背景的人所把持，一般民间商人无法得到文书，所

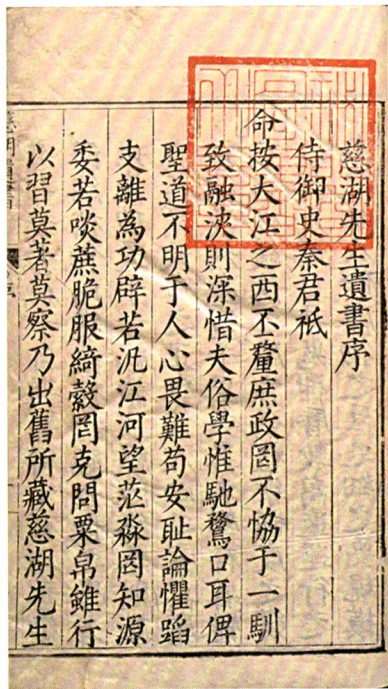

日本国立公文书馆内阁文库藏杨简《慈湖先生遗书》

以温州经常发生私自出海贸易事件。据《宝谟阁学士正奉大夫慈湖先生行状》载当时："濒海胶禁甚严，商人庾税阑出海。时副端方以威福奴视官府，二子新丧母，归辄衰衣造庭，挺身自冒。先生从容书状尾曰：'杨某老缪，不堪为郡，预乞一章，放归田里。'竟坐犯者如法。"当时温州有任殿中御史的儿子参与走私，仗势藐视法庭，故意穿衰服上庭。杨简不惜以辞职来抗争，终使官二代得到应有的惩罚。温州"闾巷雍睦，无忿争声""民爱之如父母"，家家都画像侍奉他。后离任时，温州百姓"老稚累累，争扶拥缘道""倾城出，尽哭"，其真正得到百姓拥戴。

舶征之宽增加收益

到了南宋末年，民间商人开始更多地参与到海上贸易活动中来，但海贸征税太重，不利发展。至咸淳二年（1266），江阴军知军赵孟奎在《便民札子》中要求"宽舶征"，认为"海舶置司抽解，必是海道要紧之冲、州县镇压之所。气势号令，蛮商听服。可以检防铜镪出界之弊，机察漏舶瞒税之奸……如温州，则以归舟恋家山，势同回马"，由此知温州海商多将贸易船舶驶回自己的家乡。江阴、温州等港"不无藉于海舶凑集之助，故市井热闹，郡计亦沾其余润"。如果收税太重，"商贾绝迹不来，通阛萧疏已甚""自失此利"。可见只有在对外贸易中商人有利可图，贸易才能发展，也可增加财政收入，实行互利。

温州海商为此而曾作过努力，值得一书。

（本文原刊于 2023 年 9 月号《温州人》杂志）

元代温州与温州港的缩影
——《江山胜览图》考

⊙ 余 辉

旧传元代王振鹏的《江山胜览图》卷（以下简称《江》卷），绢本、墨笔，画心纵 48.7 厘米、横 950 厘米，瑞士尤伦斯艺术博物馆藏。包首楷书题签"王振鹏江山胜览图"，卷尾有隶书名款"至治癸亥春莫廪给令王振朋画"，即元英宗至治三年（1323）三月，下钤"王振鹏印"（白方）、"孤云处士"（朱方）。

全卷没有引首和题跋，在卷首钤有该卷最早的收藏印"重诏"（半印，朱方），目前尚不知"重诏"为何人字号。卷首和卷尾共钤有清乾隆、嘉庆、宣统皇帝的收藏印玺十方，清《石渠宝笈续编》《石渠随笔》著录，将它断为王振鹏真迹。

图中人物与综合环境

首先必须弄清楚该图所描绘的地理范围、气候季节、人物族别等，无论是理论，还是实际，它们在地域上的逻辑关系应该是一致的。

（一）地理范围的认识

该卷是一件实景山水画，绘有许多海船、江船和渔港、海运码头，这里的城市建立在江海交汇之处，周围有群山环抱。画中的建筑样式有南方特色，画中的竹、梧、樟、柏、芦、荻等植物多生长于南方。图中绘有水牛、山羊等南方家畜，还出现了许多竹篱笆和不少竹制品。画中还绘有元代王祯《农书》中所说的南方江边的沙田，在街面上出现了卖海鱼的鱼市。综上所绘之物结合历史记载，该图绘制的大概范围可圈定在南方沿海山区。

画中不时表现出一些标志性的景物，为我们进一步确定该图描绘的具体地点提供了可靠的依据。

卷首绘有一座与山腰联体的石桥，其下涌出一股瀑布，此乃"石梁飞瀑"，是浙江东部天台山的"天台八景"之一，这个自然景观在中国沿海唯有一处。很显然，卷首所绘系浙东名胜天台山，"石梁飞瀑"位于天台山中，它汇集了东头的金溪和西头的大兴坑溪，汇成瀑布从山腰的石梁下倾泻而出。在"石梁飞瀑"

石梁飞瀑

江心屿与江心寺

的上方，也是"天台八景"之一"华顶秀色"，这一系列天台山上的景观证实了该图所绘之地。

画中出现的一条大江，无疑是距离天台山不远的瓯江，在江中，浮现一个有寺塔的小岛，那就是蜚声当地的江心屿，岛上的庙宇则是江心寺。在江畔的城市无疑是永嘉城（今浙江温州）。

江心屿在南宋以前分东西两个部分，中有流水贯通，形成双屿，分别有一座小山峰。南朝谢灵运有诗："乱流趋正绝，孤屿媚中川。"唐咸通十年（869）在东侧立东塔，并建有普寂院，在西峰建净信院，北宋开宝二年（969）在西峰立西塔。南宋绍兴年间蜀僧清了住持龙翔寺，他以土石填满了两峰之间的川流，将两刹合二为一，自江畔可拾阶登岸，径直入寺。寺的周围云水环绕，古木参天。必须注意到元代江心屿上的建筑受到了一定的损坏，东塔很可能就是在这个时期倒塌了，《江》卷中江心屿的建筑恰恰就是元朝的状态，没有了东塔，可见画家在该卷的方位概念是左东右西，下文提及的"在邵公屿东有邵公井"，画家也是将邵公井绘在邵公屿的左面。明朝洪武初年，江心屿大兴土木，建立了佛阁、法堂，开辟方丈室、官房，两翼建二庑，还临江建造了回廊。明正统年间和万历年间，当地多次修葺了江心屿上的古刹。明成化十八年（1482）在江心寺东建立了文天祥祠。结合历代对江心屿的营建历史，图中的江心屿绝非明代的建筑状况。

画中还出现了另一座城市，也有可供识别的地标级建筑。在江边绘有一屿，在《乾隆瑞安县志·山川》有明确的记载，不过，志中所述已是清朝中期的情景："邵公屿，在县治后，相传有邵公居此，殁为神，故名。其形如巨鳌，前江后河，左右山川环护朝拱，晋郭景纯因迁鲁岙旧县建治于此，今基地填塞，屿形尚存，榕树盘郁其上，清阴数亩，邑令薛改宅门后，树遂损坏，士民惜之。""邵公井，在屿东。"在《江》卷绘有一巨鳌形的江屿，其附近果然有一口水井，并建有井亭，无疑是邵公井。不过，画中的地貌是元代后期的情景。流经城边的大江必定是通向东海的飞云江了。

（二）寺庙建筑的认识

《江》卷反映了元代浙江东南沿海的宗教活动是以佛教为主的客观事实。该图因绘画主题之需，有许多寺庙，这些寺庙并非画家主观臆想，都是有出处的。在天台县以南，宋元时期的浙江东南名刹大多集中在永嘉和瑞安，该图客观地表现了当地宋代寺庙的基本状况，事实上，这些寺庙大都开凿于唐代，扩建于宋代，维护于元代，重修于明清。

在永嘉城与瑞安城之间出现了一座规模较大的寺院，它与一般寺庙建筑的不同之处在于其山门开在寺院的前左侧，寺庙依山起势，共有三进，一殿高过一殿，气势雄伟。这样的寺庙只有在今瑞安市仙岩仙南村积翠峰下见到，此即圣寿禅寺，是当地最著名的寺庙，堪称"东瓯名刹"。据《康熙仙岩寺志》载，该寺原名为仙岩寺，始建于中唐，北宋初年，高僧楞严遇安扩建此寺，并在此授经，声名始显。大中祥符二年（1009）宋真宗赐额"圣寿禅寺"，遂成今名。清顺治十七年（1660）平南将军陈典谟等重建该寺，在很大程度上保留了北宋的建筑格局，现存有天王殿、大雄宝殿和法堂。

在接近卷尾处，也是一古刹，据其画面，规模仅次于圣寿禅寺，在当地，只有宝坛寺可与圣寿禅寺相伯仲。该寺建于北宋元祐年间，位于瑞安汀田金后村岑岐山麓。今存有山门、天王殿、大雄宝殿、观音阁四进。周围巉崖环列如屏。林木繁茂，一片清幽。

（三）季节气候的认识

画家对各类植物的描绘是十分写实的，他结合诸多植物的生长特性，繁茂不一，没有自相矛盾之处，展示出春天季节的一致性。

画中的林木除少数之外，大多已返青，图中还展现了插秧等农事活动，表明此时已经过了播种的季节——谷雨，即农历三月十九日（公历 4 月 20 日）之后，画中绘有抬佛的情节，这多半应出现在浴佛节，即农历四月八日。综合各方面因素，该图画所表现的时节应是浴佛节。

（四）人物民族的认识

确定了该图所描绘的地域，就不难断定这个区域内的主体民族是汉族，他们依旧保留着南宋时期的衣冠服饰。这里的汉族文人有着深厚的民族意识，据《台州府志》卷一《风俗》载："吾乡士多秀而文章道德尚名节，言行本乎礼仪，闾巷弦诵之声相接。宋亡，缙绅往往窜匿山谷，或服衰麻终身，或恸哭荒郊断垄间，如丧考妣。"文人们的这种传统观念代表了当时广大民众对旧朝文化的依恋。正如元代诗人汪元量所吟："衣冠不改只如先，关会通行满市廛。"在图中可以看到汉族男女皆保留了宋代的衣冠服饰，许多人物的装束出现在北宋张择端《清明上河图》卷中，如下层百姓穿的宋式襦袄衫、裤等，在江苏金坛周瑀墓出土的服饰也印证了他们的穿戴系南宋之物，也有的文士还头戴南宋盛行的"东坡巾"和高桶帽等。如果以此为证，将该图定为南宋绘画，则会落入以孤证鉴定的误区，下文将找出属于下限朝代的衣冠服饰。

值得注意的是，画中出现了元朝蒙古族的人物形象，出现了戽斗帽。戽斗本是舀水的用具，其形底窄小而口敞，用藤和草编制而成。因蒙古人一种帽子的样式与此十分相似，故汉人称之为戽斗。另有一个骑马的男子，他头戴钹笠，身穿窄袖方领衣，这种元人特有的衣冠服饰在《元刻事林纪》的插图中比比皆是。钹笠俗称"鞑帽"，《草木子》载元代"官民皆带帽，其檐或圆，或前圆后方，或楼子"。

断定年代标记的三个要素

断定该画的年代标记就在其中，必须掌握其三个要素：

第一，画中的北方少数民族在什么时候有可能聚集于浙东沿海？根据民族学的理论，古代不同的民族有着不同的主要活动区域，当然，不能排除历朝历代还存在着一些民族杂居地区。现已排除画中描绘的地区属于非民族杂居地区，那么，考察画中少数民族的族属和地位，就能推断出这件古画的时代。很显然，只有在元朝，浙东沿海才出现了蒙古族官员和蒙军。他们与当时的社会背景有着深刻的联系，画中的蒙古族多着官服，有的是行伍装束，这说明他们是这里的统治者，更证实了该卷所描绘的是元朝社会。

明朝立国，蒙古人已退到了长城以北，不可能以统治者的面目出现在浙江沿海。再从民族心理学的角度分析，明代画家决不可能去表现前朝异族统治汉族的绘画题材，更何况该图把蒙古官僚出行的情景画得如此耀武扬威。

第二，人类的风俗活动如同他们所使用的器物、建筑等具有一定的时代性。特定的风俗活动一旦形成，便有相当长的延续性；当大规模的人物活动表现出强烈的目的性或功利性时，甚至成为某个历史事件，这就与时代有了十分紧密的联系。如画中所绘出海之前的佛事活动、集市上的医药活动等等。

第三，在画中辨别哪些营造构件与时代相关。营造构件如舟船、建筑等直接反映了物质文化的发展状况。由于某些营造构件具有长期承传的稳定性，用于鉴定古画的上下限时就会将时代拉长，孤立地用于鉴定古画的年代就会缺乏应有的准确性。只能去研究画中大多数营造构件的时代趋向，结合其他的相关论证，才有可能得出相对客观的结论。

综上所述，《江》卷的绘制时代应当是在元朝，这是一件纪实性绘画，描绘的地域必定是浙江东南沿海一带绮丽风光和风土人情，具体地涉及两山（天台山和雁荡山）、两城（永嘉和瑞安）、两江（瓯江和飞云江）、两寺（圣寿禅寺和宝坛寺）、一海（东海），描绘的时间是农历四月初八的浴佛节前后。

认知历史文化和艺术

《江》卷为"百科全书"式的绘画长卷，特别是该图在表现"佛诞节"这一天时，将元代浙江东南沿海地区的文化底蕴一一展示于众，涉及当时数十个行业，表现了"行行都好着衣吃饭"的繁荣景象。

1. **表现的统治秩序。** 蒙元中央政权形成了对省、路、府、县的层层统治。江南地区的统治采取众所周知的种族等级制度：依次为蒙古人、色目人、北人和南人。在《江》卷中，画中的人物大多是地位最低的南人，可以清楚地看到蒙古统治者在汉族统治地区里所享有的种种特权和排场，那些汉族腐儒和乞丐在街头的种种寒酸相，证实了元朝治者所推行的等级制度。

作者在图中表现了元朝蒙古人对浙东沿海的政治统治和军事管制的状况。全卷前后大约画了 16 个持械的军卒，其中表现了一些蒙古军队的仪仗和押运粮草的队伍，说明这里驻扎有相当数量的守备队伍。元朝统治者十分注重经略浙江东南沿海的军事布防和市面秩序，一方面，这里是元朝重要的通商口岸，也是元政权十分重要的财赋之区。另一方面，这里是遏制东南"内乱"的桥头堡。

2. **城建考**。画中连续出现了两座城市即温州府治永嘉和瑞安县治，与北宋张择端《清明上河图》卷截然不同的是，《江》卷中的城建几乎没有什么大型建筑，这是当时城市现状的真实写照。蒙古铁骑建元灭宋后，政治中心和社会发展的重心北移，元朝统治者着意在北方如大都、上都等营造政权的中心地带，而江浙则是向北方输送给养的起点站，保障元政府 70% 的财赋收入。

北宋后期，永嘉已初见繁荣。南宋孝宗朝，永嘉一郡的人口达到 91 万多人，其繁盛程度可想而知。然而入元，在浙江，由于蒙元灭宋的战争，大多数城市受到不同程度的摧残，浙江的大多数城市尚处在衰败之中。唯有例外的是浙江沿海城市庆元、永嘉等出现了前所未有的繁盛局面，如永嘉城内"百货所萃，廛氓贾竖咸趋附之"。

永嘉的经济是和那里的外贸密切相关的。永嘉港分担了庆元港的运量，海运地位仅次于庆元和泉州。瑞安则是次于温州和台州的港城。温州与瑞安的繁荣并不是元政权刻意经略的结果，而是当地丰富的物产和便利的海运成为元朝统治者最重要的财赋基地。纵览这一地区遗存的唐宋时期寺庙、塔桥等建筑方面的史料，很少有元朝的修缮记录，大量的修葺、新建工程多在明清两季。由于财赋之重，民间缺乏实力进行地方性的营造工程。整个元代，元政府为了最实际的经济利益，最关注的是与港口建设相关的工程，疏于营造浙东南沿海的宗教建筑，最著名的建筑是建在瓯江入海口的净光塔，它"雄镇一方""塔灯荧煌"，其次就是在瓯江下游建立了永嘉码头。画中的街肆虽较为密集，但颇为狭小破败，还有相当多的茅草房，与丰富的街肆贸易形成了一定的反差，与雄伟壮观的庙宇建筑形成了鲜明的对比。

在城市布局上，画家注意港区和市区的分离和衔接，在港区中，将渔船和运输船分离，以便于各归其属。在市区里，受南宋临安等大城市的影响，出现了专卖商品或专项服务的同类区即"市"，这是当时中小城市在商业布局上自然形成的相对集中与相对固定的"坐铺"，如药市、鱼市、马市、供品市等，以及地摊、游商等穿插其间。这并不是画家的刻意设计，而是当时市场管理与行业归口的实际状况。

3. 民俗综考。瓯越文化的一个重要特点就是敬神思想，这起自东瓯王，"汉东瓯王启土，俗化焉，多尚巫祠"，这种风尚随着东南沿海经济日益仰仗于自然条件而日趋盛行。在《江》卷中，无论是乡间小道，还是名刹古寺，从头到尾弥漫着祭神拜佛的氛围，寄托着他们对未来生活的希望。

永嘉民风自南宋起，走向两个极端，"君子尚文，小人习于机巧"。历代的文化沉积使这里的文人更加儒化，优越的地理条件又使这里的市民致力于运输业和制造业，因而使城市更加商业化，出现了"地不宜桑而织纤工""不宜漆而器用备"的商贸局面。画家十分注重描绘风俗和物产等极具地方生活特性的图像，如反映东南沿海百姓"肴则水族居多"的饮食特性，画了许多临街的鱼店。

4. 南戏考。南宋至元代，永嘉及外围地区因海上贸易、商业和渔业等经济的兴盛，促进了城市的繁荣和市民阶层的扩大，为城市中的文化生活提供了必要的物质条件和社会条件，特别是在浙江沿海流行南戏，更以永嘉一带最为盛行，故又将南戏称为"永嘉杂剧"或"温州杂剧"。

在《江》卷里的永嘉城里有着生动的艺术形象：街头有一些背着如琵琶和琴类乐器的长者，画中的大街上有多处表演杂剧的场面，形成一圈圈围观的人群。甚至在乡间路旁也有雅好者在表演杂剧片段，足见元代永嘉一带的南戏有着深厚的社会基础。画中出现的一些演出活动实为徐渭所说的"村坊小曲"，几乎都是街头艺人，街头演出者的社会地位最低，生活较为窘迫，他们的演出活动进不了勾栏、瓦子，在元代被称为"路岐"，"不入勾栏，只在耍闹宽阔之处做场者，谓之'打野呵'，此又艺之次者"。

击鼓投食祭海

5. 佛事活动考。在浙江，一直到近代社会，佛事活动最为兴盛的地域是东南沿海，这是当地的社会生产力需要良好的自然条件所决定了的。给当地造成最大损失的自然灾害是海啸、飓风等，这些都是来自海面的威胁。以元代为例，据《温州府志·祥异》载："至元……十四年五月永嘉、乐清、瑞安三具……飓风、大水。大德元年七月十四日夜，飓风暴雨，海浪高二丈，坏田四万四千余亩、屋二千余区……至正四年七月飓风大作，漂民居，溺死者甚众。"因而，祭祀活动是当地最重要的盛典，市舶司和地方官员纷纷出面组织出海前的祭祀活动，在客观上带动了当地的庙会文化和贸易活动。

浙东沿海的佛事活动还有较内地不同的特别意义。在画中，可以清晰地看到，除了即将到港的远洋船舶和渡船、小渔船之外，大多数船舶都停泊在港口里。在佛事活动中，有许多施主是各类船主或与船运有关的船工，浴佛节之后，他们得到了佛教诸神以及妈祖的护佑，停靠在港湾的各类船舶才会起锚出航，各奔前程，或远洋运输、或捕鱼捉蟹、或载客航行。图中绘有击鼓投食祭海的情景，也表明了出海之日在即。

6. **航运活动考**。永嘉扼守瓯江入东海口，坐拥优良港湾。至少在东晋时期，这里已经是浙东南出海的重要港口，沿海有许多百姓擅长航海。永嘉盛产漆器，外围地区有着丰富的物产，上溯瓯江可直抵浙江东南腹地龙泉，那里是龙泉青瓷的产地，因而在南宋初年，温州成了当时通向世界的海运大港，绍兴元年（1131）前，南宋政府已经在永嘉设立了市舶务，这里的繁华程度仅次于当时的宋都临安。

温州港

　　元朝统治者已不满足于京杭大运河的漕运运量，至元十四年（1277）在永嘉设立市舶司，至元三十年（1293）并入庆元（今浙江宁波），但永嘉的海运地位不变，元代像有这样设置的港城先后有泉州、庆元、广州等。永嘉港的海船可直达高丽、日本、南亚和东南亚等地的许多国家的港口，是域外贸易船的通商口岸。在《江》卷中，就有雇用占城船工的远洋大船进港时的情景。在画中的街肆上，可见永嘉在当时也是一个象牙、陶瓷等工艺用品和其他料器的贸易中心。

　　画中江上航行和停泊的海运漕船有两种，较大的是遮洋船，它略大于运河漕船，载重在一千石以上，可沿海航行。其造型特点是船体扁浅、平底平头，其长八丈二尺，宽一丈五尺，深四尺八寸，共有十六舱。设双桅、四橹、铁锚二。舵杆用铁力木制成，有吊舵绳，使舵可升降。小于此船者，为钻风船，载重量达 400 余石。

　　值得注意的是，画中出现了远洋大船——三桅船，还有停泊在港湾里的大船，有的可能就是即将发往大都方向的海运漕船，它们露出了四根桅杆，那是元代最先进的四桅船，它可张十二帆，船板用冷杉木制成，其吨位达到 300 吨左右，甲板下有 60 个小舱位，出海水手有 200 余人，一把大橹就需要四个人操作，画中所绘大船的一侧就有两条四人控制的大橹，该船肯定是四橹海船。当时最大的远洋船可达 1200 吨位。图中还绘有船尾高耸、船家仓居后的大型海船，这就是来自福建的"福船"。图中还绘有刀鱼船，因其形状狭长似刀鱼，吃

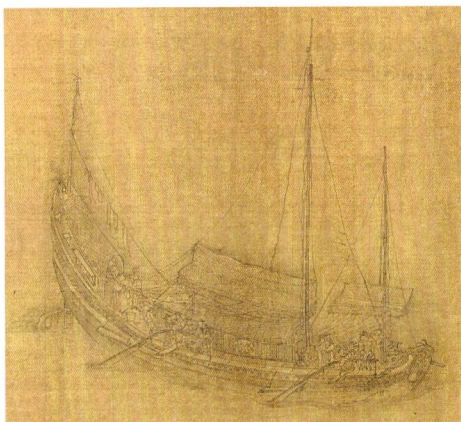

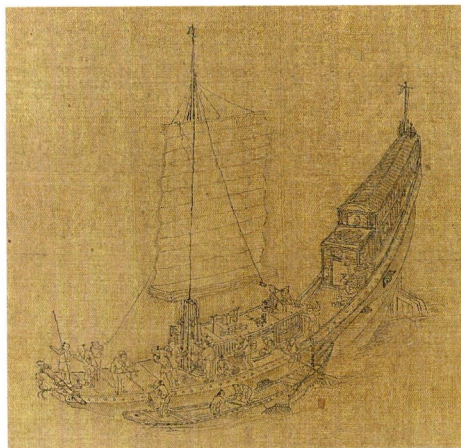

来自占城的四橹海船（上）与福船（下）

水浅、航速快，故得名，俗称"钓槽船"。这是一种原产于浙江沿海的载人船，北宋统治者为了巩固北疆海防，将它变成水师战船，又称"刀鱼战棹"。它"可容五十卒者，面广丈有二尺，长五丈，率直四百缗"。

这些大型船舶应停靠在瓯江的入海口处，据近代《浙江沿海图说》云："瓯江水道甚浅，虽小轮必待潮涨方能出入，且沙线变迁不常。论近时通行船路从府城启碇，须向东北对准白庙而行，以避东门外之浅滩……"在《江》卷中，有多处绘有渡口，这种较大的渡船很可能是官府控制的，官府"招募惯熟水势梢公撑驾，遇有押运官物公差使臣及往来官宦，即与摆渡。其余百姓、客旅、车骑、行货、孳畜，依验旧例，定立船资"。元仁宗朝改为"老幼贫穷者毋得取要"。元代的交通运输已经发展为"合顾"，相当于当今的"水陆联运"，"脚价"即运费一并核算，在《元典章》里叫作"水路合顾脚价"，画中多处出现水陆转运粮食的情节，显示出当地发达和完善的运输业。这完全取决于元政权对海上漕运工的厚待，"海道运粮船户免杂泛差役"，这在当时是一个中举秀才的待遇。

通过上述的综合研究，我们发现了一个元代社会的历史缩影，一个具体地域所发生的真实的生活，一个元代画家的笔墨世界，他们都是活生生的物质存在，共存于一个时空之中。

（本文为作者学术论文《确立"多学科解析法"——以认知〈江山揽胜图〉卷为例》摘选 [1]，原刊于2003年中山大学出版社《艺术史研究》第五辑，题为编者所改）

---

[1] 编者注：《江山揽胜图》即《江山胜览图》。清王杰《石渠宝笈·续编》卷六："王振鹏《江山胜览图》（一卷）：【本幅】绢本，纵一尺五寸二分，横二丈九尺九寸一分。水墨画吴楚江景，界画庐舍、舟车、村市、人物。款'至治癸亥春莫廪给令王振鹏画'（八分书）。钤印二：'王振鹏印''孤云居士'。【鉴藏宝玺】（八玺全）【收传印记】重诏（半印）（谨按王振鹏，字朋梅，永嘉人，官漕运千户，界画极工致，仁宗赐号'孤云处士'，见《图绘宝鉴》）。"清阮元《石渠随笔》卷四："王振鹏《江山胜览图》：绢本，山峰多用云头细皴，墨色淡冶，钩画精细，山水云树极多，其中又多人物，布景仿佛《清明上河图》而山水多耳。"

千年商港的温州手工业经济

◉ 庄千慧

　　古代温州北、西、南三面阻隔重峦，交通主动脉在于水路。长期以来，温州人民在这种既相对封闭，又具外向活力的环境下，不仅传承着传统手工业的工巧智慧，又凭借港口交通拓市场、求生存、谋发展，创造了特色手工业产业，并使之在远离中原社会环境下得以传承。

　　从温州地域整体格局来说，所谓温州港口城市的定义，是一个具有广义性的概念，主要指温州地区瓯江、飞云江、鳌江三大入海河流构成的整体港口码头水路交通优势。这三条河流流域囊括温州各地地域经济和其中的特色手工业产业。千年商港，因商繁荣，港可促商，商可兴港。

百工之乡

　　温州自古素以"百工之乡"著称，手工业生产源远流长。据史载，早在魏晋时期温州制瓷业就已很发达；宋代温州漆器制作精良，远销国内外。至近代，在西方科技促进下，温州手工业更是繁花似锦，如晚近温州的机械制造业、造纸业、锡器业、制伞业、织席业等等。

　　如温州造纸，始于唐代，宋代周辉《清波别志》里有"唐有蠲府纸……今出于永嘉"。1965 年，在瓯海白象塔里发现一张北宋大观三年《佛说观无量寿佛经》残页即为温州蠲纸。明朝初年，瓯海瞿溪即开设造纸局，利用当地竹资源和山溪水力资源，兴造水碓，大力发展造纸业。到温州造纸业最兴盛的 20 世纪三四十年代，据俞雄、俞光著《温州工业简史》载，温州土纸 1936 年产量 36 万多担，为整个民国时期最高水平。生产的"四六屏""六六屏""小刀包""方高"等 20 多个纸品种，广销上海、山东、江苏、福建、台湾等地。

　　因受地少人多等自然条件制约，经商业贾自古就是温州先民的谋生门径。古人有言，扬州之域属天市垣，瓯越为扬州分野，其人善贾。历代史料也多记有温州先民到海内外经商谋生的事例。元朝黄溍《永嘉重修海堤记》也记载了当时温州市场贸易繁荣的景象："温为郡，俯瞰大海……亭之西为市区，百货所萃，廛氓贾竖咸附趋之。"

温州历代商业活动的频繁性和规模性，还可从什物中得到印证。如 1972 年瑞安曾出土一枚铜权，为北宋熙宁年间物。该铜权重 60 多公斤，有铭文 168 个字，是目前我国已发现铜权中重量较重、铭文最多的一枚，可见当年温州一带商务活动的规模。

温州将产品通过港口销往海内外，同时也为温州手工业生产带来信息和技术，促进温州区域手工业的发展。这种双向交换，随着历史的演进绵延不断，到清及近代，温州大批手工业产品随着人们视野的开阔、海内外交流的频繁而走向世界。如温州的制伞业有着悠久的历史，早在清乾隆十五年，平阳王永顺雨伞店所产的"欧阳伞"即远销日本、南洋等地。1908 年，永嘉县制作雨伞的计 200 户，600多人，年产值 3 万余元。

巧妇之炊

但温州特殊的地理环境，决定了她发展手工业必然要依靠港口优势，突破资源匮乏的瓶颈制约。"瓯居海中"，可想而知，古代斥卤之地临江濒海，地瘠不宜耕作，除渔盐之利外，对于"民多习机巧"的温州来说，手工业生产资源贫乏缺少。

如宋元时期，温州漆器名扬天下，大宗产品通过瓯江、飞云江、鳌江等港口销往海内外各地。然而"漆非土产，仰于徽、严之商"，这是一个致命的资源局限，使生产规模、工艺等受制于人。"故人力取其精而倍其赢"，广大手工业者除积极组织资源采购外，也就只能通过提高产品质量，力图工艺精湛，来求得产品的价格和利润空间。

再如明《弘治温州府志》就记有当时丰富发达的手工业生产中，遇到资源匮乏而仰仗外地供给的状况。像当时温州纺织业发达，"地不宜桑而织纴工""温克丝之名遍东南""然温地不产桑柘，须有植桑者极其垦锄之力，亦枝条短弱……市无布帛绢店，缣匹之输官者悉仰于衢、婺之丝商。机杼之家涩于买贵，故人力取精，以倍其赢"。人云"巧妇难为无米之炊"，人们总习惯把这句俗话奉为成事的客观铁律。但温州人善于运用勤劳智慧，发挥主观能动性去攻破这一"铁律"，跳出框框。纵观温州手工业发展史，在本地资源空白的条件下创造出工艺精品的例子屡见不鲜。近代温州缺乏锡资源，但清代瑞安等地生产的锡类实用器具极其工巧，饮誉海内外。著名锡匠吴阿棉开设的吴恒吉打锡店制造的一只錾花锡暖锅工艺精细，表面花纹构图巧妙，风格独特，1909 年获南洋劝业会奖章，1915 年获美国巴拿马赛四等奖章，后来还在全国手工艺展览会上获奖。

又如温州的黄杨木雕名扬海内外，被列为国家非物质文化遗产。然而温州不产黄杨木，为使这一技艺发扬光大，黄杨木雕艺人代代传承，发扬技艺上不断创新和不懈求精的精神，使该工艺发展不断上台阶。尤其是清末朱子常的黄杨木雕艺术成就很高，1909 年作品《济癫和尚》获南洋劝业会国际比赛优秀奖；1915 年在巴拿马赛会上，作品《捉迷藏》获二等奖。

合作共赢

温州地形局促，民近而亲。自古以来，为求生存和发展，他们善于协力合作来应对生产生活中遇到的问题。特别是在一些大规模的公共项目建设方面，温州人自古习惯采取合作的力量去完成。

如瓯海境内南白象塔就是"襄助合作"的范例。白象塔始建于北宋，从温州博物馆藏的塔构件可见，当年该塔是温州各方百姓解囊出资建成的。在众多塔砖上，至今还留有襄助者的姓名，如"弟子陈璇同妻侯十一娘舍财造砖一千助缘者""潘友轲同妻康百六娘男山老默老再舍砖伍佰片"等字，而一个砖雕莲座饰件上也刻有"林安舍"三字；塔顶庞大的铁质塔刹也铸有"新河北界棠阴坊浴堂前居信女丘氏五九娘……铸造覆盘"等文字，不难想象，当年整座浮屠建成，就是民众通力合作的结晶。2023 年温州朔门古港遗址北宋渡亭位置发现较多铭文塔砖，上面印有"弟子范元吉并妻顾十娘同赞舍砖一千片添助造净光山塔""平阳县西乡弟子陈文诜并妻何四娘舍造塔大砖一千片计钱三十贯文"等铭文，也是民众信徒合力造塔的实证。

这种合作共赢的方式，在古代温州手工业领域方面也表现为规模经营的升级。试举温州古代盐业为例。温州濒临大海，自古倚渔盐之利。《新唐书·地理志·江南道》有"永嘉监盐官"记载，至宋朝"熙宁五年定诸场得盐分数，温州双穗、南天富、北天富为十分"（乾隆《平阳县志·贡赋·盐政》），舟山岱山盐场至南北二天富盐场是当时两浙海滨产盐最多的地区（见《宋史·食货志》）。迄至元明清诸朝，盐利独厚，盐业成为温州的经济支柱产业。从地方史料记载看，这项生产活动就具有集约化合作经营的模式：盐场除政府设盐大使等盐官管理外，其生产机构设有仓、扇、团、灶等组织。盐业生产人员称灶丁，康熙《永嘉县志·食货·盐法》载"本场旧荡丈实一千五百六十八亩一厘……灶丁原额七千四百一十二丁"。民国《平阳县志·食货志·盐法》记载乾隆二十九年"奏请于舥艚地方设灶招丁煎办……设有八团三十灶，灶丁三百十七名，每丁给坛地二亩，涂田四亩"。这些灶丁按部就班，在各自归属的团灶内组织从事刮土晒坛、贮卤、伐薪、煎烧等各道工序、各个环节的作业。从唐宋时的伐薪煎烧法到明清时刮土摊晒法，展现了群体性集聚经营的图景。

反映在手工业上最典型的股份制合作经营方式，莫过于从古代直到近代兴盛于瓯海泽雅一带的造纸业。近年，学界人士对瓯海泽雅及周边区域的造纸作坊展开专题调研时，发现唐宅一方清乾隆五十五年石碑记述的就是现代股份制的雏形。当地潘姓"子玉、子任、茂九、子光、子金、茂金、茂周"等七户纸民在"曹碓路下驮潭"建水碓一所，"兴造之日，共承七脚断过，永远不许加脚"，兴建当天他们就将水碓使用权定为七"脚"，即七股股份，并明确规定以后永远不许增加股份，碑文中对拥有股份者有约束条文，如捣纸"不乱（论）随（谁）人"要有先后次序，"谷到机启"，有捣米者则优先，"争者罚钱一千串吃用"等等。

上述碑文中的这七户潘姓纸民，凑合股脚发展造纸作坊，显然是当代温州股份制的前身。或许正是这种合作经营的方式，促进了这一带古代造纸业的蓬勃发展。到当代，这种股份制、合作化经营理念，在特定社会环境下很快超越古代盐业、造纸业以及酿造业等行业局限，在新兴各行业里迅速膨大。

品牌意识

温州人重诚信，重形象，品牌意识熔铸的产品形象，自古以来为温州经济分量增加砝码。如温州漆器在宋元时期名噪一时，号称"全国第一"，近代国内各地出土的温州漆器数量之多、品位之高，实属全国罕见。在宋代温州漆器业生产繁荣鼎盛时期，广大漆器生产业主，纷纷打出自己的漆器牌子。从目前出土的温州漆器看，如江苏武进县出土的庭园仕女图朱漆戗金银扣木漆奁，其盖内有"温州新河金念五郎上牢"朱漆题记，还有"丁酉温州五马钟念二郎上牢""庚申温州丁字桥巷解七叔上牢""丁卯温州开元寺东黄上牢"等一批题记的漆器。漆器制造者在这些产品上写着自家地址，可供人找寻；写上生产时间，可证明产品质量；写上姓氏，可树立信誉形象。由此，当时的温州漆器凭借极高的工艺水平，再配上品牌、知名度，得以行销海内外。

除漆器外，古代温州其他手工业产品以品牌扬名的历朝历代也多见诸史载。如宋代以来温州就有丰和春、碧露、琥珀红、花露等名酒。尤其到近代，随着人们品牌意识的增强和民族工业的兴起，温州一批优秀产品纷纷在海内外亮相。像20世纪瑞安李毓蒙成功制造弹棉机，代替人工弹棉，大大提高了生产效率，其"双麒麟牌"弹棉机畅销全国各地，先后参展上海总商会第一次展览会、上海国货展览会、京沪铁道部展览会、西湖博览会等，均获得优质褒奖及奖章。再如瑞安吴百亨创办乳品厂，生产的"擒雕牌"炼乳与英国乳品抗衡，引起英国厂商对其品牌的妒忌。1929年"擒雕牌"炼乳获工商部主办的中华国货展览会一等奖和西湖博览会特等奖，为民族工业赢得声誉。

再如清代至民国初，织草席业成为百姓家庭的普遍副业，出产的草席不仅销售国内，且远销海外等地。到20世纪20年代，温州江聚盛、泉安、德大等草席厂相继开办，打出"江字十二星""安字""五星"等商标品牌，当时席厂多达35家，出产各种草席七八万条。

本土机械生产草席（邵家业／摄）

分析古今品牌意识的功用得知，这些品牌不仅为产品树形象、建信誉发挥了重要作用，同时品牌意识中还包含着"趋吉向利"等传统民间习俗和大众心理意趣。再举近代闻名全国的瓯海泽雅造纸业为例。新中国成立初期，泽雅、瞿溪一带有"槽户"约3万户，从业纸农约10

万人，占当地人口的 80%，经济收入占当地经济收入的 85%。当时瓯海泽雅一带造纸业中的纸行名称，有胡昌记、黄正昌、陈茂来、陶升记、张仁六、杨昌记等等，都带有"昌""正""茂""升""仁"等表示和包含善义和吉利意义的文字。据泽雅造纸重点村垟坑村 85 岁老人徐锡春回忆，该村的造纸品牌曾有"徐德法""陈志法"（法、发谐音）等，而品牌纸的售价比一般纸要高得多（一段纸要比普通纸高出一担谷）。可见品牌纸张好卖、卖得起价格，带有吉祥寓意的字号，消费者也乐意光顾。

带有吉庆含义的品牌，也以主流意识在当今温州区域经济中普遍出现，现代温州企业家深谙此道，如正泰、报喜鸟等等，这些自古以来符合大众心理审美意趣的品牌名称，为消费者精神世界添注吉庆成分，使消费者乐于接受，为产品行销增添无形动力。

（本文原刊于 2022 年 3 月 22 日温州文史馆公众号）

后　记

　　犹记得 1989 年高考结束后，做律师的母亲去齐鲁大地办案开庭，闲着无事的我跟着去开眼界，那是我第一次出远门。母子俩在朔门港登上开往上海的大客轮。善心的母亲替穷困可怜的当事人省钱，买了很便宜的四等船票，邻近底舱，发动机的轰鸣声、机油味与乘客的汗臭味混杂一起，再加上饱尝大海的下"船"威，波涛汹涌，颠簸摇晃，没多久，我就如 1932 年坐船赴沪的夏鼐一样晕船呕吐。

　　2002 年，父母搬家到安澜大厦，客厅长窗下就是车水马龙的望江路，就是后来的古港遗址，长达 20 多年里，我每至必临窗瞰景，瞧这一带如同亲人般亲切。前年，劳碌一生的母亲因病去世，老父亲迁居到杭州妹妹家生活，我代理其家，常在此小住，恰迎来朔门古港遗址正式对外公布，横空出世。写作疲劳之余，我常常一个人伫立寂静的室内，面对楼下停工而同样寂静的下穿工程，相看两不厌。

　　如果说身为平民百姓，朔门港是我远行的起点，闲眺的看点，那么身为政协委员，这方宝地还是我履职的重点，关注的焦点。

　　当年 6 月，针对下穿工程停工之后望江路该如何走，众说纷纭，方案不一，市政协组织城发集团等单位召开"下穿工程方案调整意见征求会"，我受邀参加，考虑周边住户的生活，发言认为文物保护与百姓民生并重，需要综合考量。

　　年底，朔门古港头戴双冠，入选浙江考古十大重要发现与国内考古十大新闻，颇显明星气质。转头 2023 年开春市两会，我趁热打铁追星，坐在安澜大厦里俯视瓯江与遗址，写成《开发古港遗址，助力一带一路》，建议开设海丝城市博物馆等，被选为市政协第十二届二次会议大会发言。由于大会发言对时长字数严格限制，总觉没讲够的我，干脆将发言稿扩充到 2000 字，改为《开发古港遗址，助力海丝申遗的提案》上交，后被评为优秀提案。

　　6 月，作为辖区政协，鹿城区政协在品牌栏目"请你来协商"里推出"朔门古港遗址文化研究大家谈"，我应邀发言《利用古港遗址考古，传扬温州海丝文化》，建议开设展馆，创新展陈；重建景观，植入诗文；出版专著，举办活动。还提到搜集海丝文献，如温州海丝语词就有"朔门港只当阴沟渎""阿拉伯货""缎一色"等；并献策温州联合全国海丝城市，举办海丝高峰论坛、海丝文化节、海丝文化之旅，而且要争取将主办场地设在温州。

11月，我欣喜地看到首届海丝城市影响力市长交流大会在温州举办，来自亚非欧美四大洲13个国家16个港口城市的市长、代表及国际"一带一路"专家云集。

当月，市政协常委会还举行了"传统文化传承和发展"的专题协商会，我在参与调研组走访"海丝联盟城市"漳州、莆田等地的基础上，撰写了《创新利用考古遗址，赓续千年文明根脉》，建议升级朔门古港为国保，被列为第一篇发言稿。

随后，《温州都市报》跟进刊登"委员说"专版。针对遗址临展厅的过渡性质，展陈方式偏传统，我在报上提议遗址公园与博物馆要以高科技打造创新性沉浸式观感，借鉴 AR 互动技术，虚拟宋元场景，让观众化身旅客穿越过去，乘船沿着海丝之路进入瓯江，停靠朔门港口，卸货购物，上岸游玩城内名胜景观，与温州历史名人交谈。同时我还想，仿照艺术家用技术手段将《清明上河图》"动"起来，我们也完全可以《江山胜览图》为舞台，动态呈现画上人与物，进行栩栩如生的表演。

随着朔门古港再接再厉，入选全国十大考古新发现，获评省文保，各类衍生文章层出不穷，鹿城区政协决定编纂文史资料专辑。继前年合作出版《谢灵运诗传》后，再度邀我加入。启动以来，鹿城区政协文化文史和学习委及本书编辑组秉持一以贯之的认真负责态度，四处约稿，八方组稿，隔三差五催稿催图。总结起来就是面对十分的目标，力求能达到六七分以上。

功夫不负有心人，征集到 60 多篇文稿、300 多幅图片，历经蚂蚁搬家、燕子做窠，此书慢慢成型。正文各辑文章大致以事件的起始年代为序。

在此感谢区政协领导的高度重视，尤其在选题斟酌、稿件征集、编纂出版、经费保障等方面给予全方位的支持！感谢本书所有作者的辛勤付出！感谢故宫博物院研究员余辉与浙江省文物考古研究所所长方向明赐稿，感谢温州市文史馆公众号与孤屿志公众号供稿，尤其感谢温州市文物考古研究所所长梁岩华、副所长刘团徽等诸多一线考古工作人员在百忙之中抽空撰稿，因日常工作任务繁重，经常在下半夜才能发来文章与图片，令人深为感动！

本书还邀请潘猛补、金柏东、梁岩华担任顾问。潘猛补审阅书稿并发来四篇文章，其中《元温州路总管刘仁本与温州海运》《寻找周达观》填补了周达观生平研究的空白，极见考证功力。我编辑中根据刘仁本诗意，查找福建、丽水的古方志，与他讨论后认为周达观经过括苍是去赴任福建县尉，后潘先生把两文合为《周达观揭秘——兼及元代温州海运》。能趁机助力周达观研究，对我也是一举两得。

需说明的是，书中《历代温州海丝诗文选注》以本人近水楼台之便，不啻把自己在鹿城政协协商会上的建议落地，虽然努力控制字数，但依然篇幅最大。如果拉出来详细笺注解说，加上精选之外的诗文，貌似可以独立出版为汇编本，其中涉及温州港的诗歌还被市交通局编《温州港口史》选为专门章节。

作为首部关于朔门古港的专题性著作，本书文章出自诸多作者，水平不一，难免存在差错与疏漏，还请有识之士不吝指正。旨在为读者提供补充与拓展，书里也适当插入部分编者脚注。

最后，引用温州先贤与外地寓贤的妙句，以宋韵、瓯风与海丝为主题构思成一首集句诗，希望"朔门古港"这张温州金名片从国家级走向世界级：

家在东嘉山水州^[1]，谢公胜事遗江楼^[2]。

暖风熏得游人醉^[3]，一片繁华海上头^[4]。

南 航

2024 年 7 月

---

[1] 出自南宋王十朋《再和赵仲永抚干》诗。"东嘉"即温州，唐代曾称东嘉州。

[2] 出自南宋诗僧释元肇《江心寺》诗。"谢公"即谢灵运，"江楼"指瓯江边朔门城门上的谢公楼。

[3] 出自南宋温州平阳士子林升《题临安邸》诗。

[4] 出自北宋温州知州杨蟠《永嘉即事》诗。

图书在版编目（CIP）数据

朔门古港与海丝文化 / 温州市鹿城区政协文化文史
和学习委员会编 . -- 北京：中国文史出版社 , 2024. 8.

ISBN 978-7-5205-4866-3

Ⅰ . K878.45

中国国家版本馆 CIP 数据核字第 2024D6P043 号

责任编辑：戴小璇 詹红旗

出版发行：中国文史出版社

社 址：北京市海淀区西八里庄路 69 号院	邮编：100142	

电　话：010-81136606 81136602 81136603（发行部）

传　真：010-81136655

印　装：温州市北大方印务有限公司

经　销：全国新华书店

开　本：787mm×1092mm 1/16

印　张：20.75

字　数：339 千字

版　次：2024 年 11 月北京第 1 版

印　次：2024 年 11 月第 1 次印刷

定　价：118.00 元